# NEUE KÖLNER RECHTSWISSENSCHAFTLICHE ABHANDLUNGEN

HERAUSGEGEBEN VON
DER RECHTSWISSENSCHAFTLICHEN FAKULTÄT
DER UNIVERSITÄT ZU KÖLN

HEFT 7

Berlin 1957

WALTER DE GRUYTER & CO.
vormals G. J. Göschen'sche Verlagshandlung · J. Guttentag, Verlagsbuchhandlung
Georg Reimer · Karl J. Trübner · Veit & Comp.

DIETER GRELL

Der Betriebsinhaberwechsel

Zugleich ein Beitrag zur Lehre von Arbeitsverhältnis und Betrieb

# Der Betriebsinhaberwechsel

## Zugleich ein Beitrag zur Lehre von Arbeitsverhältnis und Betrieb

Von

**Dr. Dieter Grell**

Köln

Berlin 1957

WALTER DE GRUYTER & CO.

vormals G. J. Göschen'sche Verlagshandlung · J. Guttentag, Verlagsbuchhandlung
Georg Reimer · Karl J. Trübner · Veit & Comp.

Archiv-Nr. 27 08 57 / 7
Satz und Druck: I/10/1+ Walter de Gruyter & Co., Trebbin Kr. Luckenwalde

5000/201/56

# Inhaltsverzeichnis

# Abkürzungen

| | |
|---|---|
| AG | Arbeitgeber |
| AN | Arbeitnehmer |
| AngKSchG | Angestelltenkündigungsschutzgesetz |
| ALR | Allgemeines Landrecht für die preußischen Staaten |
| AOG | Gesetz zur Ordnung der nationalen Arbeit |
| ArbR | Arbeitsrecht |
| AV | Arbeitsverhältnis |
| AVG | Angestelltenversicherungsgesetz |
| AZO | Arbeitszeitordnung |
| BAG | Bundesarbeitsgericht |
| BFH | Bundesfinanzhof |
| BetrVG | Betriebsverfassungsgesetz |
| BGB | Bürgerliches Gesetzbuch |
| BGH | Bundesgerichtshof |
| BRG | Betriebsrätegesetz |
| BVG | Bundesverfassungsgericht |
| GewO | Gewerbeordnung |
| HGB | Handelsgesetzbuch |
| HkG | Heimkehrergesetz |
| KSchG | Kündigungsschutzgesetz |
| LAG | Landesarbeitsgericht |
| MuSchG | Mutterschutzgesetz |
| PersVG | Personalvertretungsgesetz |
| RAG | Reichsarbeitsgericht |
| RG | Reichsgericht |
| RVO | Reichsversicherungsordnung |
| TVG | Tarifvertragsgesetz |
| SBG | Schwerbeschädigtengesetz |
| VVG | Versicherungsvertragsgesetz |

# Literaturverzeichnis

## I. Kommentare, Lehrbücher, Monographien:


| | |
|---|---|
| Arbeitsberichte der Akademie für deutsches Recht, Nr. 8 | Entwurf eines Gesetzes über das Arbeitsverhältnis, aufgestellt vom Arbeitsrechtsausschuß der Akademie für deutsches Recht, Hamburg 1938 |
| Baumbach-Teichmann | Arbeitsgerichtsgesetz, Kommentar, 3. Aufl., München 1934 |
| Bobrowski | Das Arbeitsrecht, 2. Aufl., Heidenheim-Brenz 1954 |
| Bochalli | Personalvertretungsgesetz, Handkommentar, München-Berlin 1955 |
| Brackmann | Handbuch der Sozialversicherung 1.—3. Aufl., Stand vom 30. 4. 53, Hannover |
| Bührig | Handbuch der Betriebsverfassung, Köln-Deutz 1953 |
| Bührig-Wittholz-Paulsen | Kommentar zum Kündigungsschutzgesetz, Köln-Deutz 1952 |
| Bulla | Mutterschutzgesetz und Frauenarbeitsrecht, Kommentar, München-Berlin 1954 |
| Citron-Hessel | Grundlage des Einzelarbeitsrechts, Lahr 1949 |
| Dahm | Deutsches Recht, Die geschichtlichen und dogmatischen Grundlagen des geltenden Rechts, Stuttgart-Köln 1951 |
| Denecke | Arbeitszeitordnung, Kommentar, 3. Aufl., München-Berlin 1954 |
| Dersch | Die Urlaubsgesetze, Kommentar, München-Berlin 1954 |
| Dersch-Volkmar | Arbeitsgerichtsgesetz, Kommentar, 6. Aufl., Berlin-Frankfurt 1955 |
| Dietz | Betriebsverfassungsgesetz, Kommentar, 2. Aufl., München-Berlin 1955 |
| Dietz-Nikisch | Arbeitsgerichtsgesetz, Kommentar, München-Berlin 1954 |
| Draeger | Heimkehrergesetz, Kommentar, 2. Aufl., Berlin-Frankfurt 1953 |
| Düringer-Hachenburg | Das Handelsgesetzbuch v. 10. Mai 1897 3. Aufl., Mannheim-Berlin-Leipzig 1930 |
| Duvernell | Gegenwartsfragen des deutschen Arbeitsrechts, Hamburg 1948 |

| | |
|---|---|
| Ebel | Gewerbliches Arbeitsvertragsrecht im deutschen Mittelalter, Weimar 1934 |
| Ehrenberg | Handbuch des gesamten Handelsrecht, Leipzig 1913 ff. |
| Enneccerus-Lehmann | Schuldverhältnisse, 13. Aufl., Tübingen 1950 |
| Enneccerus-Nipperdey | Allgemeiner Teil des Bürgerlichen Rechts, 14. Aufl., Tübingen 1952 u. 1955 |
| Erdmann | Das Betriebsverfassungsgesetz, 2. Aufl., Neuwied 1952 |
| Erman | Handkommentar zum BGB, München 1952 |
| Esser | Lehrbuch des Schuldrechts, 1. Aufl., Karlsruhe 1949 |
| Fechner | Freiheit und Zwang im sozialen Rechtsstaat, Tübingen 1953 |
| Feig-Sitzler | Das neue Arbeitsrecht, 1. Band, Betriebsrätegesetz, 9. u. 10. Aufl., Berlin 1922 |
| Festschriften | Festschrift für Brunner, 1914<br>Festschrift für Hedemann, 1938<br>Festschrift für Herschel, 1955<br>Festschrift für Nipperdey, 1955<br>Festschrift für Alfred Schultze, 1936 |
| Fitting-Kraegeloh | Betriebsverfassungsgesetz, Handbuch für die Praxis, 3. Aufl., Berlin-Frankfurt 1953 |
| Flatow | Betriebsvereinbarung und Arbeitsordnung, Mannheim-Berlin-Leipzig 1923 |
| | Betriebsrätegesetz, 12. Aufl., Berlin 1927 |
| Flatow-Kahn-Freund | Betriebsrätegesetz, 13. Aufl., Berlin 1931 |
| Forsthoff | Verfassungsprobleme des Sozialstaates, Münster i. W. 1954 |
| Galperin | Kommentar zum Betriebsverfassungsgesetz, 2. Aufl., Heidelberg 1953 |
| O. v. Gierke | Der Entwurf eines Bürgerlichen Gesetzbuches und das deutsche Recht, Leipzig 1889 |
| | Deutsches Privatrecht in Systematisches Handbuch der deutschen Rechtswissenschaft, herausg. von Binding, 2. Abt. 3. Teil Band I 1905, Band III 1917, Leipzig |
| Grabendorff-Windscheid | Personalvertretungsgesetz mit Wahlordnung, Stuttgart-Köln 1955 |
| Gröninger | Heimkehrergesetz, Frankfurt/M. 1950 |
| | Schwerbeschädigtengesetz, Kommentar, Frankfurt 1954 |
| Groh | Deutsches Arbeitsrecht, Breslau 1924 |

| | |
|---|---|
| Herschel | Kollektives Arbeitsrecht, Eine Einführung, 4. Aufl., Duisburg 1930 |
| Herschel-Steinmann | Kommentar zum Kündigungsschutzgesetz, 3. Aufl., Heidelberg 1955 |
| Hoeninger-Wehrle | Arbeitsrecht, Sammlung der reichsgesetzlichen Vorschriften zum Arbeitsvertrage, 6. Aufl., Mannheim-Berlin-Leipzig 1925 |
| Hofrichter | Das mittelbare Arbeitsverhältnis, Berlin-Leipzig-Wien 1939 |
| Hueck | Das Recht des Tarifvertrages, Berlin 1920 |
| | Handbuch des Arbeitsrechtes, Stuttgart 1922 |
| | Deutsches Arbeitsrecht, Ein Grundriß 2. Aufl., Berlin 1944 |
| | Kündigungsschutzgesetz, Kommentar, 3. Aufl., München-Berlin 1955 |
| Hueck-Nipperdey | Lehrbuch des Arbeitsrechts, Band I 3.—5. Aufl. 1932; Band II 1.—2. Aufl. 1930, Mannheim-Berlin-Leipzig; Band I u. II je 1. Lieferung, 6. Aufl., Berlin-Frankfurt 1955 |
| | Tarifvertraggesetz, Kommentar, 2. Aufl., München-Berlin 1952 |
| Hueck-Nipperdey-Dietz | Gesetz zur Ordnung der nationalen Arbeit, Kommentar, 4. Aufl., München-Berlin 1943 |
| Götz Hueck | Die Betriebsvereinbarung, Münster-Köln 1952 |
| Jacobi | Betrieb und Unternehmen als Rechtsbegriff, Leipzig 1926 |
| | Grundlehren des Arbeitsrechts, Leipzig 1927 |
| Kaskel | Arbeitsrecht, 3. Aufl., Berlin 1928 |
| Kaskel-Dersch | Arbeitsrecht, 4. Aufl., Berlin 1932 |
| Koenigs | Grundsatzfragen der betrieblichen Mitbestimmung, Hamburg 1954 |
| Kötter | Mitbestimmungsrecht, Berlin 1952 |
| Küchenhoff | Betriebsverfassungsgesetz, Kommentar, Münster i. W. 1954 |
| Lauterbach | Unfallversicherung, 3. und 5. Buch der RVO, 2. Aufl., Stuttgart 1956 |
| Loppuch | Kommentar zum Betriebsrätegesetz, Düsseldorf 1948 |
| Lotmar | Der Arbeitsvertrag nach dem Privatrecht des deutschen Reiches, Leipzig 1902—1908 |
| Mansfeld | Betriebsrätegesetz, Kommentar, 2. Aufl., Mannheim-Berlin-Leipzig 1930 |
| | Die Ordnung der nationalen Arbeit Handausgabe mit Erläuterungen, Berlin 1941 |

| | |
|---|---|
| Mansfeld-Pohl-Steimann-Krause | Die Ordnung der nationalen Arbeit, Kommentar, 2. Aufl., Berlin-Leipzig-Mannheim-München 1934 |
| Maus | Das Recht des Arbeitsvertrages, Fortsetzungswerk in Loseblattform, Minden 1947 |
| | Das deutsche Arbeits- und Sozialrecht, I. Band, Das Arbeitsverhältnis, Schloß Bleckede an der Elbe 1948 |
| | Handbuch des Arbeitsrechts, Systematische Erläuterung des deutschen Arbeitsrechts, Loseblattausgabe, Frankfurt/M. 1948 und 1955 |
| Meissinger | Kommentar zum Betriebsverfassungsgesetz, München 1952 |
| | Reliefbild des Arbeitsrechts, München-Düsseldorf 1952 |
| Meissinger-Raumer | Kommentar zum bayerischen Betriebsrätegesetz, 2. Aufl., München 1951 |
| Melsbach | Deutsches Arbeitsrecht, Berlin-Leipzig 1923 |
| Menger | Das bürgerliche Recht und die besitzlosen Volksklassen, 5. Aufl., Tübingen 1927 |
| Molitor | Das Wesen des Arbeitsvertrages, Leipzig-Erlangen 1925 |
| | Arbeitnehmer und Betrieb, Marburg 1929 |
| | Deutsches Arbeitsrecht mit Einschluß der Grundzüge der Sozialversicherung, Leipzig 1938 |
| | Die Kündigung, 2. Aufl., Mannheim 1951 |
| Molitor-Hueck-Riezler | Der Arbeitsvertrag und der Entwurf eines allgemeinen Arbeitsvertragsgesetzes, Mannheim 1925 |
| Monjau | Betriebsverfassungsgesetz, Köln 1952 |
| | Gesetz über die Beschäftigung von Schwerbeschädigten, Kommentar, Münster i. W. 1954 |
| Monjau-Heimeier | Kündigungsschutzgesetz, Düsseldorf-Grafenberg 1951 |
| Müller-Lehmann | Kommentar zum Mitbestimmungsgesetz Bergbau und Eisen, Heidelberg 1952 |
| Nikisch | Grundformen des Arbeitsvertrages und der Anstellungsvertrag, Berlin 1926 |
| | Arbeitsrecht, Berlin 1930 |
| | Arbeitsrecht, Tübingen 1936/38 |
| | Arbeitsvertrag und Arbeitsverhältnis, Berlin-Leipzig-Wien 1941 |
| | Arbeitsrecht, 1. Aufl.; I. Band 2. Aufl., Tübingen 1951 und 1955 |

| | |
|---|---|
| Nipperdey | Beiträge zum Tarifrecht, Mannheim-Berlin-Leipzig 1924 |
| Oertmann | Deutsches Arbeitsvertragsrechts, Berlin 1923 |
| Oppikofer | Das Unternehmensrecht, Tübingen 1927 |
| Planck | Kommentar zum Bürgerlichen Gesetzbuch, 4. Aufl., Berlin 1913 ff. |
| Potthoff | Wesen und Ziele des Arbeitsrechts, Berlin 1922 |
| | Die sozialen Probleme des Betriebes, Ein Sammelwerk, Berlin 1925 |
| | Arbeitsrecht, Das Ringen um werdendes Recht, Leipzig 1931 |
| Ramm | Die Anfechtung des Arbeitsvertrages, Karlsruhe 1955 |
| Rewolle-Köst | Handkommentar zum Arbeitsrecht auf Bundesebene, Göttingen 1953 |
| RGR-Kommentar | Das Bürgerliche Gesetzbuch, Kommentar, herausgegeben von Reichsgerichtsräten und Bundesrichtern 10. Aufl., Berlin 1953 |
| Lutz Richter | Grundverhältnisse des Arbeitsrechts, Einführende Darstellung des gesamten Arbeitsrechts, Berlin 1928 |
| Rohlfing | Arbeitsrecht und Sozialversicherungsrecht, Rosenheim 1955 |
| | Kündigungsschutzrecht, Frankfurt/M. 1951 |
| Rohwer-Kahlmann | Handkommentare des Sozialrechts, Bd. 1 Kündigungsschutzgesetz 2. Aufl., Bremen |
| RVO | Reichsversicherungsordnung mit Anmerkungen, herausg. von Mitgliedern des Reichsversicherungsamtes 2. Aufl., 1930 |
| Sahmer | Betriebsverfassungsgesetz, Frankfurt/M. 1952 |
| Savaète | Grundfragen des Arbeitsrechts, Schwenningen a. N. 1949 |
| Schlegelberger | Kommentar zum Handelsgesetzbuch, Berlin-Frankfurt 1950 |
| Schneider | Kündigungsschutzgesetz, Kommentar, Berlin-Frankfurt 1950 |
| Schnorr von Carolsfeld | Arbeitsrecht, 2. Aufl., Göttingen 1954 |
| Schollmeyer | Das Recht der einzelnen Schuldverhältnisse im Bürgerlichen Gesetzbuch 2. Aufl., Berlin 1904 |

| | |
|---|---|
| Sellmann-Evermann | Gesetz über die Beschäftigung von Schwerbeschädigten, Kommentar, Köln-Berlin 1954 |
| Selge | Handbuch des Personalvertretungsrechts, Köln-Deutz 1955 |
| Siebert | Das Arbeitsverhältnis in der Ordnung der nationalen Arbeit, Hamburg 1935 |
| Sigel | Der gewerbliche Arbeitsvertrag nach dem Bürgerlichen Gesetzbuch, Stuttgart 1903 |
| Silberschmidt | Das deutsche Arbeitsrecht, München-Berlin-Leipzig 1926 |
| Sinzheimer | Der korporative Arbeitsnormenvertrag, Leipzig 1907 |
| | Grundzüge des Arbeitsrechts, 2. Aufl., Jena 1927 |
| Staub | Kommentar zum Handelsgesetzbuch, 12. und 13. Aufl., Berlin-Leipzig 1926/27 |
| Staudinger-Nipperdey | Kommentar zum Bürgerlichen Gesetzbuch, Band II, 10. Aufl., München-Berlin 1939 |
| Stemmer | Der Arbeitergeberwechsel und seine Rechtsfolgen, Dissertation, Leipzig 1927 |
| Stier-Somlo | Kommentar zur Reichsversicherungsordnung, Berlin 1915 |
| Teutsch | Das Beschäftigungsverhältnis als Grundlage des gesetzlichen Unfallversicherungsschutzes und des Haftungssonderrechtes der Unternehmer, Tübingen 1953 |
| Wehrle | Betriebsreform ein Weg zur Reform des Arbeitsverhältnisses? Heft 5 der Nürnberger Beiträge zu den Wirtschaftswissenschaften, hrsg. von Vershofen u. Proesler, Nürnberg 1927 |
| Wilrodt-Gotzen | Schwerbeschädigtengesetz, Kommentar, München-Berlin 1953 |
| Zigan | Betriebsvereinbarung nach dem KRG Nr. 22, Düsseldorf 1948 |
| | Kommentar zum Schwerbeschädigtengesetz, Heidelberg 1953 |

## II. Benutzte Zeitschriften und Sammelwerke unter Angabe der Abkürzungen:

| | |
|---|---|
| AkadZSchr. | Zeitschrift der Akademie für deutsches Recht |
| Amts. Bl. bayr. ArbMin. | Amtsblatt des bayr. Staatsministeriums für Arbeit und Sozialfürsorge |
| Arch. Ziv. Prax. | Archiv für zivilistische Praxis |

| | |
|---|---|
| Arb. Bl. br. Z. | Arbeitsblatt für die britische Zone |
| AR-Blattei | Blattei-Handbuch, Rechts- und Wirtschaftspraxis, Forkel-Verlag, Stuttgart (Arbeitsrechtlicher Teil) |
| ArbGeb | Der Arbeitgeber |
| ArbGer. | Das Arbeitsgericht |
| ArbR. | Arbeitsrecht |
| ArbRPrax. | Arbeitsrechtliche Praxis |
| ArbuR | Arbeit und Recht |
| Betrieb | Der Betrieb |
| BB | Der Betriebs-Berater |
| BArbBl. | Bundesarbeitsblatt |
| BlfStR. | Blätter für Steuerrecht, Sozialversicherung und Arbeitsrecht |
| DAR | Deutsches Arbeitsrecht |
| DR | Deutsches Recht |
| DRZ | Deutsche Rechtszeitschrift |
| Dt. Rechtswissenschaft | Deutsche Rechtswissenschaft |
| Die Sozialversicherung | |
| GruchBeitr. | Beiträge zur Erläuterung des deutschen Rechts, begr. v. Gruchot |
| Handwörterbuch. d. Soz. Wiss. | Handwörterbuch der Sozialwissenschaften |
| JheringsJ. | Jherings Jahrbücher für die Dogmatik des bürgerlichen Rechts |
| JW | Juristische Wochenschrift |
| LeipzZ. | Leipziger Zeitschrift für deutsches Recht |
| NZfA | Neue Zeitschrift für Arbeitsrecht |
| NJW | Neue Juristische Wochenschrift |
| RArbBl. NAT | Reichsarbeitsblatt, nicht amtlicher Teil |
| RdA | Recht der Arbeit |
| SächsArch. f. Rechtspfl. | Archiv für Rechtspflege in Sachsen, Thüringen und Anhalt |
| SozPrax. | Soziale Praxis |
| Soziale Arbeit | |
| SJZ | Süddeutsche Juristenzeitung |
| SchliW. | Das Schlichtungswesen |
| VersR | Versicherungsrecht |
| Wege zur Soz.Vers. | Wege zur Sozialversicherung |
| ZStaatsWiss. | Zeitschrift für die gesamte Staatswissenschaft |

### III. Entscheidungssammlungen:

| | |
|---|---|
| ARS | Arbeitsrechtssammlung, Entscheidungen des Reichsarbeitsgerichts und des Reichsehrengerichtshofes, der Landesarbeitsgerichte und der Ehrengerichte, früher Bensheimer Sammlung |
| ARSt | Arbeitsrecht in Stichworten |
| AP | Arbeitsrechtliche Praxis, Nachschlagewerk des Bundesarbeitsgerichtes |
| amtl. Slg. | Entscheidungen des Reichsarbeitsgerichtes, herausgegeben von Mitgliedern des Gerichtshofes |
| ANdRVA | Amtliche Nachrichten des Reichsversicherungsamtes |
| Entsch. d. OVG | Entscheidungen des preuß. Oberverwaltungsgerichtes (amtl. Sammlung) |
| RGZ | Entscheidungen des Reichsgerichtes in Zivilsachen, amtliche Sammlung |
| WA | Westdeutsche Arbeitsrechtsprechung |

# Einleitung.

Die mit dem Wechsel des Betriebsinhabers verbundenen Probleme haben Rechtslehre und Rechtsprechung schon seit längerer Zeit, insbesondere aber wieder in den Nachkriegsjahren, stark beschäftigt. In erster Linie war es immer die Frage: Was wird aus der rechtlichen Verbindung der AN mit dem bisherigen AG, und wie gestalten sich die rechtlichen Beziehungen der AN zu dem neuen Betriebsinhaber?

Es sind Vorgänge von oft großer wirtschaftlicher Bedeutung, die zu einem Wechsel des Betriebsinhabers und damit des AG der im Betrieb beschäftigten AN führen, wie Fusion von Kapitalgesellschaften, Veräußerung oder Verpachtung eines Betriebes und anderes mehr. Soweit die AN ihren Arbeitsplatz behalten, wie dies vor allem bei größeren Betrieben häufig der Fall ist, scheint der Betriebsinhaberwechsel die wirtschaftliche Stellung der AN nicht zu berühren. Oft ergeben sich aber allein aus der Frage der Weitergeltung von Sonderrechten, Anwartschaften oder zusätzlichen Vereinbarungen, z. B. in Bezug auf eine Altersversorgung, für die AN schwerwiegende wirtschaftliche Folgen. Diese sind natürlich am einschneidendsten, wenn die Weiterbeschäftigung eines oder mehrerer AN durch den Betriebsinhaberwechsel in Frage gestellt wird.

Wenn sich auch der Betriebsinhaberwechsel in einer Vielzahl von Fällen vollzieht, ohne daß die Beteiligten hierin ein rechtliches Problem erblicken, weil der neue Betriebsinhaber daran interessiert ist, den Betrieb mit den eingearbeiteten Arbeitskräften fortzuführen und die AN keine Veranlassung sehen, deshalb ihren Arbeitsplatz aufzugeben, wird hierdurch die Notwendigkeit, die rechtliche Durchführung des Betriebsinhaberwechsels klarzustellen, nicht beeinträchtigt, sondern noch unterstrichen. Denn ein Vorgang wie der Betriebsinhaberwechsel, den der natürliche Ablauf des Wirtschaftslebens häufig mit sich bringt, muß einer eindeutigen rechtlichen Beurteilung unterliegen. Schon die zahlreichen Rechtsstreitigkeiten, die sich allein nach dem zweiten Weltkrieg aus einem Betriebsinhaberwechsel ergeben haben, beweisen, daß dies nicht der Fall ist [1]).

---

[1]) Vgl. u. a. hierzu die Entscheidungen der: LAG Bremen, 7. 9. 49, AP S. 358; LAG Frankfurt, 2. 12. 47, WA 1948 Nr. 71; 18. 8. 49, AP 50 Nr. 109; 20. 10. 49, AP 50 Nr. 144; 15. 3. 51, BB/51 S. 419; 29. 11. 51, Betrieb 1952 S. 272; 18. 2. 52, Betrieb 1952 S. 596; LAG Hamburg, 28. 7. 49, ARSt. III Ziff. 846; 16. 4. 47, WA 1948 Nr. 73; LAG Hamm, 29. 4. 50, AP 50 Nr. 247; LAG Hannover, 1. 8. 49, ARSt. III Ziff. 426; 28. 4. 50, ARSt. III Ziff. 13; LAG Heidelberg, 28. 4. 50, AR-Blattei (Arbeitsrecht), Betriebsinhaberwechsel Entscheidungen 2; 31.5. 50, AP 51 Nr. 81; LAG Karlsruhe, 13. 4. 51, AR-Blattei,

Zwar sind die Arbeitsgerichte meist zu brauchbaren Ergebnissen gekommen, doch wurde die wichtigste Frage, ob alle AN beim Wechsel des Betriebsinhabers ihren Arbeitsplatz unter der gleichen Bedingungen behalten, ob also die AN auch vom neuen Betriebsinhaber weiterbeschäftigt werden müssen, ganz überwiegend dahingehend beantwortet, daß der neue Betriebsinhaber gegen seinen ausdrücklichen Willen hierzu nicht verpflichtet sei.

Wie die Wortverbindung schon zeigt, wird der Betriebsinhaberwechsel vom Betriebsganzen aus gesehen, und es ergeben sich erst als weitere Folgen Auswirkungen auf die im Betrieb bestehenden AV. Im Vordergrund mußte daher die Untersuchung der arbeitsrechtlichen Begriffe Betrieb und AV stehen. Dabei ist es nicht ohne Bedeutung geblieben, daß ein erheblicher Wandel in der Betrachtung der zwischen AN und AG bestehenden Rechtsbeziehungen eingetreten ist, der nicht zuletzt auf die wirtschaftliche und industrielle Weiterentwicklung und die damit verbundenen Veränderungen der Wirtschaftsformen seit Ende des vorigen Jahrhunderts zurückzuführen ist. Da die rechtliche Stellung des in einem Betrieb beschäftigten AN in erheblichem Maße von seiner Bindung an den Betrieb beeinflußt wird, konnte der Betriebsinhaberwechsel auch schon aus diesem Grunde nicht lediglich in seiner Auswirkung auf die AV gesehen werden, sondern mußte in seiner Bedeutung für den ganzen Betrieb untersucht werden.

Die beiden arbeitsrechtlichen Begriffe Betrieb und Arbeitsverhältnis sind daher für eine Untersuchung des Betriebsinhaberwechsels die entscheidenden Ausgangspunkte und auch für die Beantwortung der Frage, wie die Durchführung und Rechtsfolgen des Betriebsinhaberwechsels gesehen werden müssen. Die Behandlung des praktischen Falles des Betriebsinhaberwechsels, der sich täglich im Arbeitsleben der AN ereignen kann, bringt es mit sich, daß auf die Entwicklung des Arbeitsrechts und die in Lehre und Rechtsprechung heute vertretenen Auffassungen von Betrieb und AV eingegangen werden mußte, und so wurde zugleich an Hand dieses Falles der Versuch unternommen, die bis heute erzielten Ergebnisse auszuwerten.

---

Betriebsinhaberwechsel Entscheidungen 3; LAG Kiel, 18. 11. 48, ARSt. II Ziff. 654; 19. 10. 50, AP 51 Nr. 153; LAG Mannheim, 30. 11. 51, BB 1952 S. 259; 6. 5. 52, BB 1952 S. 430; LAG München, 1. 2. 49, AP 50 Nr. 10; 12. 5. 49, BB 1949 S. 488; 20. 12. 49, BB 1951 S. 418; 9. 5. 51, Betrieb 1951 S. 880; LAG Stuttgart, 4. 4. 51, AP 51 Nr. 274; 20. 7. 51 BB 1951 S. 955; u. a. m. — Es sei auch auf die unterschiedlichen Lehrmeinungen hingewiesen.

1. Kapitel

# Der Begriff des Betriebes.

## I. Die Wortbildung „Betrieb".

Das Wort „Betrieb" findet sich in der Umgangssprache in mannigfacher Verwendung, ohne daß immer nur auf den Betrieb der privaten Wirtschaft, der im modernen Wirtschafts- und Sozialleben eine Rolle spielt, abgestellt wird. Dennoch empfiehlt es sich, bei einer Untersuchung des Betriebsbegriffs vom Sprachgebrauch auszugehen.

Als Wortbildung entstammt der Betrieb der neueren Zeit. Noch das Wörterbuch von Grimm (1854) kennt nur die verbale Form „Betreiben" [1]). Auch das Bürgerliche Gesetzbuch hat, soweit es den „Betrieb" erwähnt — dies geschieht schon in einer Reihe von Vorschriften [2]) —, das Schwergewicht auf die Tätigkeit gelegt und somit den „Betrieb" von seiner verbalen Bedeutung her gesehen.

Betreiben weist auf eine dauernde Tätigkeit hin, die nicht lediglich einmal, sondern in regelmäßigen Wiederholungen vollzogen wird und auf ein bestimmtes Ziel gerichtet ist. Die Gesamttätigkeit aus den dem Ziel dienenden einzelnen Handlungen schafft eine dauernde Ordnung, macht den Betrieb aus. Damit wird für den Betrieb in der Hervorhebung der lebendigen Tätigkeit eine subjektive Seite betont. Es verbindet sich hiermit aber gleichzeitig die Vorstellung von etwas sinnfällig Gegenständlichem, der Betriebsanlage. Wer etwas betreiben will, benötigt einen äußeren Rahmen und hierzu ein gewisses Inventar, das in einer Beziehung zu einer zeitlichen und örtlichen Lage stehen muß. Im Sprachgebrauch wird durch die Wortbildung „Betrieb" eine Objektivierung der auf ein bestimmtes Ziel gerichteten Tätigkeit gekennzeichnet. Sie wird mit den gegenständlichen Betriebseinrichtungen verbunden. Die Objektivierung des Wortbegriffes „Betrieb" zeigt, daß der Betrieb als komplexes Gebilde dort in Erscheinung treten kann, wo eine bestimmte Abgrenzung von Aufgaben und Gebieten des wirtschaftlichen und sozialen Lebens erfolgt ist.

In gesetzlichen Bestimmungen wird der Begriff „Betrieb" sehr häufig verwandt [3]), wobei der Betrieb ebenso wie im BGB meist von

[1]) Grimm's Wörterbuch Band I, S. 1714.

[2]) So z. B. in den §§ 98, 112, 560, 701, 1367, 1405.

[3]) Siehe die §§ 1, 17 der GewO.; §§ 537, 544, 653 RVO; § 1 des Gesetzes über die privaten Versicherungsunternehmungen; § 151 VVG; §§ 12, 13 UWG; § 3 GmbHGes.; § 6 Gen.-Ges.; § 7 Pat.-Ges.; §§ 13, 14, 16 Einkommensteuergesetz; §§ 2, 7, 19 Abs. III, 25 Körperschaftssteuergesetz; §§ 165, 171, 202

seiner subjektiven Seite her gesehen wird [4]). Eine Legaldefinition wird in keinem Fall gegeben. Erst mit den Anfängen eines Betriebsverfassungsrechts gewann der Betrieb als Rechtsbegriff seine Bedeutung. Aber weder im BRG von 1920 noch im heutigen BetrVG wird der Begriff des Betriebes bestimmt. Während im BRG noch versucht wurde, dem Betriebsbegriff eine Erklärung zu geben [5]), glaubte der Gesetzgeber im BetrVG auf eine nähere Bestimmung verzichten und auf dem in Rechtswissenschaft und Rechtsprechung entwickelten Begriff aufbauen zu können [6]).

Die Vorschriften der einzelnen Gesetze zeigen, daß der Betriebsbegriff in verschiedenen Rechtsgebieten verwandt wird, so im Gewerbe- und Steuerrecht, Arbeitsrecht, Handels- und Versicherungsrecht. Eine begriffliche Bestimmung des Betriebes, die der besonderen Eigenart eines jeden der Rechtsgebiete entspricht, wird sich wohl kaum finden lassen, berücksichtigt man nur, daß für den Betrieb des Arbeitsrechts ein soziologischer Grundtatbestand maßgebend ist, der für das Steuerrecht keine Rolle spielt. So muß einmal für den Betriebsbegriff von gewerbe- oder steuerrechtlichen Gesichtspunkten ausgegangen werden, andererseits ist der Betrieb von größter Bedeutung im Berufsrecht der Arbeiter und Angestellten, also der AN, sowie für die Unternehmerstellung des AG.

Auch in verschiedenen Wirtschaftszweigen werden die Betriebe nicht völlig gleichmäßig behandelt, sondern entsprechend ihrer jeweiligen Eigenart. Das kommt in besonderen Vorschriften zum Ausdruck, die z. B. für den gewerblichen oder kaufmännischen Betrieb bestimmte Voraussetzungen fordern [7]), oder auf Grund ihres arbeits-

---

Lastenausgleichgesetz; §§ 9, 20, 21, 71 und oft BRG von 1920; §§ 1, 3, 4, 7 und oft BetrVG; siehe auch die Betriebsrätegesetze der Länder; §§ 1, 7 KSchG; § 2 AngKSchG; § 1 Mutterschutzgesetz; § 1 Arbeitszeitordnung; und noch andere Bestimmungen mehr.

[4]) So z. B. in § 1 GewO., „Der Betrieb eines Gewerbes ist jedermann gestattet"; ebenso § 1 Versicherungsaufsichtsgesetz; § 14 Abs. II UWG, „den Betrieb des Geschäftes ... schädigen".

[5]) § 9 BRG: „Als Betriebe im Sinne des Gesetzes gelten alle Betriebe, Geschäfte und Verhaltungen des öffentlichen Rechts". Der Begriff des Betriebes wird einmal im weiteren Sinn und einmal im engeren Sinn verwandt. — Unvollkommen ist auch die Definition in § 5 Hess. BRG, Betrieb ist „eine Einheit sachlicher Betriebsmittel, in der AN tätig sind", die auf die Erzeugung, Herstellung oder Verteilung von Gütern gerichtet ist. —

[6]) Vgl. Sabel, RdA 1952 S. 282. Demgegenüber hatte der Regierungsentwurf, abgedruckt in RdA 1950 S. 343, in seinem § 3 noch folgende Begriffsbestimmung vorgesehen: „Betrieb im Sinne dieses Gesetzes ist der Arbeitsverband von AG und AN, der mit Hilfe von Arbeitsmitteln bei räumlicher Zusammenfassung bestimmte nicht hoheitliche Aufgaben fortgesetzt verfolgt."

[7]) Die GewO. bestimmt für ihren Bereich den Begriff des Gewerbebetriebes näher und nimmt besonders die Urproduktion aus.

Der kaufmännische Betrieb wird als Handelsgewerbe bezeichnet und mit bestimmten Grundhandelsgeschäften verknüpft, §§ 1 ff. HGB.

rechtlichen Inhalts einer betriebsbedingten Inanspruchnahme der AN Rechnung tragen [8]).

Inwieweit ein allgemeiner Betriebsbegriff Bedeutung für die arbeitsrechtliche Beurteilung des Betriebes gewinnen kann, soll nunmehr zunächst untersucht werden. Aus der bisherigen Betrachtung, insbesondere von der sprachlichen Seite her, ergibt sich, daß menschliche Arbeitskraft im Betrieb tätig sein muß, aber auch unpersönliche Mittel zur Verfügung stehen müssen. Die Notwendigkeit, eine Zusammenfassung dieser unterschiedlichen Elemente zu fordern, ist für die Begriffsbestimmung des Betriebes von Bedeutung.

## II. Zusammensetzung und Funktion des Betriebes.

Die sächlichen Betriebsmittel, die zum Bestand eines Betriebes gehören müssen, können in Umfang, Art und Zahl im einzelnen Fall sehr unterschiedlich sein, ohne daß hiervon etwas für die Bestimmung des Betriebes abhängt. Es kann sich insbesondere um Maschinen, Werkzeuge, Rohstoffe, Grundstücke, Waren, Fahrzeuge, Gebäude mit unterschiedlichen Einrichtungen und Verwendungszwecken handeln. Außerdem spielen immaterielle Mittel, wie Patent- und Urheberrechte, Fabrikationsmethoden und betriebliche Erfahrungen eine bedeutsame Rolle in einem Betrieb [9]).

Um etwas fortgesetzt zu betreiben, ist es erforderlich, daß derartige Mittel in der Hand einer Person vereinigt sind unter Ausrichtung auf ein bestimmtes Ziel und einen bestimmten Zweck. Die Vereinigung und Zwecksetzung muß nicht durch eine natürliche Person geschehen, sie kann auch von einer juristischen Person vorgenommen werden [10]). Auf die Rechtsstellung, die sie bezüglich der

---

Gem. § 1 HandWO ist ein Gewerbebetrieb Handwerksbetrieb im Sinne dieses Gesetzes, wenn er handwerksmäßig betrieben wird und noch weitere formelle Voraussetzungen erfüllt.

[8]) Betriebsbedingte arbeitsrechtliche Bestimmungen finden sich z. B. für den Schiffahrtsbetrieb im Binnenschiffahrtsgesetz, der Seemannsordnung, für den Bergwerksbetrieb in den landesrechtlichen Berggesetzen, für das Handelsgewerbe im HGB, für die land- und forstwirtschaftlichen Betriebe in den Ländergesetzen, für den Handwerksbetrieb in der HandWO.

[9]) Bestritten ist, ob hierher auch Kundschaft, Kredite und Absatzquellen gehören. Dies wird angenommen von: Jacobi, Betrieb und Unternehmen als Rechtsbegriff, S. 7; Hueck-Nipperdey, Lehrb. I (6. Aufl.), S. 80; Hueck-Nipperdey-Dietz, AOG, § 4 Anm. 3; Monjau, BetrVG, S. 20; Dietz, BetrVG, § 1 Anm. 33; Denecke, BB 1950 S. 875.

A. A. Nikisch, ArbR. I (2. Aufl.), S. 126; wohl auch Maus, Das Arbeitsverhältnis, S. 165. Wenn man auch Nikisch insofern recht geben muß, als es sich in erster Linie um wirtschaftliche Elemente handelt, die vor allem zum Bestand des Unternehmens gerechnet werden müssen, so wird aber die Eigenart eines Betriebes es u. U. mit sich bringen, daß solche Mittel auch ihm hinzugerechnet werden können.

[10]) Jacobi, a. a. O., S. 9; Hueck-Nipperdey a. a. O., S. 82; Nikisch, a. a. O., S. 127; Galperin, BetrVG, § 1 Anm. 8; Dietz, a. a. O., § 1 Anm. 50.

Betriebsmittel einnimmt, kommt es nicht an. Ihre Berechtigung, die Mittel zu nutzen, kann ebenso wie auf Eigentum auch auf einem Pachtvertrag, Nießbrauch oder sonstiger Rechtsbeziehung beruhen [11]).

Das wesentliche persönliche Element im Betrieb ist zunächst dasjenige, das Mittel aller Art zusammenfaßt und sich nutzbar macht, der Betriebsinhaber. Oft wird nun in der arbeitsrechtlichen Literatur angenommen, daß mindestens eine oder zwei weitere Personen als Arbeitsgehilfen des Betriebsinhabers beschäftigt werden müssen, damit alle Merkmale eines Betriebes vorliegen [12]). Dies ist insoweit richtig, als für das Arbeitsrecht nur der Betrieb von Interesse sein kann, der mehrere, zumindest aber einen AN beschäftigt. Hier ergibt sich also die Notwendigkeit der Differenzierung von einem allgemeinen Betriebsbegriff, denn es ist ebensogut denkbar, daß ein Handwerker in seiner Werkstatt, oder ein Transportunternehmer, der in eigener Person auch Fahrer ist, ihrem Gewerbe nachgehen, etwas betreiben, also einen Betrieb haben. Man kann hier von einem „Alleinbetrieb" sprechen, der seine Bedeutung im Gewerbe- und Steuerrecht hat, so z. B. auch der Betrieb des Kleinhändlers. Für eine Reihe von Rechtsgebieten setzt der Betrieb keine arbeitsrechtlichen Beziehungen voraus [13]).

Die Entstehung eines Betriebes erfordert jedoch nicht nur die Vereinigung sächlicher und immaterieller Mittel und persönlicher Arbeitskräfte, sondern es müssen bestimmte weitere Voraussetzungen erfüllt werden. Hierzu gehört die Ortsbestimmung des Betriebes, an die besonders die sächlichen Mittel gebunden sind. Sie müssen als Bestandteile des Betriebes räumlich miteinander verbunden sein, ohne daß es etwa erforderlich ist, daß die Produktionsstätten in einem geschlossenen Werksgelände liegen. Lediglich ein räumlicher Zusammenhang muß bestehen [14]). Für die Beurteilung, ob ein solcher

---

[11]) Jacobi, a. a. O., S. 16; Flatow-Kahn-Freund, BRG, § 9 Anm. 4 V, S. 82; Hueck-Nipperdey, a. a. O., S. 82 Anm. 8; Galperin, a. a. O.; Dietz, a. a. O., § 1 Anm. 53.

[12]) So Flatow, BRG, 11. Aufl. 1923, § 9 Anm. 3 S. 36; Mansfeld, BRG, § 9 Anm. 2 S. 71; Kaskel-Dersch, Arbeitsrecht, S. 328; Dersch, ArbRPrax 1930, Sp. 142; Denecke, DAR 1936, S. 14; Galperin, BArbBl 1950, S. 61; ders. BetrVG, § 1 Anm. 27; Hessel, RdA 1951 S. 451. — Maus, Handb. d. ArbR (2. Aufl.), II S. 178 bezweifelt, ob das Vorhandensein von Arbeitskräften begriffswesentlich für den Betrieb ist.

[13]) So auch Jacobi, a. a. O., S. 5; Flatow-Kahn-Freund, BRG, § 9 Anm. 4, I a, S. 78 (hiermit wird die in der früheren Aufl. vertretene Ansicht berichtigt, s. Anm. 12); Kaskel, Arbeitsrecht (1928), S. 287 Anm. 1 (im Gegensatz zu der in der späteren Aufl. vertretenen Ansicht); Herschel, ArbR 1923 S. 102; Sinzheimer, Grundzüge des Arbeitsrechts, S. 216, Anm. 2; Hueck-Nipperdey-Dietz, AOG, § 4 Anm. 2; Dersch, AR-Blattei, Betrieb (Begriff), A II 4 a; Nikisch, a. a. O., S. 124 f.; Hueck-Nipperdey, a. a. O., S. 80 Anm. 2.

[14]) Entscheidend ist, ob noch eine einheitliche Betriebsgemeinschaft gebildet wird, ein Zusammenwirken der AN miteinander und mit dem gemeinsamen AG möglich ist. — Vgl. Jacobi, a. a. O., S. 11 f.; Hueck-Nipper-

vorliegt, ist die Zwecksetzung des Betriebes ausschlaggebend, also was betrieben wird.

Jedoch entsteht durch die räumliche Anhäufung von Arbeitsmitteln und menschlichen Arbeitskräften allein noch kein Betrieb, das bloße Nebeneinander ist nicht ausreichend. Es bedarf vielmehr noch einer einheitlichen Organisation, durch die die räumlich zusammenhängenden Arbeitsmittel und die an ihnen tätigen Menschen zusammengefaßt werden, ohne daß es auf die Einheit der Zweckbestimmung ankommt [15]). Die organisatorische Einheit schafft also erst die Voraussetzung für die Einheit des Betriebes. Sie findet vor allem ihren Ausdruck in einer einheitlichen Oberleitung des gesamten Betriebes, die in der Hand des Betriebsinhabers liegt [16]).

Da erst die arbeitstechnische Organisation das begründet, was unter dem Begriff des Betriebes verstanden wird, ist auch eine Einheit in der Leitung, also in der Person des Betriebsinhabers erforderlich [17]). Nicht notwendig ist es, daß es sich nur um eine Person handelt, es muß aber der Betriebszweck gemeinsam verfolgt werden.

---

dey, a. a. O., S. 82 f.; Nikisch, a. a. O., S. 73; Galperin, BArbBl. 1950 S. 61; Maus, a. a. O., S. 185; Butz, Betrieb 1952 S. 250; Dietz, BetrVG, § 1 Anm. 56; Fitting-Kraegeloh, BetrVG, § 3 Anm. 2; Unverzagt, ArbuR 1955 S. 37 ff.; — RAG, 17. 6. 39, ARS 36/385; LAG Hamm, 19. 12. 51, AP 52 Nr. 163; LAG Bremen, 22. 2. 50, AR-Blattei Rspr Nr. 931; LAG Freiburg, 23. 8. 51, AP 52, Nr. 1.

[15]) Nikisch, a. a. O., S. 125, 129; Galperin, BetrVG, § 1 Anm. 6 f., 16 u. BArbBl. 1950, S. 61 f.; Denecke, DAR 1936 S. 16; Jacobi, a. a. O., S. 7; Hueck-Nipperdey-Dietz, AOG, § 4 Anm. 12; Dietz, BetrVG, § 1 Anm. 46; Fitting-Kraegeloh, BetrVG, § 3 Anm. 1 S. 43; Unverzagt, a. a. O.

Auch in der Rechtsprechung wird für die Frage nach den Voraussetzungen für einen betriebsratsfähigen Betrieb auf die einheitliche Organisation abgestellt. Vgl. RAG, 8. 7. 30, ARS 9/425; LAG Bremen, 13. 6. 53; LAG Frankfurt, 29. 5. 53; LAG Hamm, 21. 8. 53, alle BB 1953 S. 559 f., 885 f.; LAG Bremen, 13. 6. 53, AP 54 Nr. 5; LAG München, 28. 9. 53, AP 54 Nr. 73.

Mit Recht stellt Nikisch heraus, daß es auf die Einheit der Zweckbestimmung nicht ankommen kann, denn mehrere Betriebe können den gleichen Zweck verfolgen, ein Betrieb kann mehrere Zweckbestimmungen haben. — A. A. Hueck in Hueck-Nipperdey a. a. O., S. 82 f. und KSchG, § 15 Anm. 1, Dersch, AR-Blattei, Betrieb (Begriff) A II, 1, die auf die Zusammenfassung zum einheitlichen technischen Zweck abstellen. Allerdings hebt Hueck auch die Bedeutung der organisatorischen Einheit hervor und betont, daß ein wesentlicher sachlicher Unterschied zur Auffassung Nikischs nicht bestünde. Vgl. Lehrb. S. 83 Anm. 11.

[16]) So wird auch in § 3 BetrVG für die Frage, wann ein selbständiger Nebenbetrieb vorliegt, darauf abgestellt, ob „Aufgabenbereich und Organisation eigenständig" sind.

[17]) Jacobi, a. a. O., S. 11, Grundlehren, S. 286; Flatow-Kahn-Freund, a. a. O., § 9 Anm. 5 S. 82; Hueck-Nipperdey, a. a. O., S. 82/83; Dietz, BetrVG, § 1 Anm. 50; Galperin, BetrVG, § 1 Anm. 8 ff.; Nikisch, a. a. O., S. 129; Maus, a. a. O., II S. 181.

RAG, 23. 2. 38, ARS 32/169; v. 17. 6. 39, ARS 36/385 (390); LAG Frankfurt, 4. 8. 49, AP 51 Nr. 169; — a. A. LAG Mainz, 19. 10. 50, AP 51 Nr. 169, gegen die h. A.

Die Organisation des Betriebes ist im wesentlichen vom Willen des Betriebsinhabers abhängig, sie muß auf eine gewisse Dauer abgestellt sein, und der Verfolgung des Zieles und Zweckes des Betriebes dienen. Der Betriebszweck braucht nicht wirtschaftlich bestimmt zu sein, er kann z. B. auch im kulturellen Bereich liegen, er muß aber in jedem Falle arbeitstechnisch ausgerichtet sein. Der arbeitstechnische Zweck darf jedoch nicht n u r der Befriedigung des e i g e n e n Bedarfs dienen, da er sich dann in der Konsumtion erschöpft, wie es beispielsweise beim Haushalt der Fall ist. Dieser ist daher kein Betrieb [18]).

Wichtig ist noch die begriffliche Abgrenzung des Betriebes von dem Unternehmen. Wenn sich auch nach dem Sprachgebrauch für die Begriffe Unternehmen und Betrieb keine Unterschiede ergeben, da es sich in beiden Fällen um eine Tätigkeit handelt, die auf die Dauer gerichtet ist und einen bestimmten Zweck verfolgt, so zeigt sich doch bei der Objektivierung der Begriffe deren Verschiedenheit, die sich insbesondere aus ihrer Verwendung ergibt. Man spricht im allgemeinen von dem arbeitstechnischen oder auch unmittelbaren Zweck des Betriebes [19]) und stellt diesen in Gegensatz zu dem weiterliegenden Zweck des Unternehmens, der nicht nur einem unmittelbaren Arbeitserfolg dienen soll, sondern der Befriedigung eines Bedürfnisse [20]). „Im Vergleich zum Betrieb ist das Unternehmen der weitere Begriff", es handelt sich um einen wirtschaftlichen Begriff,

[18]) Vgl. Mansfeld, BRG, S. 70; Hueck-Nipperdey, a. a. O., S. 82; Hueck-Nipperdey-Dietz, AOG, § 4 Anm. 5; Maus, Handb. a. a. O., VIII S. 24 unter III (BetrVG); Dietz, BetrVG, § 1 Anm. 45; Fitting-Kraegeloh, BetrVG, § 3 Anm. 1; Galperin, BetrVG, § 1 Anm. 26; Dersch, AR-Blattei, Betrieb, A II 2; RAG, 17. 12. 38, ARS 35/331. — A. A. Jacobi, a. a. O., S. 8, 30, der zwischen nach außen und nicht nach außen wirkenden Betrieben unterscheidet und zu letzteren u. a. den Haushalt zählt.

[19]) Jacobi, a. a. O., S. 7 f.; L. Richter, Grundverhältnisse des AR, S. 108; Molitor, AN und Betrieb, S. 12; Hueck-Nipperdey, a. a. O., S. 95; Denecke, DAR 1936 S. 16; Mansfeld, a. a. O., S. 70; Nikisch, a. a. O., S. 125; Galperin, BetrVG, § 1 Anm. 25; Herschel-Steinmann, KSchG, § 1 Anm. 30; Butz, a. a. O., S. 250.

LAG Heidelberg, 2. 7. 49, AP 50 Nr. 264; OHG Rheinland-Pfalz, 9. 3. 51, in AP 51 Nr.208; LAG Freiburg, 23. 8. 51, AP 52 Nr. 1; LAG Düsseldorf, 4. 8. 53, BB 1954 S. 767; LAG Hamm, 21. 8. 53, BB 1953 S. 886; BAG, 13. 7. 55, AP Nr. 1 zu § 81 BetrVG.

Dersch, ArbRPrax. 1930 S. 143, u. AR-Blattei, Betrieb (Begriff) A II 2, hält den Ausdruck „technischer Zweck" für mißverständlich und spricht von einem „organischen Ziel", einem „unmittelbaren betrieblichen Zweck". Ähnlich auch Maus, a. a. O., S. 117.

[20]) Jacobi, a. a. O., S. 16; Hueck-Nipperdey, a. a. O.; Nikisch, a. a. O., S. 131; Butz, a. a. O.; Galperin, a. a. O., § 1 Anm. 30; von einem „hinter dem technischen Zweck des Betriebes liegenden Zweck" sprechen Hueck-Nipperdey-Dietz, AOG, § 4 Anm. 3; Maus, a. a. O., S. 121; Sahmer, BetrVG, § 46 Anm. 2; Dietz, RdA 1951 S. 42 u. BetrVG, § 1 Anm. 39. — BAG 3. 12. 54, AP Nr. 1 zu § 88 BetrVG.

dessen Hauptbedeutung auf anderen Rechtsgebieten liegt, wenn er auch arbeitsrechtlich nicht bedeutungslos ist [21]. Soweit sich der Umfang des Unternehmens mit dem des Betriebes deckt, bleibt eine Unterscheidung ohne Bedeutung. Sofern aber ein Unternehmer mehrere Betriebe organisatorisch im Hinblick auf ein gemeinsames Ziel zusammenfaßt, erhebt sich die für das Arbeitsrecht wichtige Frage, wann ein selbständiger Betrieb vorliegt.

Im Ergebnis kommt man auf Grund einer objektiv ausgerichteten Betrachtung der Wesensmerkmale des Betriebes, wie sie hier vorgenommen wurde, zu der von Jacobi gebildeten Begriffsbestimmung, die auch als „klassische" bezeichnet wird [22]. Er definiert den Betrieb als die „Vereinigung von persönlichen, sächlichen und immateriellen Mitteln zur fortgesetzten Verfolgung eines von einem oder von mehreren Rechtssubjekten gemeinsam gesetzten technischen Zwecke" [23].

Diese Begriffsbestimmung, die als Grundbegriff des Betriebes für alle Rechtsgebiete dienen sollte [24], hat weitgehend in Rechtslehre und Rechtsprechung Anerkennung gefunden [25], insoweit durch sie die entscheidenden Merkmale des Betriebes erkannt und zusammengefaßt werden. Dadurch, daß reale Erscheinungsformen — Sachen und immaterielle Güter — und die im Betrieb beschäftigten Menschen, die Arbeitsorganisation, nebeneinandergestellt werden, kann jedoch der Wert der menschlichen Arbeitskraft nicht ausreichend gewürdigt werden. Der AG, der als „Betreibender" [26] die Vereinigung der Betriebsmittel durchführt, scheint in die Organisation des

---

[21]) Hueck-Nipperdey, a. a. O., S. 84 f.; Nikisch, a. a. O., S. 131 f. — Zur Unterscheidung zwischen Betrieb u. Unternehmen vgl. auch Köhler, JZ 1953 S. 713 ff. (718); Maus, a. a. O., II S. 175 ff. und die oben in Anm. 19, 20 zitierten.

[22]) Butz, a. a. O.; Köhler, a. a. O. S. 713; LAG Freiburg, 9. 11. 51, Betrieb 1952 S. 124.

[23]) Jacobi, a. a. O., S. 9; ders. Grundlehren, S. 286.

[24]) Jacobi, a. a. O., S. 2.

[25]) Mansfeld, a. a. O., § 9 Anm. 2 S. 70; Flatow-Kahn-Freund, a. a. O., § 9 I a; Hueck-Nipperdey, a. a. O., S. 81; Hueck, Grundriß, S. 51; Molitor, AN u. Betrieb, S. 30; Meißinger, BetrVG, § 3 Anm. 1; Monjau, BetrVG, S. 20; Herschel-Steinmann, KSchG § 1 Anm. 27; Maus, Das Arbeitsverhältnis, S. 118; Dersch, AR-Blattei, Betrieb (Begriff) I 1; Butz, a. a. O.; Sitzler, AR-Blattei, Arbeitsrecht Übersicht VI C; Galperin, BetrVG, § 1 Anm. 4; Denecke, BB 1950 S. 875; Rohwer-Kahlmann, KSchG, § 1 S. 41; Dietz, BetrVG, § 1 Anm. 35. RAG, v. 4. 8. 37, ARS 30/323 (326); LAG Heidelberg, 2. 7. 49, AP 50 Nr. 264; LAG Kiel, v. 24. 11. 49, AP 50 Nr. 181; LAG Freiburg, 9. 11. 51, Betrieb 1952, S. 124; LAG Hamm, 19. 12. 51, AP 52 Nr. 163; v. 29. 4. 50, AP 50 Nr. 247; v. 21. 8. 53, BB 1953 S. 886; LAG Düsseldorf, 10. 12. 53, Betrieb 1954 S. 215. — Gegen die h. M. LAG Hannover (unter Berufung auf LAG Frankfurt, Betrieb 1953 S. 885), das als Kriterium des Betriffsbegriffes Merkmale der Mitbestimmung anführt.

[26]) Jacobi, a. a. O., S. 4 f.

Betriebes bei dieser Definition nicht einbegriffen zu sein [27]). Das eigentliche Wesen des Betriebes, das gerade für das Arbeitsrecht, das Recht der AN, bedeutsam ist, kann auf diese Weise nicht erkannt werden.

In neuerer Zeit begann man daher für den arbeitsrechtlichen Betrieb die Bedeutung der menschlichen Arbeitskraft besonders hervorzuheben. Der Gedanke einer Betriebsgemeinschaft, der seit Einführung des BRG von 1920 immer mehr Fuß gefaßt hatte, beeinflußte die Begriffsbestimmung des Betriebes so weitgehend, daß in Rechtslehre und Rechtsprechung die Gemeinschaft von AG und AN als tragendes Element des Betriebes Anerkennung fand und im arbeitsrechtlichen Betriebsbegriff den körperlichen und unkörperlichen Bestandteilen die Stellung von Hilfsmitteln zugewiesen wurde. Vielfach hat dies seinen Ausdruck darin gefunden, daß an Stelle der „persönlichen Betriebsmittel" Begriffe wie „Mitarbeiter, Arbeitsgehilfen" verwandt wurden [28]).

Zutreffend wurde daher der Betrieb in der Begriffsbestimmung, die von dem arbeitsrechtlichen Ausschuß der Akademie für deutsches Recht vorgeschlagen wurde, als die „organisatorische Einheit, innerhalb derer ein Unternehmer allein oder in Gemeinschaft mit seinen Mitarbeitern mit Hilfe von sächlichen und immateriellen Mitteln bestimmte arbeitstechnische Zwecke fortgesetzt verfolgt", gekennzeichnet [29]). So wird in rein substanzmäßiger Hinsicht nicht von der grundlegenden Definition J a c o b i ' s abgewichen, sondern nur der subjektiven Seite des Betriebes, dem „Betreiben" unter gleichzeitiger Berücksichtigung des Persönlichkeitswertes der Arbeit der im Betrieb tätigen AN Rechnung getragen. Die Bedeutung einer betrieblichen Arbeitsgemeinschaft, an der AN und AG teilhaben, wird anerkannt,

---

[27]) Bezeichnend hierfür ist, daß das RAG in seiner Entscheidung v. 18. 2. 28, ARS 2/71 (75), den Betrieb ausdrücklich als den Organismus umschreibt, „der die Betriebseinrichtungen nach der sachlichen und den A r b e i t g e b e r u n d d i e A r b e i t n e h m e r s c h a f t nach der persönlichen Seite umfaßt".

[28]) Vgl. Denecke, a. a. O., S. 15, 16; Hueck-Nipperdey-Dietz, AOG, § 4 Anm. 2; Nikisch, a. a. O., S. 126; Dietz, BetrVG, § 1 Anm. 36; Sahmer, BetrVG, I 1 Anm. 2; Hueck-Nipperdey, a. a. O., S. 81; Siebert, Handw. d. SozW., „Arbeitsvertrag", S. 378.

[29]) So auch Hueck-Nipperdey-Dietz, a. a. O.; Hueck-Nipperdey, a. a. O., S. 81; vgl. auch die ähnlichen Begriffsbestimmungen: von Denecke, a. a. O., S. 14, 16; ders., BB 1950 S. 679; Nikisch, a. a. O., S. 126; Rewolle, Betrieb 1950 S. 402; Rewolle-Köst, Handk. z. ArbR, § 419 Anm. 1; Kauffmann, Betrieb 1950 S. 279; Galperin, BArbBl. 1950 S. 62; ders., BetrVG, § 1 Anm. 7; Dietz, BetrVG, § 1 Anm. 36; Erdmann, BetrVG, § 1 Erl. 2; Sahmer, BetrVG, § 1 Anm. 2; Köhler, a. a. O., S. 715; Schnorr v. Carolsfeld, ArbR, S. 29/30; Fitting-Kraegeloh, BetrVG, § 3 Anm. 1; Unverzagt, ArbuR 1955, S. 38/39; Maus, Handbuch a. a. O., II S. 178.

RAG, 4. 8. 37, ARS 30/323; BAG, 3. 12. 54, AP Nr. 1 zu § 88 BetrVG; LAG Bremen, 12. 7. 50, AP 51 Nr. 110.

ohne daß sie, wie dies anfangs durch das R G und im Anschluß daran durch das R A G geschah, mit dem Betrieb identifiziert wird [30]). In der Arbeits- oder Produktionsgemeinschaft findet nur die gemeinsame Arbeit von AG u n d AN im Betrieb und die auf ihr beruhende natürliche Interessengemeinschaft ihren Ausdruck.

### III. Die Rechtsnatur des Betriebes.

Über die Rechtsnatur des Betriebes, die für seine Stellung in der Rechtsordnung, und somit für die arbeitsrechtlichen Beziehungen der in ihm tätigen Menschen, also auch die Behandlung des Betriebsinhaberwechsels von entscheidender Bedeutung ist, wird durch die bisherigen Feststellungen noch nichts gesagt.

In der ersten Zeit, nachdem der Betriebsverfassung durch das BRG die rechtliche Grundlage gegeben worden war, gipfelte die Frage nach der Rechtsnatur des Betriebes darin, ob er als Rechtspersönlichkeit anzusehen sei, als vom Betriebsinhaber unabhängiges Rechtssubjekt, oder ob zumindest eine Rechtsentwicklung, die hierzu führe, zu befürworten und zu erwarten sei. Da man von dem Bestehen einer Arbeitsgemeinschaft zwischen allen im Betrieb tätigen Menschen ausging und für den Betrieb eine geschriebene Verfassung eingeführt hatte, lag es nahe, den Betrieb als selbständiges soziales Wesen aufzufassen. So wurde vielfach die Ansicht vertreten, jedenfalls gehe die Entwicklung dahin, daß mit einer immer mehr zunehmenden Verselbständigung des Betriebes gerechnet werden müsse, und es allmählich zu seiner völligen rechtlichen Selbständigkeit kommen werde [31]).

Doch ist dies bis heute nicht eingetreten; diejenigen, die eine derartige Entwicklung des Betriebes befürworteten, konnten sich nicht durchsetzen. Der Betrieb ist nach wie vor nicht selbständiger Träger von Rechten und Pflichten. Der Verlauf, den die rechtliche Beurteilung des Betriebes genommen hat, spricht auch nicht dafür, daß in absehbarer Zeit seine Erhebung zum Rechtssubjekt zu erwarten ist, wenn auch der Betrieb in großem Umfang Ansatzpunkt rechtlicher Beziehungen geworden ist.

---

[30]) Zu einseitig hatte das RG und anfangs ihm folgend das RAG, so z. B. in der Entscheidung v. 10. 10. 31, ArbRPrax 1932 S. 26, den Betrieb „als lebendigen Organismus, innerhalb dessen AG und AN zu einer Produktionsgemeinschaft zusammengeschlossen sind und in gemeinsamer Tätigkeit demselben Ziel . . . zustreben" herausgestellt.

[31]) Potthoff, in „Die sozialen Probleme des Betriebes", S. 12 f.; Hedemann, ebenda S. 27 f.; Potthoff, RArbBl NAT 1925 S. 289 f.; ders., JW 1926 S. 533 und ArbRPrax 1928 S. 7; Hueck-Nipperdey, Lehrb. I, 1928, S. 72; Sinzheimer, Grundzüge des ArbR, S. 215 f.; Herzfeld, ArbR 1921 S. 139 ff.; Maus, Das Arbeitsverhältnis, S. 120, zieht in neuester Zeit die Möglichkeit einer derartigen Entwicklung in Erwägung.

In dieser Hinsicht hat besonders das Steuerrecht große Bedeutung gewonnen, und auch im Privatrecht wird der Betrieb als rechtlicher Begriff anerkannt, denn das RG sah schon in dem eingerichteten und ausgeübten Gewerbebetrieb „ein sonstiges Recht" im Sinne des § 823 BGB [32]). Eine Reihe von subjektiven Rechten stehen in enger Verbindung mit dem Betrieb, so die Firma [33]), die Warenzeichen [34]), Vorbenutzungsrechte [35]) und die sogenannten Mitbenutzungsrechte des Patentverlängerungsgesetzes [36]), da sie nur zusammen mit dem Betrieb übertragbar sind. An Betriebe werden Lizenzen, z. B. für Export und Import, und Konzessionen erteilt. Nicht zuletzt ist es auch die Arbeitsrechtslehre und Rechtsprechung der Arbeitsgerichte, die den Betrieb in den Vordergrund stellen und an den Betrieb anknüpfen.

Sicherlich würde eine Verselbständigung des Betriebes in vielen Fällen, insbesondere auch für die beim Wechsel des Betriebsinhabers auftauchenden Rechtsprobleme, eine einfache und gleichzeitig annehmbare Lösung bringen. Es ist aber fraglich, ob ein solches Ergebnis zu begrüßen wäre. Vom Standpunkt der AN wohl kaum, da hieraus keine Verbesserung ihrer rechtlichen und sozialen Stellung folgt, denn der Zustand der Abhängigkeit bliebe erhalten, da an die Stelle des Unternehmers als Betriebsinhaber lediglich eine andere rechtliche Organisationsform träte. Es ist auch sehr zweifelhaft, ob in einem rechtlich verselbständigten Betrieb die Mitwirkungs- und Mitbestimmungsrechte der Arbeitnehmerschaft besser zur Geltung kämen [37]).

Es ist nun die Frage, ob und inwieweit der Betrieb, als Grundbegriff des Arbeitsrechts, dennoch Rechtswirkungen äußern kann. Dabei spielt die Form, in der er im arbeitsrechtlichen Leben als einheitlicher Organismus in Erscheinung tritt, eine wesentliche Rolle. Aus der Untersuchung der Beziehungen der arbeitenden Menschen zum Betrieb in einzelnen arbeitsrechtlichen Teilgebieten soll versucht werden, ein Gesamtbild des Betriebes zu gewinnen, um die Art der Einordnung des Betriebes im Rechtsleben zu erkennen. Erst dann kann die Stellung des einzelnen AN im Betrieb beurteilt wer-

---

[32]) RG, 27. 2. 04, RGZ 58/24; RG, 21. 1. 18, RGZ 92/132; RG, 28. 10. 29, RGZ 126/93 (96) und oft st.RSpr.; BGH, 26. 10. 51, BGHZ Bd. 3 S. 279; BAG, 4. 5. 55, AP Nr. 2 zu § 9 GG „Arbeitskampf".

[33]) Vgl. § 23 HGB, „Die Firma kann nicht ohne das Handelsgeschäft . . . veräußert werden."

[34]) Vgl. § 8 WZG, „Das Recht kann nur mit dem Geschäftsbetrieb . . . auf einen anderen übergehen."

[35]) Vgl. § 7 PatGes., „Die Befugnis kann nur zusammen mit dem Betrieb vererbt oder veräußert werden.

[36]) Vom 27. 4. 20 — RGBl. 1920 Nr. 89, S. 675, vgl. § 7, „Das Weiterbenutzungsrecht kann nur mit dem Betrieb vererbt und veräußert werden.

[37]) Hierauf macht Neumann, RdA 1951 S. 1 aufmerksam.

den und die Frage nach der Auswirkung der Betriebsnachfolge auf die Arbeitnehmerschaft beantwortet werden.

Hierbei ist zu beachten, daß bisher im Arbeitsrecht ein Weg beschritten wurde, der eine größtmöglichste Sicherung des Arbeitsplatzes und die damit verbundene Anerkennung des Persönlichkeitswertes der Arbeit zum Ziel hatte. Seit 1945 ist der Schutz des Arbeitsplatzes durch die Einführung des Kündigungsschutzgesetzes und des Betriebsverfassungsgesetzes, sowie einer Reihe Spezialgesetze wie das Mutterschutzgesetz und das Schwerbeschädigtengesetz, erheblich verstärkt worden. Das KSchG trägt jedoch zur Sicherung des Arbeitsplatzes nur in einem beschränkten Umfang bei, nämlich gegenüber der sozial ungerechtfertigten Kündigung, und auch das BetrVG gibt der Arbeitnehmerschaft nicht in jedem Fall ausreichende Mittel in die Hand, um den Verlust von Arbeitsplätzen zu verhindern.

Alle bisher aufgezeigten Probleme sind eng miteinander verbunden, eins kann nur aus dem anderen heraus gelöst, die Frage der Betriebsnachfolge nur geklärt werden, wenn das Wesen des Betriebes und der Rechtsverhältnisse der einzelnen in ihm tätigen Menschen erkannt ist. Schon die bisherige Betrachtung des Betriebes hat gezeigt, daß hierzu nicht die Feststellung genügt, daß im Betrieb persönliche und sachliche Kräfte zusammenwirken.

2. Kapitel

# Der Betrieb im Arbeitsrecht.

Während in vermögensrechtlicher Hinsicht davon auszugehen ist, daß grundsätzlich der Betriebsinhaber der allein Berechtigte an den Produktionsmitteln und den Produktionsergebnissen ist, mithin der Betrieb und die Person des Betriebsinhabers zu einer engen Verbindung verwachsen sind, muß für die Behandlung arbeitsrechtlicher Fragen davon ausgegangen werden, daß die Betriebsorganisation nicht allein vom Betriebsinhaber verkörpert wird und nicht mit ihm gleichgesetzt werden kann.

Die Organisation des Betriebes ist der Rahmen, in dem die Zusammenfassung der Betriebsmittel bewirkt wird, von der die Einheit und Zwecksetzung, nachdem der betriebliche Entwicklungsgang begonnen hat, abhängt, sie ist das Kernstück des Betriebes. Ohne die Mitwirkung von AN kann sie aber nicht geschaffen werden, mit anderen Worten die Betriebstätigkeit, das „Betreiben", geht nicht lediglich auf den Betriebsinhaber zurück, vielmehr haben hieran einen wesentlichen Anteil die im Betrieb arbeitenden AN. Das subjektive Element im Betrieb verkörpert nicht nur der Betriebsinhaber. Ohne AN ist ein Betrieb, vom Alleinbetrieb abgesehen, keine lebendige, organische Einheit, sondern nur eine Zusammenfassung von bestimmten Gegenständen und Rechten, denen der äußere Rahmen, die sinnvolle Arbeitstätigkeit fehlt. Daher sieht man auch in der Existenz einer Betriebsgemeinschaft ein entscheidendes Merkmal in allen Zweifelsfragen, in denen zu entscheiden ist, ob ein Betrieb besteht, ob er trotz eingetretener Veränderungen weiterbesteht oder ob er untergegangen ist.

## I. Betrieb und Betriebsgemeinschaft.

Die Entscheidung der Frage, ob ein einheitlicher Betrieb angenommen werden kann, hängt nicht allein von dem Willen des Unternehmers ab, sondern es muß geprüft werden, ob eine organische Arbeitsgemeinschaft einer räumlichen Ansammlung von Menschen und Arbeitsmitteln die Grundlage für einen Betrieb gibt. Auch für die Frage, ob ein Betriebsteil oder Nebenbetrieb dem Hauptbetrieb hinzugerechnet werden muß, oder ob es sich um einen selbständigen Betrieb handelt, ist das Bestehen einer einheitlichen Betriebsgemeinschaft maßgebend. Ein Betrieb liegt nur dann vor, wenn sich eine organisierte Arbeitsgemeinschaft von AG und AN mit einer einheitlichen technischen Organisation deckt [1]).

Dies wird besonders bedeutungsvoll für die Frage, wann eine Betriebsstillegung, also die vollständige und planmäßige Einstellung der betrieblichen Arbeit, angenommen werden kann. Wenn auch die Betriebsstillegung durch den Willen des Betriebsinhabers bedingt wird, kommt es hierauf nicht allein an, sondern darauf, welchen Umfang die Einstellungsmaßnahmen haben und welche Auswirkungen auf das Erscheinungsbild des Betriebes. Die innerbetrieblichen Verhältnisse sind entscheidend, nicht einmal irgendwelche Abmachungen zwischen dem Betriebsinhaber und der Arbeitnehmerschaft [2]). Die Einstellung der Arbeit muß in der tatsächlichen Auflösung der bestehenden Arbeitsgemeinschaft und der Betriebsorganisation ihren nach außen hin erkennbaren Ausdruck finden [3]). Dies ist eine wesentliche Voraussetzung für eine Betriebsstillegung. Wie stark die Bin-

---

[1]) Hueck-Nipperdey-Dietz, AOG, § 4 Anm. 4; Mansfeld, AOG, § 4 Anm. 4e; Dietz, BetrVG, § 1 Anm. 43; Galperin, BetrVG, § 3 Anm. 7, 8.

RAG, 4. 4. 36, ARS 27/87; v. 1. 11. 39, ARS 37/308 (311); v. 2. 12. 41, ARS 44/25 (31); LAG Bremen, 22. 2. 50, Betrieb 1950 S. 132; v. 13. 6. 53, Betrieb 1953 S. 559; LAG Frankfurt, 29. 5. 53, BB 1953 S. 885; LAG Hamm, 21. 8. 53, BB 1953 S. 886; LAG Düsseldorf, 4. 8. 53, AP 54 Nr. 4; v. 10. 12. 53, Betrieb 1954 S. 215.

[2]) Etwa um eine vorgesehene kurze Betriebsunterbrechung, Betriebspause, im Interesse des Betriebsinhabers als Betriebsstillegung erscheinen zu lassen.

[3]) Mansfeld, BRG, § 96 Anm. 4 b; Hueck-Nipperdey, Lehrb. 1 (5.—6. Aufl.) S. 371 Anm. 28; Hueck-Nipperdey-Dietz, a. a. O., § 14 Anm. 24; Hueck, KSchG, § 13 Anm. 21; Monjau-Heimeier, KSchG, § 13 Anm. 3; Herschel-Steinmann, KSchG, § 13 Anm. 12; Galperin, a. a. O., § 1 Anm. 42; ders. BArbBl. 1950 S. 63; Dietz, a. a. O., § 1 Anm. 61, § 72 Anm. 14; Dersch, AR-Blattei, a. a. O., F III. — RAG, 20. 9. 30, ARS 10/183 u. st. Rspr.; LAG Frankfurt, 20. 10. 47, AP 50 Nr. 215; v. 28. 2. 52, Betrieb 1952 S. 596; LAG Bremen, 15. 11. 50, BB 1951 S. 52; v. 4. 4. 51, Betrieb 1951 S. 800; v. 15. 2. 50, AR-Blattei, Rspr. Nr. 968.

A. A. Nikisch, ArbR I, S. 530 f., der annimmt, daß zu Unrecht in der Aufhebung der Betriebsgemeinschaft der entscheidende Vorgang der Stilllegung gesehen wird. N. übersieht offenbar, daß die Aufhebung der Betriebsgemeinschaft unbedingt auch zur Auflösung der Betriebsorganisation führen muß, da diese von den AN mitverkörpert wird und da, wenn es sich nicht mehr um dieselbe Belegschaft handelt, von einer Identität des Betriebes nicht gesprochen werden kann. Selbst wenn daher nach kurzer Zeit — um einem Beispiel von N. zu folgen — der gleiche Betriebszweck mit einer neuen Belegschaft verfolgt wird, besteht nicht mehr die alte Betriebsorganisation, sondern wurde eine neue Organisation aufgebaut und damit ein neuer Betrieb. Es ist auch nicht, wie N. annimmt, zu befürchten, daß bei der hier vertretenen Auffassung Betrieb und Betriebsgemeinschaft gleichgesetzt werden, sondern es wird nur in der Betriebsgemeinschaft die arbeitsrechtliche Grundlage des Betriebes gesehen und damit die Bedeutung der menschlichen Arbeitskraft, der „persönlichen Betriebsmittel" für den Betrieb als Arbeitsorganismus anerkannt. — Wie Nikisch auch Schnorr v. Carolsfeld, ArbR S. 352 Anm. 10.

dung des Betriebsinhabers durch die einmal begründete Arbeitsgemeinschaft im Betrieb wird, erkennt man auch daran, daß über die Notwendigkeit ihrer Auflösung bei beabsichtigter Betriebsstillegung der Betriebsinhaber nicht allein befinden kann (§ 72 f. BetrVG).

Durch die Bildung einer entsprechenden Organisation mit Hilfe der AN setzt der Betriebsinhaber den Zweck des Betriebes. Diesen muß er gegen sich gelten lassen, bis tatsächliche Maßnahmen eine Zweckänderung zum Ausdruck bringen. Hieraus ergibt sich, daß nach der Gründung des Betriebes seine Eigenständigkeit und Unabhängigkeit vom Betriebsinhaber so weit geht, daß es für seine Bestimmung auf die nach außen sichtbare Erscheinungsform ankommt und nicht so sehr auf den Betriebsinhaber. Doch selbst wenn im Laufe der Zeit eine Zweckänderung, etwa durch eine vom Betriebsinhaber veranlaßte Produktionsumstellung, eintritt, wird hierdurch der Fortbestand des Betriebes nicht berührt, vorausgesetzt, daß die bisherige Organisation bestehen bleibt, und damit die gleiche Arbeitsgemeinschaft den neuen Betriebszweck weiterverfolgt [4]).

Selbst die Verlegung eines Betriebes und die damit verbundene Veränderung der bisherigen räumlichen Beziehungen muß die Identität des Betriebes nicht aufheben, wenn seine Organisation erhalten bleibt. Auch hier kommt es darauf an, ob neben der Aufrechterhaltung des bisherigen arbeitstechnischen Zweckes die Identität der Belegschaft erhalten geblieben ist, also ein Großteil der Belegschaft die Betriebsstätte mitgewechselt hat, und damit die gleiche Arbeitsgemeinschaft weiterbesteht, so daß der Betriebsorganismus keinen wesentlichen Veränderungen unterworfen wird [5]).

Die Selbständigkeit des Betriebes als arbeitsrechtlicher Organismus wird auch dadurch anerkannt, daß nach übereinstimmender Ansicht

---

4) Jacobi, Betrieb und Unternehmen als Rechtsbegriff S. 10 f.; Hueck-Nipperdey-Dietz, AOG, § 4 Anm. 7, 20; Herschel-Steimann, a. a. O., § 13, Anm. 12; Galperin, a. a. O., § 1 Anm. 37 f.; Dietz, a. a. O., § 1 Anm. 46 f.; Bührig, Handb. d. Betriebsverf., S. 106/7; Fitting-Kraegeloh, a. a. O., § 3 Anm. 1; Maus, a. a. O., II S. 184. — RAG, 3. 7. 29, ARS 6/331; LAG Hamburg, 29. 10. 52, ArbuR 1953 S. 63; LAG Bremen, 13. 6. 53, AP 54 Nr. 5 und die in der Anm. von Schnorr zitierten.

5) Flatow-Kahn-Freund, BRG, S. 87; Hueck-Nipperdey-Dietz, AOG, § 14 Anm. 25; Mansfeld, AOG, § 4 Anm. 4 d; Hueck, a. a. O., § 13 Anm. 22; Dietz, a. a. O., § 1 Anm. 59, § 72 Anm. 21 f.; Meißinger, BetrVG, § 22 Anm. 6; Fitting-Kraegeloh, BetrVG, § 3 Anm. 1 S. 43 unten; Maus, a. a. O., II S. 186; Erdmann, BetrVG, § 72 Erl. 15; Nikisch, a. a. O., S. 128. — A. A. Hessel, RdA 1951 S. 450 ff., der in jeder Betriebsverlegung eine Stillegung sieht.

RAG, 27. 11. 35, ARS 26/292; LAG Bremen, 22. 2. 50, Betrieb 1950 S. 132; RAG, 31. 1. 31, ARS 11/223, das zusätzlich noch darauf abstellt, ob die AN zum Wechsel der Betriebsstätte verpflichtet sind.

Selbst die tatsächliche Vernichtung der Betriebsanlage beendet den Betrieb nicht, wenn der Wille zur Fortführung und die Betriebsgemeinschaft weiterbestehen; Galperin, a. a. O., § 1 Anm. 36; LAG Frankfurt, 12. 4. 50, BB 1950 S. 479.

die Veränderung eines der den jeweiligen Betrieb bestimmenden Merkmale die Identität des Betriebes nicht berührt, wenn nur die Identität der Betriebsgemeinschaft erhalten bleibt. Dies gilt nicht nur für den Betriebszweck, die sachlichen Betriebsmittel, die im Betrieb beschäftigten AN, sondern auch für den Wechsel des Betriebsinhabers. Bei dessen Wechsel wird nur darauf abgestellt, ob die Organisation und die Betriebsgemeinschaft erhalten bleiben und der Betrieb ohne wesentliche Veränderung weitergeführt wird. Der Bestand und die Identität des Betriebes werden nach der bestehenden Arbeitsgemeinschaft und nicht nach der Person des Betriebsinhabers beurteilt. Ein Betriebsinhaberwechsel berührt daher die Identität des Betriebes nicht [6]). Folgerichtig sieht man daher in dem Wechsel des Betriebsinhabers auch nicht eine Betriebsstillegung oder eine Betriebsaufgabe, denn es wird lediglich ein Glied der Betriebsgemeinschaft ausgewechselt, die Identität und der Fortbestand der Betriebsgemeinschaft bleiben unberührt. Die Annahme einer Betriebsstillegung im Falle des Betriebsinhaberwechsels wurde insbesondere bei der Prüfung des Umfanges der Mitbestimmung bei Betriebsänderungen, der Untersuchung der Kündigungsmöglichkeiten von Betriebsratsmitgliedern und Schwerbeschädigten oft verneint [7]).

---

[6]) Mansfeld, BRG, S. 71; Hueck-Nipperdey-Dietz, AOG, § 4 Anm. 10; Hueck-Nipperdey, Lehrb. 1 (6. Aufl.), S. 82 Anm. 8; Hueck, a. a. O., § 1 Anm. 17; Dietz, a. a. O., § 1 Anm. 51; Galperin, a. a. O., § 1 Anm. 50 ff.; ders. BB 1952 S. 323; Maus, Das Arbeitsverhältnis, S. 119; Rewolle-Köst, Handk. d. ArbR, § 419 BGB Anm. 1; Schnorr v. Carolsfeld, ArbR, S. 30; Fitting-Kraegeloh, a. a. O., § 3 Anm. 1 S. 44 oben; Herschel-Steinmann, a. a. O., § 3 Anm. 32 a; Kauffmann, Betrieb 1950 S. 289; Denecke, BB 1950 S. 876.

RAG, 1. 3. 28, amtl. Slg. 5/327; v. 8. 2. 28, ArbRPrax. 1928 S. 108 f.; v. 6. 4. 30, SchliW 1930 S. 241; v. 19. 1. 38, ARS 32/95 u. st. Rspr. u. weitere Angaben bei Dietz, a. a. O.; LAG Bremen, 7. 9. 49, 13. 9. 50, 4. 4. 51 in AP 50 Nr. 16, AP 51 Nr. 111, AP 52 Nr. 50; LAG Frankfurt, 22. 2. 51, AP 51 Nr. 259 und 15. 3. 51, BB 1951 S. 419; LAG Kiel, 19. 10. 50, AP 51 Nr. 153; LAG Stuttgart, AP 51 Nr. 274.

Nikisch, a. a. O., S. 128 ist in Bezug auf die Wahrung der Identität grundsätzlich gleicher Ansicht, nimmt aber an (S. 541/2), daß es auf die Fortsetzung der Betriebsgemeinschaft nicht ankomme, wenn der Betrieb als „Organismus" ohne Zweckänderung übernommen wird. Da die organisatorische Einheit des Betriebes in der gemeinschaftlichen Zusammenarbeit von Betriebsinhaber und AN ihren Ausdruck findet, kann dieser Auffassung nicht gefolgt werden, denn mit der Beendigung der Arbeitsgemeinschaft muß notwendig auch der Betrieb als Organismus aufhören zu bestehen.

[7]) Galperin, a. a. O., § 72 Anm. 15; Dietz, a. a. O., § 72 Anm. 14; Erdmann, BetrVG, § 72 Erl. 14; Nikisch, a. a. O., S. 530; Hueck, a. a. O., § 13 Anm. 22; Monjau-Heimeier, a. a. O., § 13 Anm. 3; Monjau, SBG, § 18 Anm. 2; Wilrodt-Gotzen, SBG, § 18 Anm. 12; Sellmann-Evermann, SBG, § 18 Anm. 11; Gröninger, SBG, § 18 Anm. 3. — RAG, 1. 6. 35, ARS 26/52.

A. A. Zigan, SBG, § 18 Anm. 12; Rewolle-Köst, a. a. O., § 18 SBG Anm. 1; beide ohne nähere Begründung; — Herschel-Steinmann, a. a. O., § 13 Anm. 13 geben zwar dem AG das Recht zur Kündigung des Betriebsratsmitgliedes, weichen aber nicht von der h. M. — Betriebsnachfolge keine

Die Arbeitnehmerschaft gemeinsam mit dem Betriebsinhaber gibt dem Betrieb also über die bloße Zusammenfassung einzelner Elemente erst seine Lebenskraft. Außerdem zeigt es sich, daß der Betrieb als Arbeitsorganisation im Arbeitsrecht eine gewisse Unabhängigkeit von den beteiligten Personen erlangt hat, die den Betriebsinhaber nicht mehr als das alleinige, beherrschende Element erscheinen läßt, denn die Identität und der Bestand des Betriebes werden nach der Fortdauer, der Kontinuität des Betriebsorganismus beurteilt, der wesentlich durch die Belegschaft des Betriebes, die bestehende Betriebsgemeinschaft mitbestimmt wird.

## II. Der Betrieb in einzelnen Bereichen des Arbeitsrechts.

Um das Wesen des Betriebes in seiner Bedeutung für das Arbeitsrecht zu erkennen und um damit auch eine grundsätzliche Einstellung zur rechtlichen Beurteilung der Betriebsnachfolge zu gewinnen, ist es nicht minder wichtig, festzustellen, welche rechtlichen Wirkungen die Zugehörigkeit zu einem bestimmten Betrieb auf die Rechtsstellung der AN ausübt. Die Bedeutung des Betriebes in arbeitsrechtlichen Bestimmungen, ihre Anwendung und Auslegung kann hierzu wichtige Hinweise geben.

### 1. Betrieb und Kündigungsschutzrecht.

In vielen Fällen ist der Betrieb Anknüpfungspunkt für die Anwendung von Kündigungsschutzbestimmungen geworden, so insbesondere auch für das Angestelltenkündigungsschutzgesetz.

Gem. § 2 des AngKSchG[8]) kann ein AG einem Angestellten, den er oder sein Rechtsvorgänger eine bestimmte Reihe von Jahren beschäftigt haben, nur innerhalb bestimmter Kündigungsfristen kündigen. Den tieferen Grund dieser Bestimmung erblickte das RAG darin, daß ein AN, hier Angestellter, seine Arbeitskraft längere Zeit demselben *Betrieb* zur Verfügung gestellt hatte. Das RAG kam auf Grund dieser Erkenntnis zu dem Ergebnis, daß das Recht des Angestellten aus § 2 AngKSchG aus seiner längeren Betriebszugehörigkeit nicht nur gegenüber dem Betriebsinhaber und dessen *Rechts*nachfolger im strengen Rechtssinn Geltung habe, sondern auch den „jeweiligen" Betriebsinhaber verpflichte, wenn nur der Betrieb ohne wesentliche Änderung des Geschäftszwecks weitergeführt wird, gleich in welcher Rechtsform, gleichgültig auch, aus welchem Rechtsgrund die Angestellten weiterbeschäftigt werden. Die tatsäch-

---

Betriebsstillegung — ab, geben nur dem Begriff der Betriebsstillegung für § 13 KSchG eine andere Deutung.

[8]) Gesetz über die Fristen für die Kündigung von Angestellten vom 9. 7. 26 — RGBl. I S. 399.

liche Weiterverwendung ist hinreichend [9]). Nicht darauf wird abgestellt, ob einem bestimmten Betriebsinhaber persönlich die Ergebnisse der langen Tätigkeit des AN zugute gekommen sind, die Arbeit im Betrieb wird gewertet. Die Beurteilung der Anwendbarkeit des § 2 AngKSchG wird also unabhängig von der Person des Betriebsinhabers durchgeführt, es wird nur auf die Bindung des Angestellten an den Betrieb abgestellt, auf die längere Betriebszugehörigkeit.

Dadurch, daß das R A G einen eigenen Begriff für die Rechtsnachfolge im Rahmen des § 2 AngKSchG geschaffen hat, diesem eine umfassende Bedeutung beimißt und sich bewußt vom hergebrachten privatrechtlichen Begriff der Rechtsnachfolge entfernt [10]), bringt es zum Ausdruck, daß der jeweilige Betriebsinhaber den Kündigungsschutz für Angestellte deshalb zu gewähren hat, weil er die Stellung des Betriebsinhabers tatsächlich einnimmt, weil er betriebszugehörig geworden ist.

Die für das AngKSchG herausgearbeiteten Grundsätze im Falle des Betriebsinhaberwechsels finden ebenfalls bei der Anwendung der allgemeinen Kündigungsschutzvorschriften Anerkennung [11]). Auch hier spielt die Dauer der Betriebszugehörigkeit eine Rolle. So war gem. § 56 AOG ein AN zur Erhebung eines Einspruches gegen eine Kündigung nur dann berechtigt, wenn er ein Jahr dem Betrieb angehört hatte. Das heute geltende Kündigungsschutzgesetz (§ 1 KSchG v. 1951) erklärt die sozialwidrige Kündigung eines AN für unwirksam, der sechs Monate ohne Unterbrechung in demselben Betrieb beschäftigt war. Die Tatsache, daß auch in diesen Fällen der Nachfolger in der Stellung des Betriebsinhabers die Dauer der Betriebszugehörigkeit gegen sich gelten lassen muß, ist um so bedeutungsvoller, als weder in § 56 AOG noch in § 1 KSchG ausdrücklich erwähnt worden ist, daß auch die Beschäftigungszeit bei einem „Rechtsvorgänger" zu berücksichtigen ist, wie dies in § 2 AngKSchG geschehen ist.

---

[9]) RAG, 26. 10. 27, amtl. Slg. Bd. 1/7; v. 13. 3. 29, ARS 5/347; v. 23. 10. 29, ARS 7/323; v. 9. 7. 32, ARS 15/573; v. 20. 2. 35, ARS 23/127; v. 4. 8. 37, ARS 30/285; u. st. Rspr. — Ihr folgend auch die LAG nach 1945: LAG Frankfurt, 20. 10. 49, AP 50 Nr. 144; v. 15. 3. 51, AP 51 Nr. 152; v. 22. 2. 51, AP 51 Nr. 259; LAG Bremen, v. 7. 9. 49, AP 50 Nr. 16; LAG München, 20. 12. 49, BB 1951, S. 418; LAG Kiel, 18. 11. 48, ARSt. II Ziff. 654; v. 19. 10. 51, AP 51 Nr. 153; LAG Hamburg, 28. 7. 49, ARSt. III Ziff. 846; LAG Stuttgart, 4. 4. 51, AP 51 Nr. 274.

Ebenso auch die Lehre, vgl. statt vieler Nikisch a. a. O., S. 582; Hueck-Nipperdey, Lehrb. I (3.—5. Aufl.), S. 322 Anm. 38; Hueck, KSchG, § 1 Anm. 17; Denecke, BB 1950 S. 875; Galperin, BB 1952 S. 322.

[10]) Vgl. RAG, 8. 2. 28, amtl. Slg. Bd. 1/153 (158).

[11]) Hueck-Nipperdey-Dietz, a. a. O., § 56 Anm. 5 a; Herschel-Steinmann, KSchG, § 1 Anm. 32; Monjau-Heimeier, KSchG, § 1 Anm. 4; Hueck, KSchG, § 1 Anm. 17; Schneider, KSchG, § 1 S. 24; Rohwer-Kahlmann, KSchG, § 1 Anm. 2 S. 41; Rewolle-Köst, Handk. z. ArbR, § 419 BGB Anm. 1; Maus, a. a. O., VI B S. 44.

Durch die Einschränkungen, denen das Kündigungsrecht des AG in zunehmenden Maße unterworfen war — beginnend mit § 84 BRG, sodann durch § 56 AOG und heute durch § 1 KSchG —, wurde noch weiter dazu beigetragen, daß der Betrieb an Bedeutung für die rechtliche Stellung der AN gewonnen hat und die Bindung der AN an den Betrieb vermehrt in den Vordergrund gestellt wurde.

Das BRG zählte noch vier Fälle auf, die einen AN berechtigten, Einspruch gegen eine Kündigung einzulegen. Der wesentlichste Einspruchsgrund wurde in § 84 Ziff. 4 aufgeführt, nämlich wenn die Kündigung eine „unbillige, nicht durch das Verhalten des AN oder durch die Verhältnisse des Betriebes bedingte Härte" war. Da im allgemeinen bei einer unberechtigten Kündigung durch diese Bestimmung die übrigen Einspruchsgründe des § 84 BRG mit eingeschlossen wurden, traten die betrieblichen Verhältnisse zur Rechtfertigung einer Kündigung in den Vordergrund, obwohl sie nicht die alleinige Grundlage eines Einspruches waren. Soweit bei der Auslegung der Bestimmung der Ziff. 4 die Worte „nicht durch das Verhalten des AN oder durch die Verhältnisse des Betriebes bedingte Härte" als Definition des Wortes „unbillig" angesehen wurden, wurde die Bedeutung des Betriebes noch hervorgehoben [12]).

Durch § 56 AOG wurden dann die Einspruchsbefugnisse der AN noch mehr auf den Betrieb abgestellt, indem die Klage auf Widerruf der Kündigung dann für zulässig erklärt wurde, wenn diese „unbillig hart und nicht durch die Verhältnisse im Betrieb bedingt war". Allerdings waren auch hier betriebliche Erwägungen nicht allein ausschlaggebend, da für den Fall, daß die Kündigung nicht betriebsbedingt war, noch die Frage der „unbilligen Härte" der Kündigung durch das Gericht geprüft werden mußte [13]).

Diesen Bestimmungen gegenüber geht das KSchG einen Schritt weiter. In § 1 wird die sozial ungerechtfertigte Kündigung für unwirksam erklärt, sofern sie nicht durch Gründe in der Person oder dem Verhalten des AN oder dringende betriebliche Erfordernisse bedingt ist, die „einer Weiterbeschäftigung des AN in diesem Betriebe" entgegenstehen. Also ist eine Kündigung immer nur dann sozial gerechtfertigt, wenn die Interessen des Betriebes eine Entlassung erforderlich machen, da auch die personenbedingte Kündi-

---

[12]) So Herschel, ArbGer. 1928 S. 227; Flatow-Kahn-Freund, BRG, Anm. V d 1, 2; Herschel sah schon damals den Zweck des § 84 Ziff. 4 darin, den AN mit seinem Betrieb fester zu verbinden, ihn Glied des Betriebes werden zu lassen (siehe auch Herschel, in Potthoff, Die sozialen Probleme des Betriebes, S. 219).

Daß die Kündigung außerdem noch unbillig sei, wurde für das Einspruchsrecht verlangt von: Mansfeld, BRG § 84 S. 432; Oppermann, JW 1928 S. 1762; Jadesohn, NZfA 1931 Sp. 343 f.

[13]) Hueck-Nipperdey-Dietz, a. a. O., § 56 Anm. 11; Mansfeld-Pohl, AOG, § 56 Anm. 2 e.

gung nur zulässig ist, falls Gründe auf der Arbeitnehmerseite eine Aufrechterhaltung des AV für den AG nicht mehr zumutbar erscheinen lassen und zugleich die berechtigten Bedürfnisse des Betriebes die Auflösung des AV verlangen [14]). Die stark subjektiv gefärbte Generalklausel einer „unbilligen Härte" ist damit aufgegeben worden und eine objektive Regelung erfolgt, die auf den Schutz des Arbeitsplatzes abstellt [15]), so daß es letztlich nur betriebliche Erwägungen sein können, die eine Kündigung rechtfertigen. Der Betrieb ist sowohl für den AG als auch den AN zum Ausgangspunkt bei der Anwendung der Kündigungsschutzbestimmungen geworden [16]). Dem steht nicht entgegen, daß die Voraussetzungen für eine betriebsbedingte Kündigung im Sinne des § 1 KSchG bei wirtschaftlichen Maßnahmen, etwa einer Rationalisierung, als gegeben angesehen werden. Denn die Kündigung erfolgt im wirtschaftlichen Interesse des Betriebes. Zudem muß, wie überwiegend angenommen wird, die Rationalisierung nicht als Tatsache hingenommen werden, sondern auch hier ist das Gericht zur dahingehenden Nachprüfung des Sachverhaltes berechtigt, ob die Maßnahme, die die Kündigung veranlaßt hat, geboten war [17]).

Im Kündigungsschutzrecht hat der Betrieb eine vom Betriebsinhaber unabhängige Anerkennung als einheitlicher arbeitsrechtlicher Organismus gefunden, denn der AG muß bei der Kündigung eines

---

[14]) Herschel-Steinmann, KSchG, § 1 Anm. 38; Hueck, KSchG, § 1 Anm. 34 ff.; Rohlfing, KSchG, § 1 Anm. 19; Rewolle-Köst, Handk. z. ArbR, Anm. 8 zu § 1 KSchG; Rohwer-Kahlmann, a. a. O., § 1 Anm. 3 a S. 48; Kunkel, BB 1952 S. 379; Molitor, BB 1953 S. 34; Hörnig, RdA 1955 S. 132 f.

LAG Mannheim, 11. 3. 52, RdA 1952 S. 279; v. 19. 3. 54, ArbuR 1954 S. 253; LAG Frankfurt, 19. 12. 51, BB 1952 S. 376; LAG Düsseldorf, 4. 6. 52, BB 1952 S. 576; LAG Hamm, 12. 2. 52, BB 1952 S. 376; LAG Bremen, 6. 5. 53, BB 1953 S. 532; s. a. BAG, 7. 10. 54 u. 20. 10. 54, AP Nr. 5 u. 6 zu § 1 KSchG.

[15]) Herschel-Steinmann, a. a. O., Vorbem. 1 von § 1; Hueck, a. a. O., § 1 Anm. 33; Molitor, a. a. O.

LAG Düsseldorf, a. a. O.; LAG Bremen, a. a. O.; ArbGG Darmstadt, 5. 12. 52, BB 1953 S. 147; s. a. BAG, 7. 10. 54, AP Nr. 5 zu § 1 KSchG.

[16]) Es soll hiermit jedoch nicht zu der Streitfrage Stellung genommen werden, ob eine Scheidung zwischen personen- und betriebsbedingter Kündigung überhaupt noch notwendig ist (vgl. hierzu Molitor, a. a. O. und Hörnig, a. a. O.).

[17]) So Gramm, AR-Blattei Kündigungsschutz IV, Nachprüfung betrieblicher Maßnahmen, D I; Molitor, a. a. O.; Schmidt, RdA 1954, S. 172; Hörnig, RdA 1955, S. 135, 3 a; Kauffmann, NJW 1953, S. 1049; Herschel-Steinmann, a. a. O., § 1 Anm. 41 ff.; — noch weitergehend Hueck, a. a. O., § 1 Anm. 36 ff.; Monjau, Betrieb 1952 S. 18.

LAG Mannheim, 30. 11. 51, AP 53 Nr. 48; LAG Hamburg, 13. 2. 52, AP 52 Nr. 232; LAG Düsseldorf, 21. 5. 52, AR-Blattei Rspr. 1354; LAG Frankfurt, 23. 2. 50, ebenda Kündigungsschutz, Entsch. 1; — a. A. LAG, Düsseldorf, 7. 8. 53, AP Nr. 4 zu § 1 KSchG u. v. 28. 7. 54 Betrieb 1954 S. 888.

Selbst bei der Entlassung aus wirtschaftlichen Gründen ist noch zu prüfen, ob nicht eine Arbeitsstreckung zumutbar ist.

betriebsangehörigen AN unter Abwägung der beiderseitigen Interessen objektive betriebliche Erwägungen zugrunde legen. Diese Verpflichtung des AG aber kann nur daraus hergeleitet werden, daß auch er ebenso wie der AN Glied des Betriebes ist, ihm eine bestimmte Organisationszugehörigkeit zukommt. Dem Betrieb ist im Rahmen des Kündigungsschutzrechtes eine besondere Stellung in der Rechtsordnung eingeräumt worden.

### 2. Betrieb und Urlaubsrecht.

Soweit in den Tarifverträgen oder der Gesetzgebung der Länder die Gewährung des Urlaubs und die Länge des Urlaubs von der Beschäftigungsdauer im Betrieb abhängig gemacht wird [18]), finden für den Fall des Wechsels in der Person des Betriebsinhabers dieselben Grundsätze Anwendung, wie sie für das AngKSchG vom RAG entwickelt worden sind [19]). Es kommt auch hier nur darauf an, daß der Betriebsinhaber in die Funktionen seines Vorgängers eingetreten ist, sich in den Betriebsorganismus eingeordnet hat, damit die Urlaubsansprüche der AN auf Grund der längeren Betriebszugehörigkeit gegen den Betriebserwerber gerichtet werden können. Der Vorteil, der dem Betriebsinhaber auf Grund der längeren Beschäftigungsdauer der AN im Betrieb, der Vertrautheit der Arbeiter mit dem Betrieb, zugute kommt, kann den Urlaubsanspruch in voller Höhe gegen den Betriebserwerber nicht rechtfertigen. Nur in der Anerkennung des Betriebes in seiner selbständigen arbeitsrechtlichen Bedeutung kann ein solches Ergebnis seine Begründung finden.

Der jeweilige Betriebsinhaber ist somit allein, weil er an die Stelle des bisherigen Betriebsinhabers getreten ist, verpflichtet, die Urlaubsansprüche der AN zu befriedigen.

### 3. Betrieb und Heimkehrerrecht.

Besonders hervorgehoben wird der Betrieb durch das Recht der Heimkehrer auf Wiedereinstellung. Nach der Schutzverordnung vom 1. September 1939 [20]), die auch heute noch in Geltung ist, ruhten die beiderseitigen Rechte und Pflichten aus dem Arbeitsvertrag während der Dauer der Einberufung zum Wehrdienst. Eine Kündigung war

---

[18]) So z. B. in § 3 des Urlaubsges. v. 29. 5. 47 für Hessen; in § 2 des Ges. v. 6. 8. 47 für Württemberg-Baden; in § 3 Urlaubsges. v. 10. 12. 48 für Niedersachsen; in Art. 9 des Ges. zur Regelung des Jahresurlaubs v. 11. 5. 50 für Bayern.

[19]) R A G, 8. 2. 28, ArbRPrax. 1928 S. 108 f.; v. 6. 9. 39, amtl. Slg. 21/331; v. 19. 1. 38, ARS 32/95; LAG Frankfurt, 12. 1. 49, AP 51 Nr. 149; v. 19. 9. 53, RdA 1954 S. 80; LAG Hamburg, 29. 10. 52, ArbuR 1953 S. 63. — Dersch, Die Urlaubsges., Bem. 247 ff.; Nikisch, a. a. O., S. 449.

[20]) Verordnung zur Änderung und Ergänzung von Vorschriften auf dem Gebiete des Arbeitsrechts vom 1. 9. 39 — RGBl. I S. 1683.

daher in dieser Zeit und der Zeit der Kriegsgefangenschaft — die Zugehörigkeit zur Wehrmacht blieb während der Gefangenschaft bestehen — unablässig. Das Recht des heimgekehrten Soldaten auf seinen Arbeitsplatz wurde noch durch das Heimkehrergesetz (HkG)[21]) bestätigt, in seiner Bedeutung aber noch erhöht durch die Ausdehnung des persönlichen Geltungsbereichs. Soweit Zweifel bestanden, ob unter Berücksichtigung der veränderten wirtschaftlichen Verhältnisse seit der Währungsreform der Heimkehrer noch in den alten Betrieb eingestellt werden müsse, wurden diese durch § 7 HkG beseitigt.

Der Betriebsinhaber muß den Anspruch des heimgekehrten AN auf Weiterbeschäftigung erfüllen, selbst wenn inzwischen der Betrieb verlagert worden ist oder ein Ersatzmann an die Stelle des eingezogenen AN getreten ist, weil dieser dem Betrieb vor seiner Einberufung angehörte. Einwendungen können, wie im Kündigungsschutzrecht, nur auf Grund betrieblicher Verhältnisse erhoben werden, die aber erst bei erheblicher Veränderung der wirtschaftlichen Lage des Betriebes eine Lösung des AV des Heimkehrers rechtfertigen [22]).

Da sich der Anspruch des Heimkehrers auf Weiterbeschäftigung in dem Betrieb, in dem er früher tätig war, richtet und lediglich in betrieblichen Gründen seine Schranken findet, unabhängig von der Person des Betriebsinhabers, ist in Auslegung der gesetzlichen Bestimmungen allgemein anerkannt worden, daß eine Weiterbeschäftigung auch dann erfolgen muß, wenn inzwischen ein Wechsel in der Person des Betriebsinhabers eingetreten ist [23]). Auch auf das Heimkehrerrecht sind damit die für das Kündigungsschutzrecht herausgearbeiteten Regeln für den Fall des Betriebsinhaberwechsels ausgedehnt worden.

Der Betrieb ist im Heimkehrerrecht zu einem selbständigen Träger von Rechten und Pflichten geworden, unabhängig von den persön-

---

[21]) Gesetz über Hilfsmaßnahmen für Heimkehrer vom 19. 6. 50 — BGBl. 1950 S. 221.

[22]) Groß, AR-Blattei, Heimkehrer aus dem Wehrdienst, Wiedereingliederung in das Arbeitsleben, I C, IV 3 u. 5; Draeger, HkG, § 7 Anm. 5; Rewolle-Köst, Handk. d. ArbR, § 7 HkG Anm. 10 e; Gröninger, HkG, § 7 Anm. d; Nikisch, a. a. O., S. 560 f. und die dort zit. Rspr.

LAG Frankfurt, 17. 8. 48, RdA 1949 S. 153; v. 4. 5. 50, BB 1950 S. 704; OLAG Tübingen, 10. 11. 49, AR-Blattei Rspr. Nr. 700; LAG Hamburg, 12. 10. 51, Betrieb 1952 S. 332.

[23]) Groß, a. a. O., C IV 3; Kauffmann, Betrieb 1950, S. 289; Denecke, a. a. O. S. 680; Reinhardt, AP 51 Nr. 259; Rewolle-Köst, a. a. O., § 7 HkG Anm. 2, S. 327; Siebert, HandwBuch d. SozWiss. „Arbeitsvertrag", S. 389.

LAG Frankfurt, 20. 10. 49, AP 50 Nr. 144 mit zust. Anm. von Neumann-Duesberg; OAG Neustadt, 14. 10. 49, WA 1949 S. 188; LAG Bremen, 30. 5. 51, AP 51 Nr. 260; LAG Frankfurt, 22. 5. 51, AP 51 Nr. 259; LAG Hannover, 24. 1. 49, Betrieb 1949 S. 132.

lichen Interessen eines Betriebsinhabers, dieser erscheint vielmehr als Repräsentant des Betriebes, der als solcher die Ansprüche des heimgekehrten AN aus dessen Betriebszugehörigkeit erfüllen muß.

### 4. Betrieb und Tarifvertragsrecht.

Besondere Berücksichtigung findet der Betrieb auch im Tarifvertragsrecht. Für die Frage, welcher Tarifart ein bestimmter Betrieb unterliegt, ist nicht der Wille des Betriebsinhabers maßgebend, sondern die Organisation und Einrichtung des Betriebes, seiner Eigenart entsprechend muß ihn der Betriebsinhaber gegen sich gelten lassen [24]). Sodann ist in der Rechtsprechung der Grundsatz der Tarifeinheit herausgebildet worden, demzufolge alle AN demselben Tarifvertrag unterstehen sollen, selbst wenn ein Betrieb verschiedene Zwecke verfolgt. In diesem Fall ist der Hauptzweck entscheidend, da dieser dem ganzen Betrieb sein Gepräge gibt. Der Grundsatz der Tarifeinheit gilt nicht für das Unternehmen, sondern nur für den einzelnen Betrieb [25]). Soweit durch die Rechtsprechung in Einzelfällen für eine selbständige Betriebsabteilung, die einen wesentlich anderen Betriebszweck als der Gesamtbetrieb verfolgt, die Anwendbarkeit des ihrer Eigenart entsprechenden speziellen Tarifvertrages bejaht wurde, sind es Ausnahmen gewesen, und es fragt sich, ob in diesen Fällen nicht schon ein selbständiger Betrieb vorlag [26]). Im Zweifel gilt jedoch der Tarifvertrag für den gesamten Betrieb als einheitliche Organisationsform, unter Einschluß eventuell artfremder Betriebsabteilungen, unabhängig von dem Willen des Betriebsinhabers, sofern er nur Tarifpartner ist [27]). Der Betrieb hat auch hier eine gewisse unabhängige Bedeutung für die in ihm tätigen Menschen gewonnen.

---

[24]) Hueck-Nipperdey, Tarifvertragsgesetz, § 4 Anm. 16; — LAG Hamm, 22. 1. 52, AP 53 Nr. 128; LAG Stuttgart, 19. 10. 51, AP 53 Nr. 79; LAG Mannheim, 21. 10. 53, AR-Blattei Tarifvertrag IV „Geltungsbereich", Entscheidungen 7.

[25]) RAG, 10. 11. 37, ARS 32/140; v. 14. 6. 39, ARS 37/13; v. 21. 2. 40, ARS 38/370; v. 12. 7. 41, ARS 42/402 und st. Rspr.; so auch BAG, 31. 3. 55, AP Nr. 1 zu § 4 TVG „Geltungsbereich"; LAG Hamm, 16. 2. 50, AP 52 Nr. 212; LAG Neustadt, 9. 3. 51, AP 51 Nr. 208; LAG Mannheim, 12. 2. 54, BB 1954 S. 379.

[26]) Denn Voraussetzung ist eine klar erkennbare räumliche u. organisatorische Trennung vom Hauptbetrieb. — Eine Ausnahme lassen zu: RAG, 1. 11. 39, ARS 37/307; v. 2. 12. 41, ARS 44/25; LAG Kiel, 7. 9. 50, AP 51 Nr. 181; LAG Frankfurt, 17. 11. 49, AR-Blattei, Tarifvertrag, IV Geltungsbereich Entscheidungen 3, hier lag der Fall besonders kraß.

[27]) In neuester Zeit wird die Tarifeinheit besonders angestrebt. Vgl. noch: Hueck, AR-Blattei, Tarifvertrag, IV Geltungsbereich, V; Hueck-Nipperdey, Tarifvertragsgesetz, § 4 Anm. 16; Nikisch, ArbR (1. Aufl.), S. 313 f.; Gramm, AR-Blattei TVG. XII, I 2; LAG Frankfurt, AR-Blattei, Tarifvertrag, IV Geltungsbereich Entscheidungen 1; LAG Hamburg, 7. 9. 50, WA 1949 Nr. 188.

Während beim Verbandstarif der Fortfall einer Partei, und zwar auch der Wechsel des Betriebsinhabers, das Ende der tarifvertraglichen Wirkung herbeiführt, ist beim Firmentarif eine Fortgeltung möglich. Tritt der Wechsel des Betriebsinhabers durch Tod ein, so wird der Erbe Vertragspartei, da der Firmentarif grundsätzlich für den Betrieb abgeschlossen gilt [28]). Im Falle der Rechtsnachfolge auf Grund Betriebsveräußerung u. ä. tritt eine Beendigung des Firmentarifs nur dann ein, wenn der Betriebsnachfolger die Verbindlichkeiten seines Vorgängers nicht übernimmt. Ein Teil der Lehre sucht dies zu erzwingen, indem sie es als eine Pflichtverletzung des alten Betriebsinhabers ansieht, wenn dieser nicht dafür Sorge trägt, daß der Nachfolger der Weitergeltung des Tarifvertrages zustimmt [29]).

Wenn die Entwicklung zur Tarifeinheit zum Teil auch auf die heutige Organisationsform der Gewerkschaften und Arbeitgeberverbände nach dem Industrieverbandsprinzip zurückzuführen ist — das letztlich aber auch einen Sieg des Betriebsdenkens darstellt —, so ergibt sich aus dieser Entwicklung doch für den Betrieb, daß er in seiner einheitlichen Erscheinungsform von rechtlicher Erheblichkeit ist. Er dient auch dem Tarifrecht als Grundlage und hat eine selbständige Bedeutung erlangt, die ihn unabhängig von dem Willen einzelner Parteien macht, sofern man nicht an seinen Grundfesten rüttelt, seine Organisation umgestaltet. Selbst bei einem Betriebsinhaberwechsel sucht man an den tariflichen Grundsätzen, die einmal Gültigkeit für den bestimmten Betrieb haben, festzuhalten, obwohl es sich um einen Vertrag handelt, bei dem AG und Arbeitnehmerverbände Parteien sind.

Bei einer Betrachtung einzelner Bereiche des Arbeitsrechts zeigt es sich, daß im modernen Arbeitsrecht der Betrieb und seine einheitliche Organisation für die Menschen, die dem Betrieb angehören, wichtige rechtliche Wirkungen ausstrahlt, wenn man eine Reihe arbeitsrechtlicher Institutionen und ihre praktische Ausgestaltung untersucht.

## III. Der Betrieb und das Betriebsverfassungsrecht.

Als Organisationsform für eine Personenmehrheit gewann der Betrieb im Rechtsleben erhöhten Einfluß, seitdem der Arbeitnehmerschaft die Möglichkeit gegeben wurde, die Schaffung und Gestaltung

[28]) Hueck-Nipperdey, a. a. O., § 1 Anm. 30; Hueck, Tarifvertrag, S. 79; Neumann, ArbRPrax. 1929 S. 54; Hueck-Nipperdey, Lehrb. II (1.—2. Aufl.), S. 208; Nikisch, a. a. O., S. 301 unter 3.

[29]) So Hueck-Nipperdey, Tarifvertraggesetz, § 1 Anm. 30; Hueck, Tarifvertrag, S. 79; ders. AR-Blattei Tarifvertrag VIII, I 4; Neumann, ArbRPrax. 1929 S. 54. — Dagegen Hueck-Nipperdey, Lehrb. a. a. O.; Sinzheimer, Arbeitsnormenvertrage, Bd. 2, S. 118; Meißinger, NZfA 1924 S. 525; Nikisch a. a. O., glaubt aber, daß die Normenwirkung des Tarifs nicht richtig gewürdigt wird, wenn er in seiner Weitergeltung beschränkt ist.

der betrieblichen Ordnung zu beeinflussen und an ihr durch gewählte Vertreter, die Betriebsräte, teilzunehmen. Solange sich die Beziehungen der AN zum AG auf die Leistung von Arbeit, Zahlung von Entgeld und gewisse Treue- und Fürsorgepflichten beschränkten, stand der AN als Einzelperson im Betrieb, der für ihn nicht mehr sein konnte als die Stätte, an der er seine Arbeit verrichtete. Er war einer Ordnung unterworfen, die der Betriebsinhaber allein erließ, einer oktrovierten Betriebsverfassung. Ein derartiger Betrieb konnte nicht mehr als eine Zusammenfassung bestimmter Betriebsmittel unter Einschluß der AN sein, ihm mußte das gemeinsame Interesse an der Arbeit als Lebenselement fehlen. Daher trat in der Auffassung vom Wesen des Betriebes ein grundlegender Wandel mit der Einräumung von Mitwirkungsrechten für die Arbeitnehmerschaft ein.

### 1. Die Entwicklung des Betriebsverfassungsrechts.

Die ersten noch schwachen Versuche, den AN einen Einfluß auf das betriebliche Leben zu geben, gehen bereits auf das 19. Jahrhundert zurück und beruhten auf fakultativen Vorschriften, denen ein größerer Erfolg nicht beschieden war [30]). Dies zeigt, daß dem heutigen Betriebsverfassungsrecht eine längere Entwicklung in der Umgestaltung der Ordnung des Betriebes vorausgegangen ist, wenn auch zunächst das alleinige Herrschaftsrecht des AG im Betrieb unberührt geblieben war.

Erst die Weimarer Verfassung, die mit Art. 165 das Institut der Betriebsvertretungen sicherte und ein Rätesystem auf betrieblicher und überbetrieblicher Grundlage vorsah, sodann das Betriebsrätegesetz vom 4. 2. 20 brachten einen Wandel in der betrieblichen Organisation, einen entscheidenden Einschnitt im Rechtsleben des Betriebes [31]). Die betriebszugehörigen AN erhielten das Recht zur Teilnahme an der Ordnung des Betriebes. Mit seiner Herausstellung als Mittelpunkt eines Betriebsverfassungsrechts gewann der Betrieb gleichzeitig, wie oben gezeigt, für viele arbeitsrechtliche Teilgebiete gesteigerte Bedeutung.

---

[30]) Die Entwicklung begann damit, daß sich der volkswirtschaftliche Ausschuß der Nationalversammlung in der Paulskirche zu Frankfurt für die Bildung von Fabrikausschüssen in dem Entw. einer GewO einsetzte. Gesetzl. Regelungen erfolgten erstmals mit dem Arbeitsschutzgesetz v. 1. 6. 91 (jetzt 7. Titel der GewO) und den §§ 80 a ff. d. allg. preuß. Bergges. (Fassung v. 24. 6. 92). Später traten noch die §§ 80 f.—80 fs. (Ges. v. 28. 7. 09) hinzu, die Arbeitsausschüsse in Betrieben über 100 AN vorschrieben und das Gesetz über d. Vaterländischen Hilfsdienst v. 5. 12. 16.

[31]) Vorläufer des BRG war die VO über Tarifverträge, Arbeiter- u. Angestelltenausschüsse u. Schlichtung v. Arbeitsstreitigkeiten v. 23. 12. 18 — RGBl. 1918 S. 1456.

Während auf Grund des in Art. 165 der Weimarer Verfassung verankerten Rätegedankens zur Zeit der Geltung des BRG in den Betriebsvertretungen eine unterste Stufe einer gesamten deutschen Wirtschaftsorganisation gesehen wurde [32]), hat man diesen Gedanken heute nicht mehr aufgegriffen [33]). Das BetrVG schafft lediglich die gesetzliche Grundlage für die Organisation der Betriebsvertretungen, die Ausübung der Beteiligungsrechte der Arbeitnehmerschaft und greift nur in die arbeitsrechtlichen Beziehungen zwischen AN und AG ein. Sein Geltungsbereich beschränkt sich also ausschließlich auf das Gebiet des Betriebes bzw. Unternehmens. Das Gesetz befaßt sich mit der gesamten Betriebsverfassung. Unabhängig davon, ob man das Betriebsverfassungsrecht oder das Recht der Betriebsvertretungen dem öffentlichen oder dem privaten Recht zuweist [34]), zeigt die auch weiterhin erfolgte Ablehnung des Rätegedankens und die Beschränkung des Tätigkeitsbereiches der Betriebsräte auf die Rechtssphäre des Betriebes zunächst schon, daß der Betrieb sich zu einem rechtlichen Gebilde entwickelt hat, das eine von anderen Organisationsformen unabhängige und eigenständige Bedeutung hat. Dies wird noch dadurch bestätigt, daß im Betriebsrat nicht mehr in erster Linie eine Interessenvertretung gesehen wird, sondern der Partner in der gemeinsamen Arbeit zusammen mit dem AG zum Wohl des Betriebes (§ 49 BetrVG).

Da seit Beginn der Industrialisierung der einzelne AN einen Schutz nur durch außerbetriebliche Einrichtungen (Sozialfürsorge) und staatliche Eingriffe (Schutzvorschriften) erhielt, im übrigen aber im Verhältnis zum Betriebsinhaber in dem wirtschaftlichen und technischen

---

[32]) Es sollten neben den Betriebsräten, entsprechend den Wirtschaftszweigen Bezirksarbeiterräte, ein Reichsarbeiterrat, weiterhin örtliche Wirtschaftsräte, Bezirkswirtschaftsräte und ein Reichswirtschaftsrat geschaffen werden. Es kam nur zur Gründung eines Reichswirtschaftsrates.

[33]) Wenn Dietz, Betrieb 1952 S. 970 unter 5 und BetrVG § 1 Anm. 19 f., in dem in Art. 20 GG niedergelegten verfassungsfesten Grundsatz des sozialen Staates ein Gegenstück zu Art. 165 WRV sehen will, erscheint dies zu weit hergeholt. Er zieht diesen Vergleich offenbar auch nur, um an die Rechtspr. des RAG anknüpfen zu können, die das Betriebsverfassungsrecht dem öffentlichen Recht zuwies.

[34]) Vgl. zu dieser Streitfrage die Ausführungen Molitors, in Festschrift für Wilhelm Herschel, „Über die Rechtsnatur der Betriebsvertretungen"; siehe auch dort die ausführlichen Zitate zu den widerstreitenden Meinungen. — Man wird sich aber wohl im Gegensatz zur Auffassung Molitors der von Nipperdey und a. m. vertretenen Ansicht anschließen müssen, daß das Recht der Betriebsvertretungen zum Privatrecht gehört, da (im Gegensatz zur Behauptung Molitors) doch erhebliche Momente für die privatrechtliche Natur sprechen. Molitor selbst stellt ja auch fest, daß die Übertragung von Kontrollbefugnissen auf den Betriebsrat kein Über- und Unterordnungsverhältnis begründet, ein dem öffentlichen Recht aber wesentliches Begriffsmerkmal. (Vgl. Nipperdey in Hueck-Nipperdey, a. a. O., S. 545 ff. und Bührig, ArbuR 1955 S. 227 r.Sp. sowie die dort zitierten).

Betriebssystem im wesentlichen Objekt geblieben war und auch das kollektive Arbeitsrecht noch nicht seine heutige Bedeutung erlangt hatte, ist es verständlich, daß man zur Zeit des Erlasses des BRG die vornehmste Aufgabe des Betriebsrats in der Wahrung der gemeinschaftlichen Interessen der AN sah.

Die Mitwirkungs- und Mitbestimmungsrechte waren im BRG nur schwach zum Ausdruck gekommen [35]). Sie beschränkten sich auf Abschlüsse von Betriebsvereinbarungen, die aber nicht erzwingbar waren [36]), eine Mitwirkung bei Kündigungen durch das Einspruchsverfahren (§ 84 BRG), sowie in gewissem Umfang bei der Verwaltung von Pensionskassen, Werkswohnungen und Wohlfahrtseinrichtungen. Bei Einstellungen und Entlassungen in größerem Umfang war der Betriebsrat vorher zu unterrichten und hatte die Möglichkeit, Richtlinien mit dem AG zu vereinbaren (§ 78 BRG) und bei Verstößen gegen sie das Arbeitsgericht anzurufen [37]). Ein Mitbestimmungsrecht bei Einzelmaßnahmen der Betriebsleitung bestand nicht. Außerdem hatte der Betriebsrat die Aufgabe, den AG durch seinen Rat zu unterstützen, den Betrieb im gemeinsamen Interesse vor Erschütterungen zu bewahren und im Falle von Streitigkeiten der AN mit der Betriebsleitung vermittelnd einzugreifen, u. U. den Schlichtungsausschuß anzurufen. Zum Schutz der AN hatte der Betriebsrat die Einhaltung der Unfallverhütungs- und Gesundheitsvorschriften zu überwachen und konnte über Betriebsvorgänge, soweit sie die AN betrafen, Auskunft verlangen, sowie Vorlage der Lohnbücher, um die Durchführung der Tarifbestimmungen zu überprüfen (§ 71 BRG). Der Betriebsrat sollte auch die Zusammenarbeit zwischen AG und AN fördern und ein gutes Einvernehmen anstreben. In wirtschaftlicher Hinsicht hatte der Betriebsrat beratende Funktion.

Das BRG gab dem Betriebsrat nur geringe Möglichkeiten, in Gemeinschaft mit dem Betriebsinhaber zum Wohle des Betriebes tätig zu werden. Im wesentlichen wurde durch das BRG erst die Grundlage geschaffen, um zu neuen Formen in der betrieblichen Zusam-

---

[35]) Herschel, in Potthoff, Die sozialen Probleme des Betriebes, S. 215, bezeichnet den Inhalt des BRG als „größtenteils formaler Natur".

[36]) Eine Ausnahme bildete nur die nach den §§ 134 a ff. GewO zwingend vorgeschriebene Arbeitsordnung, denn gem. §§ 78 Ziff. 3, 75, 80, 104 Ziff. IV BRG war an die Stelle des früheren einseitigen Erlasses durch den AG eine Betriebsvereinbarung getreten. Der unbedingt vorgeschriebene Inhalt der Arbeitsordnung beschränkte sich aber auf die Festsetzung der Dauer der Arbeitszeit und der Pausen für erwachsene Arbeiter, sowie der Zeit und Art der Lohnzahlung. Es handelte sich bei der Arbeitsordnung um Vorschriften von lediglich technisch-organisatorischer Bedeutung.

[37]) Jedoch stand es im Ermessen des Arbeitsgerichtes, ob bei festgestelltem Verstoß zugleich ausgesprochen wurde, das AV des Eingestellten gelte als gekündigt (§ 83 BRG). Praktisch hatte die Bestimmung daher nur geringe Bedeutung.

menarbeit zu kommen. Anders das BetrVG, das hierauf aufbaut. Es grenzt nicht mehr in erster Linie die Position der Arbeitnehmerschaft gegenüber dem Betriebsinhaber ab, sondern gibt dem Betrieb eine rechtliche Verfassung.

### 2. Das Betriebsverfassungsgesetz.

Die Einheit des Betriebes, seine selbständige Bedeutung als Lebensgrundlage aller in ihm tätigen Menschen wird durch eine Reihe von Vorschriften des BetrVG hervorgehoben. Besonders deutlich bringt dies die Vorschrift des § 49 Abs. 1 BetrVG zum Ausdruck, die als Leitsatz den Bestimmungen über Mitwirkung und Mitbestimmung der AN, dem meist umstrittenen, aber auch entscheidendsten Abschnitt des BetrVG, den Grundgedanken der vertrauensvollen Zusammenarbeit zwischen AG und Betriebsrat zum Wohl des Betriebes voranstellt [38]). Es handelt sich um eine Richtlinie, die insbesondere auch bei Auslegungsfragen und für die Tätigkeit der Einigungsstelle Bedeutung hat [39]). Die Zusammenarbeit soll zur Erfüllung der gemeinsamen Aufgaben erfolgen, also nicht durch Gegensätzlichkeiten bestimmt werden. Wenn auch die Unterstützung durch die Verbände (Gewerkschaften, Arbeitgeberverbände) und ein Zusammenwirken mit diesen vorgesehen ist, so haben diese doch kein Recht zur Einflußnahme. Ausdrücklich vorgesehen ist lediglich eine Fühlungnahme und Beratung (§§ 29 IV, 31, 45 BetrVG) [40]). Nach Möglichkeit soll die Gestaltung der Betriebsarbeit innerbetrieblich zwischen den beiden Partnern erfolgen [41]).

---

[38]) Demgegenüber stellte § 1 BRG die Wahrnehmung der gemeinsamen Arbeitnehmerinteressen in den Vordergrund und sah in der Unterstützung des AG bei d. Erfüllung des Betriebszwecks nur eine weitere Aufgabe.

[39]) Fitting-Kraegeloh, a. a. O., § 49 Anm. 1; Bührig, Handb. d. Betriebsverfassung, § 49 Anm. 1, 8; die Bestimmung hat mehr als nur programmatische Bedeutung, wie Sahmer, BetrVG, § 49 Anm. 1, und Erdmann, a. a. O., Vorb. zu § 49, annehmen. Demgegenüber vertreten Siebert, BB 1952, S. 833; Galperin, BetrVG, § 49 Vorb. 3, Anm. 2 f.; Dietz, BetrVG, § 49 Anm. 1; Monjau, BetrVG, S. 57; Molitor, Festschrift, f. Herschel, S. 114 f. die Ansicht, daß es sich sogar um einen Grundsatz (Generalklausel) handele. Hierfür gibt das Gesetz aber keinen Anhaltspunkt, zumal eine „vertrauensvolle" Zusammenarbeit nicht erzwingbar ist.

[40]) Dietz, a. a. O., § 49 Anm. 12; ebenso auch Maus, a. a. O., Anm. 6, der kein Recht auf Mitwirkung annimmt; Galperin, a. a. O., § 49 Anm. 10 ff.; Erdmann, a. a. O., § 49 Erl. 2; Monjau, a. a. O., S. 57; Hueck-Nipperdey, Lehrb. II (6. Aufl.), S. 145; — a. A. Meissinger, BetrVG, § 49 Anm. 7, der den Gewerkschaften einen Anspruch auf Verbindung mit den Betriebsräten gibt. Begründet wird es mit der Verpflechtung betriebl. u. überbetriebl. Mitwirkung v. Gewerkschaften und Betriebsräten als Interessenvertreter, wie als Sozialpartner der Soz. Selbstverwaltung; ähnlich Bührig, Handb. d. Betriebsverfassung, § 47 Erl. 11.

[41]) Galperin, a. a. O., § 49 Anm. 25; Dietz, a. a. O., § 49 Anm. 24; Leser, ArbuR 1955 S. 20.

Dies wird noch dadurch betont, daß § 50 BetrVG die Bildung einer betrieblichen Einigungsstelle für den Bedarfsfall vorsieht und daß die Anrufung einer außerbetrieblichen Stelle (gem. § 49 Abs. 4) erst dann zulässig ist, wenn die Versuche, eine Einigung im Betrieb herbeizuführen, ergebnislos verlaufen sind [42]). Hierin kommt zum Ausdruck, daß bei Meinungsverschiedenheiten grundsätzlich eine Einigung im Betrieb gewünscht und einer innerbetrieblichen Verständigung den Vorrang gegeben wird. Deshalb wird auch in der Sollvorschrift des § 49 Abs. 3 BetrVG gefordert, daß wenigstens einmal im Monat eine „gemeinschaftliche Besprechung" von AG und Betriebsrat erfolgt, um die gute Zusammenarbeit zu fördern und strittige Punkte zu behandeln. Die Unabhängigkeit des Betriebes und die Sicherung der ungestörten Arbeit der Gemeinschaft wird durch das BetrVG angestrebt.

So soll die beiden Teilen, AG und Betriebsrat, auferlegte Friedenspflicht, besonders das Verbot von Kampfmaßnahmen (§ 49 Abs. 2 BetrVG) jegliche Gefährdung der betrieblichen Arbeit und der Ruhe im Betrieb ausschalten. Dies dient nicht zuletzt der Stärkung der Betriebsgemeinschaft und festigt die organische Einheit des Betriebes. In gleicher Weise ist die dem Betriebsrat und AG übertragene Aufgabe, die Beachtung der Grundrechte zu überwachen (§ 51 Satz 1 BetrVG), sowie das Verbot der parteipolitischen Betätigung (§ 51 Satz 2 BetrVG) zu werten. Die Unabhängigkeit der einzelnen AN soll nicht durch den Versuch irgendeiner Beeinflussung gefährdet und damit die gemeinsame Zusammenarbeit gestört werden [43]). Durch die Vorschriften zur Sicherung des Betriebsfriedens wird die Unabhängigkeit des Betriebes gewährleistet und ihm die innere Festigkeit gegeben, die notwendig ist, will man in ihm den Ansatzpunkt der Beziehungen der betriebszugehörigen Menschen sehen.

Die Schweigepflicht des Betriebsrats hat im BetrVG gegenüber ihrer Regelung in § 71 BRG eine weitere Ausdehnung erhalten [44]),

---

[42]) Galperin, a. a. O., § 49 Anm. 25 f.; Bührig, a. a. O., § 49 Erl. 20; Monjau, BetrVG, S. 58 unter 1; Dietz, BetrVG, § 49 Anm. 24; Erdmann, a. a. O., § 49 Erl. 10; — Dietz verlangt den Versuch der innerbetrieblichen Einigung sogar vor Anrufung der betrieblichen Einigungsstelle. A. A. Fitting-Kraegeloh, BetrVG, § 49 Anm. 21; Bührig, a. a. O.; Erdmann, a. a. O.

[43]) Monjau, a. a. O., S. 58 unter 2; Dietz, a. a. O., § 51 Anm. 15; Galperin, a. a. O., § 51 Anm. 8 f. — Vgl. hierzu auch die Auslegung des § 44 BetrVG durch das BAG, 4. 5. 55, AP Nr.1 zu § 44 BetrVG, und die Entscheidung v. 3. 12. 54, AP Nr. 2 zu § 13 KSchG, im Falle der fristlosen Entlassung eines BR-Mitgliedes wegen parteipolitischer Agitation. Die Erhaltung des Betriebsfriedens im Interesse der Zusammenarbeit im Betrieb wird besonders hervorgehoben.

[44]) § 71 Abs. 3 BRG hatte nur eine Schweigepflicht für vertrauliche Angaben vorgesehen. § 55 BetrVG schließt sämtliche Bereiche der Tätigkeit des Betriebsrats ein (Monjau, BetrVG, S. 61) und dehnt die Schweigepflicht über die Dauer des Betriebsratsamtes aus.

damit einer engen Zusammenarbeit zwischen Betriebsrat und AG nichts im Wege steht. Daß keine Beschränkung dieser Schweigepflicht erfolgte [45]), beweist den Vorrang der innerbetrieblichen Partnerschaft und der gemeinsamen Interessen im Betrieb vor überbetrieblichen Bindungen, das Streben, dem Betrieb seine Unabhängigkeit und Einheit zu wahren. Eine besondere Anregung zur gemeinsamen Arbeit gibt die Vorschrift des § 54 Abs. 1 BetrVG, die dem Betriebsrat ein Initiativrecht einräumt, nämlich dem Betrieb dienliche Maßnahmen zu beantragen [46]). Damit wird der Betrieb über die reine Arbeitsstätte hinausgehoben.

Auch die Mitwirkungs- und Mitbestimmungsrechte des Betriebsrats in personellen Angelegenheiten sollen entsprechend dem Grundsatz des BetrVG der vertrauensvollen Zusammenarbeit im Betrieb dienen. Sie erstrecken sich daher auch nicht auf alle personellen Maßnahmen, sondern nur auf Einstellungen, Umgruppierungen, Versetzungen und Entlassungen (§ 60 Abs. 2 BetrVG). Dem Betriebsrat wird das Recht der Einflußnahme auf alle die personellen Veränderungen gegeben, durch die, über das AV des einzelnen AN hinaus, die Zusammensetzung und Funktion der Betriebsgemeinschaft und damit die Ordnung und der Frieden des Betriebes betroffen werden [47]).

Die Einwendungen, die der Betriebsrat gegen eine Einstellung in den Betrieb erheben kann, sind in § 61 BetrVG abschließend geregelt. Das Recht des Betriebsrats, seine Zustimmung zu einer Einstellung zu verweigern, die gegen ein Gesetz, Tarifvertrag usw. verstößt, dient in gleicher Weise dem Schutz der AN als der Förderung der Mitarbeit im Betrieb. Denn eine solche Einstellung widerspricht den Betriebsinteressen. Das gleiche gilt für die Aufnahme eines ungeeigneten AN in die Betriebsgemeinschaft oder, falls ein anderer geeigneter Btriebsangehöriger durch eine Einstellung aus den in § 61 Abs. 3 c BetrVG genannten Gründen benachteiligt werden soll. Stets ist der Betriebsrat zum Einspruch berechtigt, wenn zu erwarten steht, daß der Bewerber den Betriebsfrieden, also das Gemeinschaftsleben im Betrieb, durch sein Verhalten stören würde. Die Aufrechterhaltung des inneren Betriebsfriedens erscheint so wichtig, daß der Betriebsrat sogar berechtigt ist, die Kündigung eines Betriebsangehörigen zu verlangen, der diesen Betriebsfrieden ernstlich gestört hat (§ 66 Abs. 4 BetrVG). Gemeinsam mit dem AG hat

---

[45]) Seitens der Opposition wurden gegen die Formulierung der Schweigepflicht in § 55 BetrVG Bedenken geäußert (AusschBer. S. 10, BT Drucksache Nr. 3585).

[46]) Es handelt sich hier sowohl um technische Verbesserungsvorschläge, Anregungen neuer Arbeitsmethoden zur Erhöhung der Wirtschaftlichkeit des Betriebes, als auch um Vorschläge für Sozial- und Schutzmaßnahmen.

[47]) Galperin, BetrVG, § 60 Anm. 1; Dietz, BetrVG, Vorb. 9 vor § 60.

der Betriebsrat darüber zu wachen, daß die Einheit des Betriebes nicht gefährdet wird. Soweit der Betriebsrat das Recht hat, auf personelle Angelegenheiten einzuwirken, soll ihm dieses die Möglichkeit geben, sowohl die Interessen der Belegschaft als auch des Betriebes zu wahren.

Das wirtschaftliche Mitbestimmungsrecht des Betriebsrats beschränkt sich auf geplante Betriebsveränderungen, bei denen eine ungerechtfertigte Benachteiligung der AN zu befürchten ist, und soll der Sicherung des Arbeitsplatzes der AN und seiner sozialen Stellung gegenüber wirtschaftlichen Veränderungen dienen (§ 72 BetrVG). Es muß sich um die Planung von außergewöhnlichen Maßnahmen, z. B. eine Betriebsstillegung oder Betriebsverlegung handeln, bei denen dem Betriebsrat durch das Mitbestimmungsrecht die Möglichkeit gegeben wird, einen Interessenausgleich herbeizuführen.

Ein sehr umfangreiches Mitbestimmungsrecht wird dem Betriebsrat im Bereich der sozialen Angelegenheiten eingeräumt (§§ 56 ff. BetrVG), der vor allem die gleichberechtigte Ordnung der betrieblichen Arbeitsverhältnisse und Einrichtungen, das Verhalten der AN im Betrieb und ihre Behandlung, die Regelung der Arbeitsbedingungen, den Arbeitsschutz einschließlich des Unfallschutzes umfaßt [48]). Nur Arbeitsentgelte und sonstige Arbeitsbedingungen, die üblicherweise durch Tarifvertrag geregelt werden, unterliegen nicht dem Mitbestimmungsrecht (§ 59 BetrVG). Die Bestimmungen des § 56 BetrVG hatten bereits teilweise in der früheren Arbeitsordnung (nach §§ 134 a ff. GewO) bzw. der Betriebsordnung des AOG (gem. § 27 AOG) ihren Vorläufer. Der Umfang der Fälle, die notwendig geregelt werden mußten, ist in § 56 BetrVG wesentlich vermehrt worden, so daß diese Vorschrift gegenüber den früheren Regelungen eine erheblich größere Bedeutung hat. Auch Einzelmaßnahmen im sozialen Sektor, die kraft Gesetzes oder Vereinbarungen der Mitbestimmung unterliegen, können vom AG nur rechtswirksam mit Zustimmung des Betriebsrates getroffen werden. Die Auffassungen des Betriebsrates und des AG stehen sich gleichwertig gegenüber.

Der Gedanke der betrieblichen Partnerschaft hat daher vor allem durch die Unterstellung des Bereichs der sozialen Angelegenheiten unter die gleichberechtigte Gewalt der Betriebspartner seinen Ausdruck gefunden.

Durch die Mitbestimmungs- und Mitwirkungsrechte wie auch die im allgemeinen Bereich liegenden Bestimmungen werden die im Betrieb beschäftigten AN als Mitarbeiter und Mitgestalter des betrieblichen Lebens anerkannt. Es wird weiterhin damit zum Ausdruck gebracht, daß der Betrieb sich nicht in einer Organisation zur Er-

---

[48]) Galperin, a. a. O., § 49 Vorb. 20; Dietz, a. a. O., § 49 Vorb. 8; Monjau, BetrVG, S. 64.

reichung eines arbeitstechnischen Zwecks erschöpft, sondern zugleich ein persönlichkeitsbetontes soziales Gebilde ist, das die vielfältigsten menschlichen Beziehungen schafft und nicht nur solche materieller Natur.

Da der Betriebsrat als Repräsentant der Arbeitnehmerschaft mehr geworden ist als eine reine Partei- und Interessenvertretung, ist davon auszugehen, daß er auch im Gesamtinteresse des Betriebes tätig wird, und daher heute die Stellung eines Organs des Betriebes einnimmt, ohne jedoch als solches eigene Rechtspersönlichkeit zu haben [49]). So kann er auch Betriebsvereinbarungen abschließen, die in erster Linie im Interesse des Betriebes liegen und für einen Teil der AN Nachteile mit sich bringen, z. B. die Vereinbarung von Kurzarbeit, Mehrarbeit oder Lohnminderung, oder an denen nicht alle AN interessiert sind, z. B. die Vereinbarung über Entrichtung von Beiträgen zu einer Pensionskasse.

Die Betriebsgemeinschaft, die in Rechtsprechung und Rechtslehre als eine Arbeitsgemeinschaft Anerkennung gefunden hat, in der die Arbeitnehmer und der Betriebsinhaber infolge der gemeinschaftlichen Arbeit, Ziele und Interessen zusammengeschlossen sind, die das tragende Element der Gesamtorganisation des Betriebes ist und die für die Einzelbeziehungen zwischen AG und AN erheblichen Einfluß erlangt hat, wurde zur Grundlage des Betriebsverfassungsrechts gemacht [50]). Es wurde eine „einheitliche Verfassung für den ganzen Betrieb, die sich als rechtliche Kuppel über den betrieblichen Sektor von Arbeit und Kapital wölbt", geschaffen [51]). Hierdurch wurde der Betrieb als selbständige Arbeitsorganisation vermehrt in den Vordergrund geschoben. Dies läßt schon die Benennung des Gesetzes als Betriebsverfassungsgesetz erkennen, denn es wird damit zum Ausdruck gebracht, daß dem ganzen Betrieb eine Verfassung gegeben werden sollte und nicht nur eine Ordnung der Organisation der Betriebsräte als einer gewählten Interessenvertretung im Betrieb [52]).

---

[49]) Galperin, BetrVG, Vorb. 6 vor § 21, § 52 Anm. 22; Herschel, RdA 1948 S. 49; Nipperdey, Betrieb 1951 S. 717; Fitting-Kraegeloh, a. a. O., § 1 Anm. 9, § 52 Anm. 7; Krause, BB 1951 S. 678; Schnorr v. Carolsfeld, a. a. O., S. 417 ff.; als Organ der Betriebsverfassung wird der Betriebsrat gekennzeichnet von: Maus, Handb. d. ArbR (2. Aufl.), VIII S. 27/28 (BetrVG); Fitting, AR-Blattei XIV A, Mitwirkung und Mitbestimmung; — als wirtschaftsparlamentarische Organe wurden AG und Betriebsrat bereits früher von Flatow-Kahn-Freund, BRG, Vorb. 1 vor § 1 gekennzeichnet. — A. A. Dietz, BetrVG, § 1 Anm. 22 ff.; G. Hueck, Die Betriebsvereinbarung, S. 36 ff.; Erdmann, BetrVG, § 1 Erl. 5; Gramm, AR-Blattei Betriebsverfassung VII, A III 3.

[50]) Galperin, a. a. O., § 1 Anm. 62, 63; Dietz, a. a. O., Vorb. 1 vor § 1; ders. RdA 1952 S. 41, B II; Erdmann, a. a. O., S. 23 unter II; Meissinger, a. a. O., § 49 Anm. 2; Fitting-Kraegeloh, a. a. O., § 49 Anm. 14; Nikisch, ArbR I (2. Aufl.), S. 221/22; Hueck-Nipperdey, Lehrb. I (6. Aufl.) S. 84.

[51]) Herschel, Soziale Arbeit 1952 S. 577.

[52]) Herschel, a. a. O.; Meissinger, BetrVG, § 1 Anm. 1; so wird auch von

### 3. Die Betriebsvereinbarung.

Der Abschluß von Betriebsvereinbarungen gehört zu den besonderen Aufgaben des Betriebsrates. In diesen finden die Beteiligungsrechte der Arbeitnehmerschaft, so vor allem auch im Bereiche der sozialen Angelegenheiten ihre Verwirklichung. Die Betriebsvereinbarungen müssen von AG und Betriebsrat übereinstimmend beschlossen werden (§ 52 Abs. 2 BetrVG). Die Beurteilung der Rechtsnatur der Betriebsvereinbarungen sowie die Frage nach der rechtlichen Stellung der die Vereinbarung beschließenden Partner sind für die Auffassung vom Wesen des Betriebes von erheblicher Bedeutung.

#### a) Die Entwicklung der Betriebsvereinbarung.

Im BRG war der Begriff der Betriebsvereinbarung noch nicht erwähnt. Lediglich die in § 66 Ziff. 5 BRG angeführten Aufgaben des Betriebsrats und § 75 BRG deuten auf diesen Begriff hin, ohne ihn jedoch näher zu bestimmen [53]). Die Betriebsvereinbarung war die notwendige Folge einer durch das BRG geschaffenen Betriebsorganisation, in der die Arbeitnehmerschaft gleichberechtigt an der Regelung der Arbeitsbedingungen teilnahm. In der Rechtslehre wurde die Betriebsvereinbarung zunächst wie der Tarifvertrag in einen normativen und obligatorischen Teil unterteilt und als ein Vertrag aufgefaßt [54]). In der weiteren Entwicklung des Betriebsverfassungsrechts ist dann vielfach angenommen worden, es handele sich um eine Betriebssatzung, ein Betriebsstatut, das durch übereinstimmende Beschlüsse der verfassungsmäßigen Organe des Betriebes, nämlich AG und Betriebsrat, zustande komme und daher nicht Gegenstand verpflichtender Vereinbarungen sein könne [55]).

---

LAG Stuttgart, 29. 1. 55, BArbBl. 1956/4/9 hervorgehoben, daß es sich beim Betriebsverfassungsrecht um autonom soziales Verbandsrecht auf betrieblicher bzw. unternehmerischer Ebene handelt.

[53]) Siehe § 66 Ziff. 5, „mit dem AG zu vereinbaren", ebenso § 75 und für die Gruppenräte § 78 Ziff. 3—8. — Erstmals wird die „Betriebsvereinbarung" in § 3 der SchliVO v. 30. 10. 1923 erwähnt und in § 7 d. Schwerbeschädigten Gesetz v. 12. 1. 1923.

[54]) Hueck-Nipperdey, Lehrb. II (1.—2. Aufl.), S. 374 f.; Mansfeld, BRG, § 66 S. 310 ff.; Flatow-Kahn-Freund, a. a. O., § 66 Nr. 3 Anm. 5 III, IV; Kaskel-Dersch, Arbeitsrecht, S. 130.

[55]) Herschel, RdA 1948 S. 47; unbek. Verf., ArbBl. br. Z. 1947 S. 361; Galperin, BB 1949 S. 374 f.; Nikisch, ArbR (1.Aufl.), S. 405 f., 411, 413; Schlessmann, RdA 1952 S. 170; Maus, Das Arbeitsverhältnis, S. 87 f.; ders., Arbeitsvertrag, S. 200; — LAG Frankfurt, 4. 8. 49, AP 50 Nr. 102; v. 20. 9. 50, Betrieb 1950 S. 571; LAG Stuttgart, 12. 12. 49, RdA 1950 S. 274; LAG Bremen, 18. 4. 51, BB 1951 S. 532; LAG München, 11. 1. 50, Amts. Bl. Bayr. Arb. Min. 1950 S. 253 (259); LAG Mannheim, 30. 1. 50, BlfStR 1951 S. 47; DOG f. d. VWG, Köln, 8. 2. 50, AP 50 Nr. 55.

Dagegen stellten sich weiter auf den Vertragsstandpunkt: Dietz, RdA 1949 S. 162 f. (165); Sitzler, AR-Blattei Betriebsvereinbarung, IV; Citron,

Da die Betriebsvereinbarung während der Geltungszeit des BRG nur aus schwachen Ansatzpunkten entwickelt worden war [56]), so daß auch eine klare Abgrenzung der Angelegenheiten, die der Regelung durch die Betriebsvereinbarung unterlagen, nur schwer gefunden werden konnte [57]), hatte es nahe gelegen, in der Betriebsvereinbarung eine Parallele zum Tarifvertrag zu sehen, denn beide Institutionen dienten der Austragung von Gesamtstreitigkeiten im Verständigungswege.

Nun bestehen aber erhebliche Unterschiede zum Tarifvertrag, da dieser seine Rechtswirkungen aus dem freiwilligen Zusammenschluß der Mitglieder der einzelnen Verbände herleitet und auf diese beschränkt. Die Entstehung der Tarifgemeinschaft erfolgt erst durch Abschluß des Tarifvertrages. Demgegenüber besteht schon seit der Begründung des Betriebes die Betriebsgemeinschaft, der die Partner der Betriebsvereinbarung bereits vor deren Zustandekommen angehören. Die Glieder der Gemeinschaft werden kraft ihrer Zugehörigkeit erfaßt [58]). Bei dem Tarifvertrag handelt es sich einmal um autonomes Recht, das von den Verbänden auf Grund ihrer Satzung für ihre Mitglieder gesetzt wird [59]), sodann um die Rechtsverhältnisse der Tarifparteien regelnde verpflichtende Abmachungen.

Die Ermächtigung des Betriebsrats zum Abschluß der Betriebsvereinbarung beruht auf der der Arbeitnehmerschaft zur Mitwirkung und Mitbestimmung eingeräumten Partnerstellung, deren Gemeinschaftsfunktion besonders das BetrVG betont. Die Partner der Gemeinschaft beschließen die Betriebsvereinbarung, um die betriebliche Ordnung im gemeinsamen Interesse zu regeln. Man kann daher in der Betriebsvereinbarung eine Satzung sehen mit der Grundlage in der Gemeinschaft, die durch ihre Organe AG und Betriebsrat der Rechtserzeugung fähig ist [60]).

Schon früh wandte sich J a c o b i [61]) gegen die herrschende Auffassung, daß verpflichtende Bestimmungen Inhalt von Betriebsver-

---

RdA 1949 S. 241; G. Hueck, Die Betriebsvereinbarung; RdA 1950 S. 338; Neumann-Duesberg, SJZ 1949 Sp. 235; Zigan, Betriebsvereinbarung nach dem KRG 22, S. 24 ff.; Roesch, BlfStR 1951 S. 152; Waechter, BlfStR 1950 S. 108; Loppuch, BRG 1948, S. 66. LAG Freiburg, 12. 7. 51, AP 51 Nr. 278; LAG Frankfurt, 28. 8. 52, BB 1952 S. 892.

[56]) Verschiedentlich wurden sogar unterschiedliche Formulierungen gebraucht, wie in § 78 Ziff. 2 BRG „. . . hat die Aufgabe . . . mitzuwirken".

[57]) Im einzelnen war dies sehr umstritten, vgl. Mansfeld a. a. O., S. 313; Hueck-Nipperdey, Lehrb. II (1.—2. Aufl.), S. 363 ff.

[58]) Hierauf wies bereits Jacobi, Grundlehren, S. 349 unter 2, hin; sodann Herschel, RdA 1948 S. 49; Galperin, BB 1949 S. 374.

[59]) Siehe hierzu Hueck-Nipperdey, Tarifvertragsgesetz, § 1 Anm. 114 f.; Hueck-Nipperdey, Lehrb. a. a. O., S. 135 ff. mit weiteren Zitaten.

[60]) Vgl. auch die in Anmerkung 55 zitierten insb. Herschel, a. a. O.

[61]) Jacobi, Grundlehren, S. 304 ff.; siehe auch Flatow, Betriebsvereinbarung und Arbeitsordnung, S. 12, 17; Nikisch, Arbeitsrecht (1930), S. 151.

einbarungen sein könnten. Als solche werden Vereinbarungen, die das Verhältnis zwischen den Parteien der Betriebsvereinbarung regeln, betrachtet [62]). Nachdem die Zulässigkeit von Betriebsvereinbarungen nach 1945 wieder allgemein anerkannt wurde, hat als erster Herschel diese Streitfrage aufgegriffen und kam zu dem Ergebnis, daß die sog. Betriebsvereinbarung nur normative Bestimmungen enthalten könne, die sich zum Teil auf die Regelung von AV, zum Teil auf die Verfassung des Betriebes bezögen, und damit dem objektiven Recht zugerechnet werden müsse, also den Charakter einer Satzung habe [63]).

b) Die Rechtsnatur der Betriebsvereinbarung.

Das BetrVG hat die Fragen über den zulässigen Inhalt der Betriebsvereinbarung weitgehend geklärt und in der Formulierung des § 52 BetrVG zum Ausdruck gebracht, daß die sog. Betriebsvereinbarung als Satzung aufzufassen ist, die durch gleichlautende Beschlüsse von Organen zustande kommt. Das bedeutet, daß verpflichtende Bestandteile in der Betriebsvereinbarung nicht mehr enthalten sein können [64]). Dies findet durch die Einführung des Beschlußver-

[62]) So z. B. die Durchführungspflicht bei einer jeden normativen Betriebsvereinbarung, die Friedenspflicht, Einstellungsrichtlinien, Mitwirkung bei Wohlfahrtseinrichtungen, Sprechstundenvereinbarung, Vereinbarung einer Schlichtungsstelle u. a. m. — Nähere Angaben bei Hueck-Nipperdey, a. a. O., S. 370 ff.

[63]) Herschel, a. a. O., S. 47 ff. und die der Anmerkung 55 Abs. 1 zitierten.

[64]) Fitting-Kraegeloh, BetrVG, § 52 Anm. 7 ff.; Galperin, BetrVG, § 52 Anm. 19 ff.; Herschel, Soziale Arbeit 1952 S. 579; ders. BArbBl. 1954 S. 731; Siebert, BB 1952 S. 833; Sahmer, BetrVG, § 52 Anm. 3; Fitting, AR-Blattei, Betriebsverfassung, XIV Mitwirkung und Mitbestimmung, A VII Betriebsvereinbarung; Dersch-Volkmar, ArbGG, § 2 Anm. 210; Küchenhoff, BetrVG, § 52 Anm. 5, 7; Rohlfing, ArbR u. SozVersR, S. 52. Wenn der Ausschußbericht des Bundestages auf S. 10 anführt (BT Drucksache Nr. 3585), daß die Bezeichnung Betriebsvereinbarung im Hinblick auf die eingeführte Terminologie gewählt wurde, ohne daß der Entscheidung, ob Statut oder Vertrag vorgegriffen werden sollte, spricht dies nicht gegen die oben vertretene Auffassung, denn da § 52 Abs. 2 sonst wörtlich aus dem Regierungsentwurf übernommen wurde, der von einer Satzung sprach, ist der innere Gehalt der Bestimmung erhalten geblieben. Damit gibt § 52 die Grundlage für die Annahme einer Satzung. — So wird auch von der Dienstvereinbarung nach dem PersVG angenommen, es handle sich um eine autonome Satzung, vgl. Bochalli, PersVG, § 64 Anm. 1; Selge, Handb. d. PersVG, § 64 Erl. 2; a. A. Grabendorff-Windscheid, PersVG, § 64 Anm. 1 a—c.

A. A. Dietz, BetrVG, § 52 Anm. 12; Meissinger, BetrVG, § 52 Anm. 4; Monjau, BetrVG, S. 60; Erdmann, BetrVG, § 52 Anm. 8; G. Hueck, RdA 1952 S. 370; Schnorr, v. Carolsfeld, a. a. O., S. 437; nicht eindeutig Kastner, in Handb. d. Betriebsverfassung v. Bührig, S. 90 ff., S. 98; unklar auch LAG Berlin v. 29. 9. 53, BB 1954 S. 26; Nipperdey, RdA 1952 S. 475 hält die Bezugnahme auf § 52 in der Beweisführung für ein Statut für bedenklich. — In dieser Anm. sind nur die Fundstellen nach Erlaß des BetrVG angegeben, vgl. im übrigen Anm. 55.

fahrens für die Streitigkeiten über das Bestehen oder Nichtbestehen oder die Durchführung von Betriebsvereinbarungen im Arbeitsgerichtsgesetz [65]) eine weitere Bestätigung. Denn derartige Streitigkeiten sind nunmehr einem Verfahren unterworfen, das weitgehend der Parteiherrschaft entzogen ist. Damit werden die Betriebsvereinbarungen verfahrensmäßig wie Gesetzesnormen behandelt, „unter völliger Außerachtlassung irgendwelcher obligatorischer Beziehungen zwischen den Betriebsverfassungsorganen" [66]). Der Gesetzgeber sieht also in der Betriebsvereinbarung eine betriebsverfassungsrechtliche Norm.

Soweit gegen den Satzungscharakter der Betriebsvereinbarung Einwendungen auf Grund eines Interessengegensatzes zwischen den Partnern der Betriebsvereinbarung gemacht werden, kann diesem kein Gewicht mehr beigemessen werden, nachdem das BetrVG gerade in dieser Hinsicht in seiner Grundtendenz auf die Gemeinsamkeit in der betrieblichen Arbeit abstellt [67]). Die Annahme von G. Hueck, das Wort „gemeinsam" in § 52 BetrVG gebe den Beschlüssen den Charakter einer Willensübereinstimmung und bestätige damit die vertragliche Auffassung der Betriebsvereinbarung [68]), ist zu formalistisch. Durch diese Fassung der Bestimmung wird vielmehr das gemeinsame „Tätigwerden" der beiden Organe der Betriebsverfassung zum Ausdruck gebracht, auch im Gegensatz zu dem einseitigen Erlaß der Betriebsordnung durch den „Betriebsführer" zur Zeit der Geltung des AOG.

Es ist auch keineswegs notwendig, bei den Betriebsvereinbarungen, die Abreden über das Verhältnis zwischen den Betriebspartnern enthalten, eine verpflichtende Wirkung anzunehmen. So wurde die normative Wirkung einer Vereinbarung, nach der zur Kündigung eines AN die Zustimmung des Betriebsrats erforderlich ist, oder

[65]) § 80 Abs. 1 in Verb. mit § 2 Abs. 1 Nr. 4 k ArbGG vom 3. 9. 53 (BGBl. I S. 1267).

[66]) Fitting, BArbBl. 1953 S. 577; Herschel, BB 1953 S. 862; — Fitting weist noch zutreffend darauf hin, daß in § 2 Abs. 1 Ziff. 1 ArbGG die obligatorischen Beziehungen der Tarifvertragsparteien ausdrücklich anerkannt worden sind. — Dagegen läßt sich nicht erkennen, woraus Dietz, a. a. O., § 52 Anm. 19, herleiten will, daß mit dem Wort „Durchführung" in § 2 Abs. 1, Ziff. 4 k „nur die Erfüllung einer in der Betriebsvereinbarung übernommenen Pflicht gemeint sein" könne. Zu einer derartigen Auslegung gibt die Wortfassung dieser Bestimmung keinen Anlaß. Hier kann man eher an die „Durchführung" eines Gesetzes oder einer Verordnung denken. Bezeichnend ist auch, daß G. Hueck in der Anwendung des Urteilsverfahrens, das früher für derartige Streitigkeiten in den meisten Landesgesetzen angeordnet war, einen Beweis für die Richtigkeit der Auffassung sah, Grundlage der Betriebsvereinbarung sei ein Vertrag mit auch verpflichtendem Inhalt (G. Hueck, Die Betriebsvereinbarung, S. 131/132).

[67]) Den Interessengegensatz betonen dennoch heute Radke, RdA 1950 S. 338 f.; G. Hueck, a. a. O., S. 31 ff. u. RdA 1952 S. 371.

[68]) G. Hueck, RdA 1952 S. 371.

durch die eine Festlegung der Sprechstunde erfolgt, auch von den Gegnern des statutarischen Charakters der Betriebsvereinbarung anerkannt [69]). Diese Vereinbarungen sollen aber gleichzeitig einen verpflichtenden Inhalt haben, weil ein Recht des Betriebsrats und eine Pflicht des AG begründet würde. Anstatt derart von einer zweifachen Wirkung auszugehen, erscheint es richtiger, eine ausschließlich normative Regelung zu unterstellen und eine Satzung anzunehmen, durch die, soweit die Beziehungen zwischen AG und Betriebsrat betroffen sind, ein Teil der Betriebsverfassung geregelt wird [70]). Das gleiche gilt für eine Betriebsvereinbarung über die nähere Ausgestaltung der Mitbestimmung des Betriebsrates bei Wohlfahrtseinrichtungen; die betriebsverfassungsrechtlichen Befugnisse der beiden Partner werden durch Beschluß festgelegt. Es entsteht keine schuldrechtliche Verpflichtung des Betriebsinhabers, sondern eine Norm wird geschaffen, die die Betriebsverfassung gestaltet. Das BetrVG erleichtert diese Auffassung, da es ein Mitbestimmungsrecht gibt (§ 56 BetrVG) und nicht nur ein Recht auf Mitwirkung wie das BRG.

Werden jedoch Abmachungen über die Geschäftsführung des Betriebrates, wie Gestellung von Räumen, Kostentragung, getroffen, handelt es sich überhaupt nicht um echte Betriebsvereinbarungen, da nicht die Ordnung des Betriebes gestaltet wird, sondern nur die gesetzlich vorgeschriebene sozialrechtliche Verpflichtung des AG ihre nähere Bestimmung erhält (vgl. §§ 37 ff. BetrVG) [71]).

Es entfällt allerdings bei der Annahme eines Betriebsstatuts eine Friedenspflicht und die Durchführungspflicht. Hierfür besteht aber keine Notwendigkeit mehr, da durch das BetrVG bereits weitgehend die Sicherung des Betriebsfriedens gewährleistet wird und seit Einführung des neuen ArbGG im Beschlußverfahren eine Entscheidung über die Durchführung von Betriebsvereinbarungen herbeigeführt werden kann. Die normative Kraft und Unabdingbarkeit [72]) der Betriebsvereinbarungen sicherte deren Wirkung auch schon früher

---

[69]) Hueck-Nipperdey, a. a. O., S. 365 Anm. 26; G. Hueck, Die Betriebsvereinbarung, S. 80; Dietz, BetrVG, § 52 Anm. 16, 18 u. Vorb. 6 zu § 56; Kastner, a. a. O., S. 92.

[70]) Herschel, RdA 1948 S. 47 f.; Galperin, a. a. O.; Nikisch, a. a. O., S. 411; Fitting-Kraegeloh, BetrVG, § 38 Anm. 8; a. A. die in Anm. 69 zitierten.

[71]) So schon Mansfeld, BRG, § 66 S. 313; Galperin, BB 1949, S. 375.

[72]) So schon Flatow-Kahn-Freund, BRG, § 66 Abs. 3 S. 317 f. und später die überwiegende Lehre: Herschel, RdA 1948 S. 50; Dietz, RdA 1949 S. 163; BetrVG, Vorb. 18 vor § 56; Galperin, BB 1949 S. 375; ders. BetrVG, § 53 Anm. 57; Fitting-Kraegeloh, BetrVG, § 52 Anm. 13 f.; Meissinger, BetrVG, § 52 Anm. 10; Nikisch, a. a. O., S. 412; Hueck-Nipperdey, TVG, § 4 Anm. 33; Bobrowski, ArbR, S. 502; Neumann-Duesberg, RdA 1949, S. 48; Hessel, Betrieb 1950, S. 59; Molitor, Festschrift f. Herschel, S. 113; Siebert, Festschrift f. Nipperdey, S. 123. — A. A. Zigan, Betriebsvereinbarung n. KRG 22, S. 26; G. Hueck a. a. O., S. 111 u. RdA 1952 S. 370; Hueck, BlfStR 1949, S. 15; Sitzler, AR-Blattei, Betriebsvereinbarung, E II 2; Roesch, BlfStR 1951 S. 153.

besser als eine Durchführungspflicht, deren Durchsetzbarkeit noch zweifelhaft war.

Auch die Formvorschrift für die Betriebsvereinbarung, nämlich „schriftliche Niederlegung" und „Auslegen" im Betrieb durch den AG (§ 52 Abs. 2 Satz 2 BetrVG), weist auf den Satzungscharakter der Betriebsvereinbarung hin. Denn nimmt man die Möglichkeit verpflichtender Betriebsvereinbarungen an, so erscheint wenigstens die Publikation überflüssig. Dietz hat daher auch konsequent den Standpunkt vertreten, daß die Formvorschriften auf die sog. verpflichtenden Abreden nicht anwendbar seien [73]). Zu einer derartigen Auslegung gibt aber der klare Wortlaut des § 52 Abs. 2 Satz 2 keinen Anlaß. G. Hueck nimmt an, daß § 52 Abs. 2 Satz 2 BetrVG geschaffen sei, da auch jeder einzelne AN sowohl an Maßnahmen bezüglich wirtschaftlicher Belange als auch an Regelungen allgemeiner Art interessiert sein müsse und geht für die Formvorschriften von einem einheitlichen Begriff der Betriebsvereinbarung aus, indem er normative und solche, die er als nicht normative bezeichnet, zusammenfaßt [74]). Damit gibt G. Hueck zu erkennen, daß es sich auch bei den nach seiner Ansicht verpflichtenden Vereinbarungen um solche handelt, die die betriebliche Ordnung regeln und somit statutarischen Charakter haben müssen.

Wenn gegen die Annahme eines Betriebsstatuts deshalb Bedenken bestanden, weil es zweifelhaft war, ob die Betriebsgemeinschaft Trägerin einer autonomen Regelung sein konnte, so sind diese nach Verkündung des BetrVG hinfällig, da nunmehr das gesamte Betriebsverfassungsrecht auf der Betriebsgemeinschaft aufbaut [74a]). Während man in ihr nach Einführung des BRG noch eine „wirtschaftsethische Forderung" sah [75]), eine „herrschaftliche Gemeinschaft" [76]), eine „deutsch-rechtliche Genossenschaft" [77]), teilweise auch versuchte, aus ihrer Bedeutung rechtliche Folgerungen für eine Herausstellung des Betriebes als Rechtssubjekt zu ziehen [78]), gewinnt sie heute über eine „Interessengemeinschaft" [79]) hinaus Bedeutung als eine „rechtserzeugungsfähige Gemeinschaft" [80]). Sie äußert rechtliche Wirkungen

---

[73]) Dietz, BetrVG, § 52 Anm. 36; ebenso Kastner, in Handb. d. Betriebsverfassung v. Bührig, S. 98 u. Sitzler, a. a. O., D II 1.

[74]) G. Hueck, RdA 1952, S. 371. Er bezeichnet wohl so die sog. verpflichtenden Abreden.

[74a]) So auch Bogs, RdA 1956 S. 5.

[75]) Jacobi, Betrieb u. Unternehmen als Rechtsbegriff, S. 16.

[76]) O. v. Gierke, Dt. PrivR. I, S. 697 ff.

[77]) Potthoff, ArbR 1919 S. 86 f.; ders., ArbR 1922 Sp. 267/8; Oppermann, Sächs. Arch. f. Rechtspfl. 1919 S. 103 f.

[78]) Siehe oben S. 11 Anm. 31.

[79]) So bereits: Kaskel-Dersch, Arbeitsrecht, S. 329; Hueck-Nipperdey, Lehrb. I (3.—5. Aufl.), S. 81.

[80]) Herschel, RdA 1948 S. 49 unter III; Galperin, BArbBl. 1950 S. 65; ders. BetrVG, § 1 Anm. 63, § 52 Anm. 22; Nikisch, ArbR I (2. Aufl.), S. 221 f.

auf den, der in die Betriebsorganisation eingeordnet wird. Ihre Kraft beruht auf der besonderen Stellung der Partner, des AG und der Arbeitnehmerschaft, die zur Durchführung ihrer Aufgaben eine Einheit bildet, vertreten durch ihren Repräsentanten, den Betriebsrat. Doch gewinnt die Betriebsgemeinschaft damit keine Rechtspersönlichkeit, ihre Eigenart entspricht der arbeitsrechtlichen Bedeutung des Betriebsorganismus.

Die Gegensätze in den Ansichten über den rechtlichen Charakter der Betriebsvereinbarung sind im Grunde genommen auch nicht so groß, wie sie scheinen. Von den Vertretern der vertraglichen Auffassung wird die Betriebsvereinbarung auch als materielle Betriebssatzung anerkannt, als objektives innerbetriebliches Recht, allerdings nur, soweit es den Inhalt betrifft. Die sog. verpflichtenden Vereinbarungen werden, wenn eine generelle Regelung für längere Zeit erfolgt ist, zur Betriebsverfassung als materielle Satzung gerechnet [81]). — Der Unterschied liegt wesentlich in der Betrachtungsweise des Zustandekommens der Betriebsvereinbarung, und dabei zeigt es sich, daß eine Beschlußfassung dem auf der Grundlage der betrieblichen Gemeinschaft aufbauenden Wesen des Betriebes besser entspricht.

### c) Der Betriebsinhaberwechsel und die Betriebsordnung.

Dies beweist der praktische Fall des Wechsels eines Betriebsinhabers. Denn allgemein wird angenommen, daß der Bestand der betrieblichen Ordnung, die durch Betriebsvereinbarungen geschaffen wurde, hierdurch nicht berührt wird [82]). Sieht man zutreffend in der

[81]) Vgl. zum Text: G. Hueck, Die Betriebsvereinbarung, S. 29 ff., 78 f., S. 51 „Betriebsvereinbarung ist die Grundlage der betrieblichen Ordnung, Betriebssatzung im materiellen Sinn"; Dietz, BetrVG, § 52 Anm. 36, 21 „Die Normen der Betriebsvereinbarung haben statutarischen Satzungscharakter"; ders. RdA 1949 S. 162 ff.; Meissinger, BetrVG, § 52 Anm. 4, „Betriebsvereinbarung wie Tarifvertrag sind Quellen des objektiven Rechts, sie nur als Institut des Privatrechts anzusehen, ist zu eng". Kastner a. a. O., S. 90, „Die Betriebsvereinbarung ist der . . . beschlossene autonome Vertrag". — Der Vergleich von G. Hueck, a. a. O. mit der Satzung einer Personalgesellschaft ist verfehlt, und zwar schon deshalb, weil die Betriebsgemeinschaft schon vor der Betriebsvereinbarung besteht, die Gesellschaft aber erst durch den Vertrag (Satzung) geschaffen wird (wie G. Hueck auch Dietz, a. a. O., Anm. 16); Maus, Handb. a. a. O. (1. Aufl.), VIII A S. 282 unter 10 (BetrVG), bezeichnet die „eigentliche Betriebsvereinbarung", die keine schuldrechtlichen Teile enthält, als „autonomische Satzung des Betriebes zu deren Erlaß die beiden Parteien zu einer Art Oberverband zusammengeschlossen sind"; vgl. auch Bogs, a. a. O., „Ihr wesentlicher Inhalt hat jedenfalls Satzungscharakter", und weiter „die Betriebsvereinbarung stellt jedenfalls — wie es auch der h. A. entspricht — autonomes Betriebsrecht dar".

[82]) Auch von denen, die in der Betriebsvereinbarung einen Vertrag sehen: Hueck-Nipperdey, a. a. O., S. 391, 396, Anm. 17, S. 401; Flatow-Kahn-Freund, a. a. O., § 66 Ziff. 3 Anm. 5 VII; Flatow, Betriebsvereinbarung und Arbeits-

Betriebsvereinbarung eine Satzung des Betriebes, so erscheint dies selbstverständlich, da Betriebsinhaber und Betriebsrat nur als autonome Organe Recht gesetzt haben.

Nun kommt aber die Lehre, die die Grundlage der Betriebsvereinbarung in einem privatrechtlichen Vertrag sieht, zu demselben Ergebnis. Ohne hier auf die Zulässigkeit und Konstruktion einer Vertragsübernahme einzugehen, kann davon ausgegangen werden, daß bei einer Rechtsnachfolge im Sinne des Privatrechts die Fortgeltung der Betriebsvereinbarung aus der Vertragsübernahme durch den Betriebserwerber hergeleitet werden kann (§§ 25, 27 HGB, § 419 BGB). Liegt ein abgeleiteter Erwerb von Rechten und Pflichten nicht vor, so müßte von der Vertragslehre eine Weitergeltung der Betriebsvereinbarungen abgelehnt werden. Dies wird aber von keiner Seite behauptet.

Vielmehr berufen sich die Vertreter der vertraglichen Auffassung auf den Eintritt und die Nachfolge des neuen AG in die Gemeinschaft, die zwischen dem bisherigen AG und der Belegschaft bestand, und gehen damit von der Rechtsnachfolge des Privatrechts ab, um auch hier dem vom RAG für den Kündigungsschutz entwickelten Begriff der Betriebsnachfolge zu folgen. Denn es wird zur Weitergeltung der Betriebsvereinbarungen nur die Identität der Gemeinschaft und des Betriebes gefordert.

Die Bindung des neuen AG an die bestehende betriebliche Ordnung wird also mit dem Eintritt in die Gemeinschaft begründet, er soll „ipso jure" an die Stelle seines Vorgängers in die Betriebsvereinbarung eintreten, unter gleichzeitigem Übergang der gesamten Rechte und Pflichten [83]). Hierzu wird dann noch von G. Hueck betont, der AG sei zwar selbst Vertragspartei, es mache sich aber bemerkbar, daß die „Betriebsvereinbarung die Grundlage der betrieblichen Ordnung, Betriebssatzung im materiellen Sinne" sei [84]). Dann fragt es sich jedoch, was aus den sog. verpflichtenden Vereinbarungen, den schuldrechtlichen Vorschriften dieser Satzung wird [85]). Dazu führt G. Hueck weiter aus, diese besondere Nachfolge in die Betriebsordnung sei in der „Eigenart der Betriebsvereinbarung als Institut des kollektiven Arbeitsrechts und Quelle des

vertrag, S. 53; Zigan, Betriebsvereinbarung, 1948, S. 31; Meissinger-Raumer Bayr. BRG, § 81 Anm. II, 3; Kauffmann Betrieb 1950, S. 279; Sitzler, a. a. O., G I 1. G. Hueck, Die Betriebsvereinbarung, S. 51; Dietz, BetrVG, § 1 Anm. 68; Schnorr v. Carolsfeld, ArbR, S. 412; — RAG, 20. 2. 29, ARS 5/407; LAG Frankfurt, 1. 6. 49, in BB 1949, S. 741; LAG Bremen, 13. 9. 50, BB 1950, S. 818.

[83]) Hueck-Nipperdey, a. a. O.; siehe auch die in Anm. 82 zitierten.

[84]) G. Hueck, a. a. O.; vgl. auch Flatow-Kahn-Freund, a. a. O., „Der Personenwechsel ist auf den Bestand der Betriebsvereinbarung ohne Einfluß, sie besteht als objektives Betriebsrecht, solange der Betrieb besteht".

[85]) Mansfeld, BRG, S. 313, der eine Weitergeltung der Betriebsvereinbarung bejaht, beschränkt dies folgerichtig auf die sog. normativen.

die Verhältnisse innerhalb der Betriebsgemeinschaft regelnden Rechts" begründet [86]). Hierin liegt aber eine Anerkennung, daß die Betriebsgemeinschaft autonomes Recht schaffen kann und nur eine weitere Umschreibung des hier vertretenen statutarischen Charakters der Betriebsvereinbarung.

Die Begündung, die die vertragliche Auffassung für den Eintritt des Betriebsnachfolgers in die betriebliche Ordnung gibt, ist in ihrer Konstruktion sehr gekünstelt. Den von ihr behaupteten vertraglichen Grundlagen der Betriebsvereinbarung wird offensichtlich keine Bedeutung beigemessen. Statt dessen wird die Betriebsgemeinschaft als Grundlage der Betriebsvereinbarung hervorgehoben. Man erkennt die verbindliche Kraft der gesamten Betriebsvereinbarungen für jeden, der in die Betriebsorganisation eingeordnet wird, an, also auch für einen neuen AG. Es wird so das gleiche Ergebnis erzielt, wie bei einer Anerkennung des statutarischen Charakters der Betriebsvereinbarung. Die Begründung, die die Vertreter der vertraglichen Auffassung für dieses Ergebnis geben, bringt eine bedeutende Annäherung an die Lehre, die in der Betriebsordnung eine autonome Satzung sieht, und es zeigt sich, daß diese den Verhältnissen des Betriebes besser gerecht wird.

Welche weitgehende Eigenständigkeit der Betrieb als Arbeitsorganisation gewonnen hat, ergibt sich auch daraus, daß der neu eintretende Betriebsinhaber die bestehende Betriebsordnung gegen sich gelten lassen muß, allein auf Grund seiner tatsächlichen Organisationszugehörigkeit.

Nach Erlaß des Betriebsverfassungsgesetzes dürfte es an überzeugenden Gründen nicht mehr fehlen, daß zwischen AG und Betriebsrat in parallelem Tätigwerden die Betriebssatzung als autonomes Betriebsrecht beschlossen und erlassen wird. Erkennt man aber den statutarischen Satzungscharakter der Betriebsvereinbarung an, so bedeutet dies gleichzeitig für den Betrieb seine Anerkennung als selbständige Organisationseinheit, die durch die Organe der Gemeinschaft eigenrechtliches Leben entfalten kann. Auch der AG ist verfassungsrechtliches Organ des Betriebes [87]). Die Betriebsgemeinschaft

---

[86]) G. Hueck, a. a. O.

[87]) Vgl. hierzu die im Ergebnis, wenn auch nicht immer in der Formulierung gleichen Auffassungen von: Herschel, RdA 1948 S. 49; ders. RdA 1956 S. 168; Fitting-Kraegeloh, BetrVG, § 1 Anm. 9; Galperin, BetrVG, § 52 Anm. 22, 64; ders., BB 1949 S. 375; Siebert, BB 1952 S. 833 unter II; Fitting, AR-Blattei, Betriebsverfassung V Grundbegriffe E; Maus, ArbR (2. Aufl.), VIII S. 28 f. unter V. — Bemerkenswert ist die Auffassung Flatows, in „Betriebsvereinbarung und Arbeitsordnung", S. 53, der schon früh (1923) an-

ist mehr als nur ein Zusammnschluß der im Betrieb tätigen Menschen, sie erzeugt Rechte und Pflichten für die ihr angehörenden Personen und äußert rechtliche Wirkungen für den Bestand der betrieblichen Ordnung.

4. Zusammenfassung.

Das moderne Betriebsverfassungsrecht erkennt, wie die vorangegangenen Erörterungen zeigen, einen besonderen arbeitsrechtlichen Organismus an, in dem die Aufgaben aus der Betriebsverfassung den an der Betriebsorganisation beteiligten Personen und Personengruppen bzw. deren Organen übertragen sind. Der Betrieb hat eine Ordnung erhalten, in der die mannigfachen wechselseitigen Beziehungen der in die betrieblichen Gemeinschaft eingegliederten Menschen — AG und AN — ihre Grundlage finden. Ähnlich wie die gesellschaftlichen Ordnungssysteme der Familie, der Gemeinde oder des Berufsstandes schafft das Betriebsverfassungsrecht im Betrieb, aufbauend auf gemeinsamen Interessen der in ihm beschäftigten Menschen, ein soziales Gebilde, das dem arbeitenden Menschen einen festen und dauerhaften Lebensbereich geben soll.

## IV. Das funktionelle Wesen des Betriebes.

Faßt man das Ergebnis der Betrachtung einzelner arbeitsrechtlicher Bereiche zusammen, so zeigt sich, daß erst eine Untersuchung von Ausschnitten aus dem Betriebsleben und der Auswirkung und Art der Anwendung arbeitsrechtlicher Bestimmungen das eigentliche funktionelle Wesen des Betriebes erkennen läßt. Die äußere Erscheinungsform des Betriebes wird in dem materiellen Substrat als Objekt der in ihm wirkenden Kräfte sichtbar, damit wird aber seine Bedeutung als arbeitsrechtliche Leistungseinheit nicht gekennzeichnet.

Es mußte daher die Struktur des Betriebes aus seiner inneren Ordnung heraus, seine Funktion und der Einfluß der Organisation der menschlichen Arbeitskraft im Rechtsleben untersucht werden, und es hat sich gezeigt, daß der Betriebsbegriff zu einem allgemeinen Grundbegriff des Arbeitsrechtes geworden ist. Die Untersuchung hat weiterhin ergeben, daß sich im Arbeitsrecht der Betrieb zu einem einheitlichen Arbeitsorganismus entwickelt hat, zu einer funktionellen Organisationseinheit, die selbständige rechtliche Wirkungen durch den Zusammenschluß einer Vielheit zu einer Gemeinschaft unter planvoller Zuordnung von Hilfsmitteln erzeugt. Dabei ist das besonders Kennzeichnende, daß dem Betrieb eine rechtliche Außenwirkung

---

nahm, daß der AG, mit dem die Betriebsvereinbarung geschlossen wurde, nur der „derzeitige Repräsentant des Betriebes" sei; vgl. auch Flatow-Kahn-Freund, BRG, Vorb. 1 vor § 1. — A. A. Dietz, a. a. O., § 1 Anm. 25; Erdmann, BetrVG, § 1 Erl. 5; G. Hueck, Die Betriebsvereinbarung, S. 36 ff.

fehlt, seine Rechtswirkung sich auf diejenigen beschränkt, die an seiner Organisation teilhaben. Er ist daher auch heute nicht Rechtssubjekt, wohl aber ein selbständiger sozialrechtlicher Organisationsinbegriff.

Es ist unerheblich, ob der Betriebsinhaber Pächter, Eigentümer oder Nießbraucher der Betriebsmittel ist, die Tatsache seiner Organisationszugehörigkeit verpflichtet ihn zur Erfüllung seiner arbeitsrechtlichen Aufgaben, ohne daß der Rechtsgrund seiner Einordnung eine Rolle spielt. Der Betrieb im modernen Arbeitsrecht hat so viel rechtliches Gewicht erlangt, daß er eine von der Person des Betriebsinhabers unabhängige Bedeutung gewonnen hat, der rechtliche Wirkungen ebenso wie auf die AN als Glieder der Betriebsorganisation auch auf den Betriebsinhaber als Organ des Betriebes ausübt, so daß dieser in der Willensbildung bei Fragen, die das AV der im Betriebe tätigen AN, die arbeitsrechtliche Betriebsorganisation und die Betriebsordnung betreffen, nicht unabhängig, sondern an das objektive Betriebsinteresse gebunden ist.

Von besonderer Bedeutung ist noch die Feststellung, daß der Betrieb bei der hier vorgenommenen Begriffsbestimmung dynamisch gesehen werden muß, wie die vorangegangenen Untersuchungen schon gezeigt haben. Der Betrieb ist ständigen Veränderungen unterworfen, von denen eine häufig auftretende der Wechsel in der Person des Betriebsinhabers, also des AG ist. Nur solange kann der Betrieb Leistungen erbringen, als sich in seinem materiellen Gefüge ein fortwährender Zu- und Abgang vollzieht. Auch der Betriebsorganismus unterliegt einem ständigen Auf- und Abbau, die AN wechseln, neue werden in die Betriebsgemeinschaft aufgenommen und alte scheiden aus, an die Stelle des alten Betriebsinhabers tritt ein neuer, sei es durch Tod, Betriebsveräußerung u. a. m. bedingt.

Der Betrieb als Organisationseinheit kann daher nicht Gegenstand einer rein zuständlichen Betrachtung, als Zusammenfassung von Menschen und Werten sein. Das erschwert die Behandlung aller arbeitsrechtlichen Fragen und muß zu einer Auflösung des Betriebes in seine Bestandteile führen, wie sich insbesondere bei der weiteren Untersuchung des Problems des Betriebsinhaberwechsels noch zeigen wird. Das bedeutet nicht, daß eingeführte Begriffe nunmehr abgelehnt werden [88]), diese sind auch weiterhin notwendig, um die Existenz eines Betriebes festzustellen und als reales Erscheinungsbild abzugrenzen. Sein eigentliches Wesen kann man aber erst erkennen, sieht man in ihm einen selbständigen sozial-rechtlichen Organisationsinbegriff, dessen Eigenart für die Gestaltung der arbeitsrechtlichen Beziehungen der mit ihm verbundenen Personen maßgebend ist [89]).

[88]) Dies befürchtet offenbar G. Hueck, a. a. O., S. 36 f.

[89]) In neuerer Zeit ist das Wesen des Betriebes vielfach in ähnlicher Weise gekennzeichnet worden: Rewolle, Betrieb 1950 S. 402 bezeichnet

## V. Betriebsnachfolge.

Jedoch können allein auf Grund der bisherigen Erkenntnisse die mit dem Wechsel des Betriebsinhabers verbundenen Probleme nicht gelöst werden, da ein neuer Betriebsinhaber erst mit seinem Eintritt in die Betriebsorganisation die Rechte und Pflichten aus seiner Stellung übernimmt und bis zu diesem Zeitpunkt der Betrieb keine rechtlichen Wirkungen auf ihn ausübt. Es fragt sich, ob dem Eigentum an den Produktionsmitteln und den mit Hilfe der AN hergestellten Produkten ein Recht des AN auf seinen Arbeitsplatz in dem Betrieb, in dem seine Arbeitskraft eingesetzt wurde, mit Wirkung gegen den jeweiligen Betriebsinhaber gegenübersteht.

Wechselt der Betriebsinhaber, so kann dies, wie die bisherigen Untersuchungen schon gezeigt haben, neben der Frage, ob ein Anspruch auf Weiterbeschäftigung besteht, eine Reihe anderer Fragen aufwerfen, wie die der weiteren Anwendbarkeit von Kündigungsschutzvorschriften, der Weitergeltung von Urlaubsansprüchen oder des Anspruches des Heimkehrers auf Beschäftigung u. a. m. Soweit die einzelnen Fragen in Rechtslehre und Rechtsprechung behandelt werden, geschieht dies aus einer nachträglichen Schau, denn die Durchführung des Wechsels in der Person des Betriebsinhabers wird als erfolgt vorausgesetzt. Der Zeitpunkt der Entstehung der Probleme geht aber auf den Augenblick des Eintritts des neuen Betriebsinhabers in die Betriebsorganisation zurück. Daher ist durch die bisherige Beurteilung der einzelnen rechtlichen Fragen noch nichts über die Art und Weise der Durchführung des Betriebsinhaberwechsels, über die rechtlichen Auswirkungen auf das AV eines jeden einzelnen AN des Betriebes gesagt.

---

den Betrieb als selbständigen Pflichtenträger; nach Nikisch, ArbR I (2. Aufl.), S. 126 ist das wesentliche Moment des Betriebes die organisatorische Einheit; Galperin, a. a. O., § 1 Anm. 34 sieht im Betrieb die „durch einen besonderen arbeitstechnischen Zweck bestimmte soziale Organisationsform eines selbständigen und in der rechtlichen Wirklichkeit bedeutsamen Lebensbereichs" (ebenso bereits Potthoff, RArbBl. NAT 1925 S. 236); Maus, Handb. a. a. O. (2. Aufl.), II S. 180/1, „Der Betrieb als Organisation ist eine zur Erfüllung eines bestimmten Zwecks begründete Arbeitseinheit, ein Arbeitsverband, in dem AN und AG . . . in arbeitsteiliger Ergänzung zweckgerichtet miteinander verbunden sind"; von Bührig, a. a. O., S. 69 ff. (70) wird in einer wenn auch negativen Kritik anerkannnt, daß der Weg dahingeht, den Betrieb im Arbeitsrecht als sozialen Organismus zu verselbständigen; Köhler, JZ 1953 S. 715 und Küchenhoff, BetrVG, heben hervor, daß „der Betriebsbegriff sozial betont ist. — LAG Mannheim, 30. 11. 51, AP 52 Nr. 228, gibt dem Betrieb die Bedeutung einer eigenen Rechtssphäre, betont, daß er zur rechtlichen Fiktion geworden sei; von LAG Bremen, 13. 9. 50, AP 50 Nr. 111, wird der Betrieb als ein selbständiger arbeitsrechtlicher Organismus gekennzeichnet.

Häufig wird der Betrieb auch als Arbeitsverband herausgestellt (vgl. § 3 des Regierungsentw. z. BetrVG; Siebert, BB 1952 S. 833 insb. Anm. 6; LAG Bremen, 4. 4. 51, AP 52 Nr. 50 S. 259). Hierbei besteht aber die Gefahr, daß im Betrieb nur die Betriebsgemeinschaft gesehen wird.

Es ist davon auszugehen, daß der für das Kündigungsschutzgesetz für Angestellte herausgearbeitete weitere Begriff der Rechtsnachfolge, dem im wesentlichen wirtschaftliche und soziale Momente zugrunde liegen, und die mit ihm verbundenen Rechtsgrundsätze in allen Fällen eines Betriebsinhaberwechsels auf den Betrieb Anwendung finden, auch, wenn ein abgeleiteter Rechtserwerb nicht vorliegt. Es kommt lediglich auf die tatsächliche Fortführung des Betriebes an [90]). Voraussetzung ist nur, daß der Betrieb ohne Veränderung seiner Organisation fortbesteht. Man spricht daher von einer Betriebsnachfolge, um Verwechslungen mit der Rechtsnachfolge des Privatrechts zu vermeiden. Auch dieser im Arbeitsrecht eingebürgerte Begriff der „Betriebsnachfolge" weist darauf hin, in welchem Maße der Betrieb im Arbeitsrecht eigenständiges Leben entfaltet, da selbst bei einer nach bürgerlich-rechtlichen Grundsätzen nicht faßbaren Nachfolge in der Stellung des Betriebsinhabers der Bestand des Betriebes nicht berührt wird.

Eine Betriebsnachfolge kann durch die mannigfachsten Gründe bewirkt werden.

Im Falle des Todes des Betriebsinhabers, der Verschmelzung von Kapitalgesellschaften oder der Vereinbarung einer Gütergemeinschaft findet eine Gesamtrechtsnachfolge statt. Der Erbe, die aufnehmende oder neugebildete Gesellschaft treten kraft Gesetzes an die Stelle des bisherigen Betriebsinhabers in alle rechtlichen Beziehungen ein. Zu diesen gehören auch die im Betrieb bestehenden AV [91]). Die Betriebseinheit wird hierbei nicht berührt, in den Gesamtorganismus des Betriebes wird lediglich ein neuer Betriebsinhaber als AG eingegliedert. Es bedarf bei der Gesamtrechtsnachfolge keines besonderen Ubertragungsaktes, so vollzieht sich bei der Verschmelzung von Kapitalgesellschaften die Erfüllung des Fusionsvertrages in einem einzigen Rechtsakt, durch Eintragung in das Handelsregister (§ 240 AktGes.).

Nicht so einfach wird die Betriebsnachfolge dann gesehen, wenn der Rechtsgrund, der zur Nachfolge führt, auf einem Vertrag beruht, z. B. der Wechsel des Betriebsinhabers auf Verkauf oder Verpachtung des Betriebes, einer Nießbrauchbestellung oder ähnliches zurückzuführen ist. Ein derartiges Rechtsgeschäft liegt aber nur dann

[90]) Vgl. die oben Anm. 9, 11, 19 u. 23 Kapitel 2 zitierten.

[91]) Grundsätzlich wird eine Zustimmung der AN zur Weiterführung ihrer AV nicht für notwendig gehalten. Eine Ausnahme wird nur dann angenommen, wenn durch den Tod des Betriebsinhabers sich etwa der Zweck des AV erledigt. — Vgl. Hueck-Nipperdey, Lehrb. I (3.—5. Aufl.) S. 296; Anm. 21; Kaskel-Dersch, Arbeitsrecht, 4. Aufl. S. 168; Staudinger-Nipperdey, BGB, § 613 Bem. 15; Nikisch, ArbR I (2. Aufl.), S. 138; u. a. m. — LAG Heidelberg, 28. 4. 50, LAG Karlsruhe, 13. 4. 51, AR-Blattei, Betriebsinhaberwechsel, Entscheidungen 2 u. 3; — a. A. Oertmann, Dt. Arbeitsvertragsrecht S. 120, 211; Galperin, BB 1952 S. 324.

vor, wenn der Betrieb unter Aufrechterhaltung seiner bisherigen Organisation weitergeführt werden soll, also die Beibehaltung der Zweckbestimmung und Erhaltung der bestehenden Arbeitsgemeinschaft beabsichtigt ist. Sollen zwar sämtliche Bestandteile des Betriebes, oder wenigstens die wesentlichen, auf Grund eines Vertrages übernommen werden, aber ohne Aufrechterhaltung der betrieblichen Organisation, also unter Auflösung der bestehenden Arbeitsgemeinschaft, so wird eine Betriebsstillegung, oder ein Betriebsabbruch, geplant. Das kann auch dann der Fall sein, wenn sachliche Betriebsmittel verschiedenen Personen zugeführt werden sollen. Eine Betriebsnachfolge muß in derartigen Fällen außer Betracht bleiben. In diesen Fällen greift das Mitbestimmungsrecht des Betriebsrats gem. § 72 BetrVG Platz, sofern sich die Maßnahme mit wesentlichen Nachteilen für die Belegschaft oder große Teile derselben verbindet. Bei einer beabsichtigten Betriebsnachfolge hingegen besteht kein Mitbestimmungsrecht, denn der Bestand des Betriebes bleibt erhalten, es sei denn, ein erheblicher Teil der Belegschaft soll nicht mitübernommen werden, da alsdann zumindest eine Betriebseinschränkung im Sinne des § 72 Abs. 1 a BetrVG vorliegt. Das BetrVG gibt der Arbeitnehmerschaft aber kein Mitbestimmungsrecht, wenn infolge eines Betriebsinhaberwechsels die Weiterbeschäftigung eines oder mehrerer AN in Frage gestellt wird, oder ein Teil der AN zu veränderten Bedingungen übernommen werden soll [92]).

Die auf Vertrag beruhende Betriebsnachfolge setzt also eine Vereinbarung voraus, die dahingeht, daß der Betrieb unter dem neuen Betriebsinhaber weitergeführt wird. Die Tatsache, daß unwesentliche Teile des Betriebes abgestoßen werden und im übrigen der Betrieb weitergeführt wird, bewirkt keine Betriebsnachfolge, da hierdurch die

---

[92]) Vgl. Galperin, a. a. O., § 72 Anm. 15; Meissinger, BetrVG, § 56 Anm. 11; Maus, Handb. a. a. O. (1. Aufl.), VIII A, § 72 BetrVG Anm. 21; Koenigs, Grundsatzfragen der betriebl. Mitbest., S. 63, 136 f.; Gaul, RdA 1954 S. 249; Erdmann, BetrVG, § 72 Erl. 14.

Koenigs, a. a. O., will ein Mitbestimmungsrecht gem. § 72 BetrVG auch dann annehmen, wenn der Erwerber eines Betriebes die AN nur zu abgeänderten Bedingungen weiterbeschäftigen will und eine Änderungskündigung erfolgt. Eine Betriebsstillegung liegt jedoch nicht vor, da diese voraussetzt, daß die betriebliche Arbeit für einen nicht übersehbaren Zeitraum eingestellt wird (vgl. Galperin, a. a. O., § 1 Anm. 42 und die oben S. 15 Anm. 3 zitierten). Gerade das wird aber bei einer im Zusammenhang mit der Betriebsnachfolge erfolgenden Änderungskündigung nicht beabsichtigt, im Gegenteil der Betrieb soll mit der gleichen Belegschaft weitergeführt werden. Da in § 72 BetrVG die Fälle, in denen dem Betriebsrat ein Mitbestimmungsrecht gegeben wird, erschöpfend aufgezählt werden und eine Stillegung nicht angenommen werden kann, hat der Betriebsrat in dem von Koenigs erwähnten Fall kein Mitbestimmungsrecht. Galperin, a. a. O., auf den sich Koenigs bezieht, spricht auch nur von einer allgemeinen Kündigung im Zusammenhang mit einem Betriebsinhaberwechsel.

Identität des Betriebes nicht aufgehoben wird, die Betriebsgemeinschaft keine wesentlichen Veränderungen erleidet.

Außer den vertraglichen können noch andere Gründe zu einem Wechsel des Betriebsinhabers führen, wenn beispielsweise dem bisherigen Inhaber die weitere Leitung des Betriebes untersagt und hiermit ein Verwalter von Amts wegen betraut wird. Es kommt die Einsetzung eines Konkurs- oder Zwangsverwalters in Betracht, sowie die Bestellung eines Treuhänders für beschlagnahmte Vermögen, eine Erscheinung, die nach 1945 eine besondere Rolle gespielt hat.

Eine Nachkriegsfolge war auch, daß vielfach der Betriebsinhaber wechselte, ein neuer Inhaber den Betrieb fortführte, ohne daß eine rechtliche Grundlage hierzu erkennbar war. Dies war zum Teil dadurch bedingt, daß Betriebe des Reiches oder aufgelöster Organisationen von Ländern oder irgendwelchen Körperschaften übernommen, Neugründungen mit alten Betrieben als Basis vorgenommen wurden und durch die Teilung Deutschlands eine Zerreißung von Unternehmen bewirkt worden war. Auch in diesen Fällen wird eine Betriebsnachfolge angenommen, durch rein tatsächliche Maßnahmen veranlaßt, wenn die betriebliche Organisation und die Betriebsgemeinschaft erhalten geblieben waren. Daß derartige Betriebsnachfolgen nicht selten waren, beweisen schon eine Anzahl von Entscheidungen der Arbeitsgerichte, die sich mit den später aus einer solchen Betriebsnachfolge entstandenen Rechtsfragen zu befassen hatten [93]).

Während der Neueintritt oder das Ausscheiden eines oder auch mehrerer AN sich ohne große Schwierigkeiten vollzieht und sich hieraus ergebende rechtliche Streitigkeiten das Betriebsgefüge nicht berühren, sieht man in der Durchführung eines Betriebsinhaberwechsels einen wesentlich komplizierteren Vorgang. Rechtslehre und Rechtsprechung gehen davon aus, daß der Betrieb dem Nachfolger übertragen und von diesem übernommen werden müsse. Diese Auffassung kommt schon in den häufig angewandten Formulierungen „Übertragung, Übergang oder Übernahme des Betriebes" zum Ausdruck [94]). Es wird also in dem Wechsel des Betriebsinhabers nicht

[93]) Siehe LAG Bremen, 13. 9. 50, AP 51 Nr. 111; LAG Frankfurt, 20. 10. 49, AP 50 Nr. 144 und vom 22. 5. 51, AP 51 Nr. 259; LAG Heidelberg, 31. 5. 50, AR-Blattei, Betriebsinhaberwechsel Entscheidungen 1; LAG Stuttgart, 20. 7. 51, BB 1951 S. 955; LAG Mannheim, 30. 11. 51, BB 1952 S. 259.

[94]) Vgl. z. B.: Vanselow, SchliW 1922, S. 95; Hueck-Nipperdey, Lehrb. I (3.—5. Aufl.), S. 291 Anm. 7; Hueck, BB 1951 S. 365; Staudinger-Nipperdey, BGB, § 613 Anm. 21; L. Richter, Grundverhältnisse, S. 76; Rewolle, Betrieb 1950 S. 402; Maus, Das Arbeitsverhältnis, S. 203; Galperin, BArbBl. 1950, S. 64 und BetrVG, § 1 Anm. 50; Molitor, AP 51 Nr. 111 S. 411; Kauffmann, Betrieb 1950 S. 279, 289; Beitzke, BB 1951 S. 420; u. a. m. — RAG, 2. 12. 41, ARS 43/282; LAG Heidelberg, 28. 4. 50, BB 1950 S. 422; LAG Kiel, 19. 10. 50,

lediglich eine Ausgliederung des alten Betriebsinhabers aus dem Betrieb und Eingliederung des neuen Betriebsinhabers in die bestehende Betriebsorganisation gesehen. Man faßt den Vorgang der Betriebsnachfolge auch nicht als einen Gesamteintritt des Übernehmers des Betriebes in die Rechtsstellung des Betriebsinhabers mit allen Rechten und Pflichten auf. Das ergibt sich schon daraus, daß man sich im Zusammenhang mit dem Wechsel des Betriebsinhabers seit jeher bemüht hat, eine rechtliche Konstruktion für die Überleitung der im Betrieb bestehenden AV zu finden.

Der Betrieb muß somit bei der Betriebsnachfolge zerlegt und in seine Bestandteile aufgelöst werden, denn eine Übertragung in seiner Gesamtheit als Organisationsinbegriff unter Einschluß der Betriebsmittel ist in unserem Rechtssystem nicht denkbar. Der Begriff einer Gesamtsache, mit dem man vielleicht helfen könnte, ist dem bei uns geltenden Recht fremd [95]), und somit kann auch kein eigentumsähnliches Recht am Betrieb bestehen. Ebensowenig kann der Betrieb als ein Inbegriff von Vermögenswerten oder als Sondervermögen aufgefaßt werden, da dies seinem rechtlichen Wesen widersprechen würde.

Eine Betriebsnachfolge, so wie sie im wesentlichen zur Zeit gesehen wird, erfordert mithin, daß der neue Betriebsinhaber zum Berechtigten in Bezug auf die arbeitstechnischen Mittel gemacht wird, die bestehende Betriebsorganisation einschließlich der Betriebsordnung übernimmt und in die Rechte und Pflichten aus den AV eintritt. Dadurch wird die Erhaltung des Arbeitsplatzes für den AN, seine Weiterbeschäftigung im Betrieb, vom Willen des Betriebsinhabers abhängig gemacht, während hierfür im Rahmen des Kündigungsrechtes nur objektive betriebliche Erwägungen eine Rolle spielen, da bei dieser Betrachtungsweise eine Vereinbarung, und sei es nur eine stillschweigende, über den Eintritt erforderlich ist.

Für den AN stehen damit neben dem oft lebenswichtigen Verlust des Arbeitsplatzes, dies gilt besonders für den älteren AN, die während der Dauer der Betriebszugehörigkeit wohlerworbenen Rechte auf dem Spiel. Hier kann es sich um zusätzliche soziale Leistungen, Sondervergütungen, Ansprüche auf Ruhegeld oder eine Werkswohnung, längere Kündigungsfristen oder den auf der länge-

AP 51 Nr. 153; LAG Frankfurt, 15. 1. 51, AP 51 Nr. 152; LAG Heidelberg, AR-Blattei, Betriebsinhaberwechsel Entscheidungen 3; ArbG Rosenheim, 10. 1. 49, ARSt. II Ziff. 844.

Auch § 90 d. Entw. eines Ges. über das AV geht von einem Übergang des Betriebes aus, um dann den Eintritt in die AV vorzuschreiben.

[95]) Anders das österreichische AGBGB, das in § 302 einen Inbegriff von mehreren besonderen Sachen, die man als eine Sache anzusehen und mit einem gemeinschaftlichen Namen zu bezeichnen pflegt, als Gesamtsache anerkennt und als ein Ganzes betrachtet.

ren Betriebszugehörigkeit aufbauenden Erholungsurlaub u. a. m. handeln. Stellt man für die Weiterbeschäftigung auf den Willen des Betriebsnachfolgers ab, können diese Rechte auch bei einem Verbleib der AN im Betrieb verlorengehen. Daher stand im Vordergrund aller Untersuchungen der Betriebsnachfolge die Frage, ob nicht eine Verpflichtung des neuen Betriebsinhabers bestehe, alle AN zu übernehmen und sie zu gleichen Bedingungen weiterzubeschäftigen, oder ob er kraft der Betriebsnachfolge in die AV eintrete, oder ob man davon ausgehen müsse, daß der neue Betriebsinhaber rechtlich frei und nur an die Vereinbarungen mit dem Vorgänger gebunden sei. Dies ist stets dann von Bedeutung, wenn eine Gesamtrechtsnachfolge nicht vorliegt, also auch bei einer tatsächlichen Weiterführung des Betriebes ohne rechtlichen Übernahmeakt.

Geht man auf den Entstehungsgrund dieses Problems zurück, so steht man vor der Frage, ob die Auffassung, daß beim Betriebsinhaberwechsel der Betrieb aus der Hand des alten in die des neuen Betriebsinhabers übergehen müsse, seinem besonderen Wesen entspricht, und ob die Schwierigkeiten, die aus der durch die Zerreißung der organischen Einheit ergebenden Notwendigkeit der gesonderten Überleitung der AV entstehen, vermieden werden können. Viel näher läge es anzunehmen, daß bei der Betriebsnachfolge an einer wichtigen Stelle des Betriebes ein Personenwechsel stattfindet, in die Organisationseinheit ein neues Organ eintritt, der Betrieb der ruhende Pol bleibt [96]) und damit eine Überleitung der AV entfällt, der neue Betriebsinhaber durch Eintritt in den Betriebsorganismus die Stellung des AG einnimmt.

Die Zerlegung des Betriebes dadurch, daß man die AV bei der Betriebsnachfolge einzeln für sich und unabhängig vom Betriebsorganismus betrachtet, entspricht auch nicht der besonderen, vor allem durch das BetrVG bestätigten Auffassung vom Betrieb als einem

---

[96]) So schon Oppikofer, in Festschrift der Leipziger Juristenfakultät für A. Schultze v. 19. 3. 36, S. 207 ff. (216/17), „Das führende Glied der Betriebsgemeinschaft ist gewechselt worden. Die Gemeinschaft als solche ist geblieben." Allerdings kommt Oppikofer zu diesem Ergebnis, auf dem Boden des AOG; neuerdings auch Herschel, Anm. zu LAG Heidelberg, AR-Blattei, Betriebsinhaberwechsel Entscheidungen 1, „es tritt nur an einer wichtigen Stelle des Betriebes ein Personenwechsel ein". Maus, Handb. a. a. O. (2. Aufl.) VI A S. 9 Anm. 11 sieht im Wechsel des Betriebsinhabers nur den Wechsel eines Funktionsträgers in Anlehnung an die Funktionsnachfolge in der öffentlichen Verwaltung und Reinhardt, NJW 1952 S. 441. — „Die Eigenständigkeit der Lebensordnung des Betriebes" im Falle des Betriebsinhaberwechsels wurde, worauf Sieg, RdA 1955 S. 442 und VersR 1953 S. 350, zutreffend hinweist, bereits durch § 151 Abs. 2 VVG anerkannt, „der den Übergang des Haftpflichtversicherungsverhältnisses auf den Erwerber eines Betriebes anordnet, während sonst die Haftpflichtversicherung nicht übergangsfähig ist."

einheitlichen Organisationsinbegriff, dessen Grundlage die Arbeitsgemeinschaft ist. Wenn man grundsätzlich den Betrieb als ein einheitliches soziales Gebilde mit eigener Rechtssphäre auffaßt, so erscheint es unlogisch, nunmehr bei der Betriebsnachfolge diese Einheit außer acht zu lassen, mag dies auch nur vorübergehend während der Durchführung der Betriebsnachfolge geschehen. Gerade die Gemeinschaft als wesentliches Kriterium für den Bestand des Betriebes wird auseinandergerissen; denn etwas anderes kann es nicht bedeuten, wenn man davon ausgeht, daß die AV einzeln übernommen werden müssen. Man sieht bei der Betriebsnachfolge nur das einzelne AV, den einzelnen AN und nicht mehr die Arbeitsgemeinschaft mit ihren gemeinsamen Interessen. Zwar besteht die Betriebsgemeinschaft aus einer Vielzahl von einzelnen Personen, doch hat die bisherige Untersuchung schon bewiesen, daß nicht jedes Individuum für sich betrachtet werden kann, sondern daß sie in ihrer Verbindung zueinander gesehen werden müssen.

Es ist eine Folge des dem heutigen Rechtsdenken im weiten Maße zugrunde liegenden Trennungsdenkens, daß bei der Betrachtung der Betriebsnachfolge den Einzelbeziehungen eine die Gemeinschaft überragende Bedeutung gegeben wird. Man zerlegt die Betriebsgemeinschaft in eine Vielzahl von AV, löst diese auch noch in schuldrechtliche Elemente auf und gibt der Beziehung zwischen AG und AN ausschlaggebenden Einfluß. Dabei wird übersehen, daß der Schwerpunkt des Betriebslebens in der Arbeitsgemeinschaft liegt und daß abhängige Arbeit durch den Einzelnen nur innerhalb einer Gemeinschaft geleistet werden kann, der materielle und immaterielle Güter zugeordnet sind [97]). Das AV kann nicht mehr isoliert betrachtet werden, da der AN Glied der Betriebsgemeinschaft ist, die durch die Verflechtung der einzelnen AV im betrieblichen Organismus und die gemeinsame Verfolgung des Betriebszwecks entsteht [98]). In der Gemeinsamkeit der Arbeit gewinnt das AV erst Leben, die Gemeinschaft wirkt in vieler Hinsicht auf die Gestaltung des AV ein, die Zugehörigkeit zum Betrieb und der Betriebsgemeinschaft kann erhebliche Rechtsfolgen bewirken. Betrachtet man nur einmal die Rechte, die dem AN aus der Betriebsverfassung erwachsen, gleichgültig, ob man annimmt, daß sie in der vertraglichen Grundlage des einzelnen AV wurzeln und nur der Arbeitnehmerschaft zur Ausübung übertragen sind [99]), oder ob man die Belegschaft als Träger

[97]) Vgl. Herschel, Soziale Arbeit 1952 S. 577 ff.

[98]) Herschel, a. a. O.; Galperin, BetrVG, Vorbem. 100 vor § 49; Dietz, RdA 1949 S. 272, Anm. zu LAG Bremen; ein Gutachten (unbek. Verf.), BB 1948 S. 611; Maus, Das Arbeitsverhältnis, S. 134 f.; LAG Bremen, 27. 10. 48, RdA 1949 S. 272.

[99]) So Hueck-Nipperdey, Lehrb. II (1.—2. Aufl.), S. 550; Jacobi, Grundlehren, S. 295; Galperin, BetrVG § 1 Anm. 80 f.

der Rechte ansieht [100]), ihre Ausübung geht auf die Teilhabe der AN an der Betriebsgemeinschaft zurück.

Auf Grund der vom Betrieb gewonnenen Erkenntnisse müßte man zu dem Ergebnis kommen, daß die Bedeutung der Betriebsnachfolge sich auf einen Personenwechsel an einer wichtigen Stelle im Betrieb beschränkt, einen Organwechsel, zu dessen Durchführung es einer Überleitung der AV nicht bedarf. Um noch einen Schritt weiterzugehen, sollte man nicht mehr von der Übertragung oder Übernahme des Betriebes sprechen, sondern von einer mit dem Eintritt des Betriebsnachfolgers in den Betrieb verbundenen Übernahme der Rechtsstellung eines Betriebsinhabers, ebenso, wie der AN nach Abschluß des Arbeitsvertrages durch Eintritt in den Betrieb Glied der Betriebsgemeinschaft wird.

Zieht man vergleichsweise die Fälle einer Gesamtrechtsnachfolge heran, so sieht man, daß eine derartige Auffassung unserem Rechtsdenken nicht widerspricht. Dort liegt nichts anderes vor als lediglich ein Personenwechsel, ein Organwechsel, der die AV nicht berührt [101]). Auch da, wo eine Betriebsnachfolge durch tatsächliche Übernahme des Betriebes erfolgte, beruht sie im Ergebnis nur auf einem Eintritt in die Betriebsorganisation. Wer hätte noch die AV überleiten können, nachdem, durch tatsächliche Ereignisse bedingt, ein Betriebsinhaber nicht mehr existierte?

Dennoch kann damit eine Untersuchung der Betriebsnachfolge in ihrer besonderen Auswirkung auf die im Betrieb bestehenden AV nicht abgeschlossen werden, es ist vielmehr noch festzustellen, ob die Entwicklung des Rechts der AV heute so weit fortgeschritten ist, daß der Betriebsinhaberwechsel in der vorgeschlagenen Weise aufgefaßt werden kann. Denn es darf nicht übersehen werden, daß die Beurteilung des gesamten rechtlichen Lebens vom Trennungsdenken her die Bedeutung des Vertrages sehr gestärkt hat und auch im Arbeitsrecht von großem Einfluß gewesen ist. Es muß daher geprüft

---

[100]) So Nikisch, ArbR (1. Aufl.), S. 407 oben; Dietz, Betrieb 1952 S. 971; ders. BetrVG, § 1 Anm. 3; Gramm, AR-Blattei Betriebsverfassung VII, A III, 4.

[101]) So ging bereits die Bestimmung des § 74 Abs. 2. Seemannsordnung von 1902, die noch heute in kraft ist, davon aus, daß der Wechsel des Reeders oder des Kapitäns dem Schiffsmann kein Recht gibt, seine Entlassung zu fordern. Es wird damit anerkannt, daß der Heuervertrag mit der Bindung an das Schiff — den Betrieb — geschlossen ist und die Person des Reeders, Kapitäns in den Hintergrund tritt, auch beim Wechsel, und lediglich das Schicksal des Schiffes Einfluß auf den Bestand des Heuervertrages hat. — So bestimmten auch die Gesindeordnungen verschiedener Länder, daß der jeweilige Inhaber eines landwirtschaftlichen Betriebes in die Rechte und Pflichten aus dem Gesindevertrag, also in die gesamte Rechtsstellung eintritt, vgl. O. v. Gierke, Dt. PrivR III, S. 667 Anm. 126. — Eine Auffassung, die von der Notwendigkeit einer vereinbarten Überleitung der AV bei der Betriebsnachfolge absieht, ist also dem deutschen Recht nicht fremd.

werden, ob nicht eine eingebürgerte Rechtsauffassung vom AV der AN im Betrieb einer Beurteilung der Betriebsnachfolge als Organwechsel, durch den die im Betrieb bestehenden AV nicht berührt werden, entgegensteht.

Schon jetzt ist aber festzuhalten, daß die Probleme, die der Betriebsinhaberwechsel für die AN mit sich bringt, nicht im engen Rahmen des einzelnen AV gelöst werden können, sondern nur, wenn man das AV als integrierenden Bestandteil der Betriebsorganisation auffaßt. Hierbei ist von besonderer Bedeutung, inwieweit die Einzelbeziehungen des AV mit dem Betriebsorganismus verflochten sind.

3. Kapitel

# Das Arbeitsverhältnis.

## I. Die Abhängigkeit des Arbeitnehmers.

Der Begriff des AN hat ebensowenig wie derjenige des Betriebes in gesetzlichen Vorschriften eine Erklärung erhalten, obwohl sich eine Vielzahl von Bestimmungen mit ihm befaßt [1]). Soweit in der Lehre Begriffsbestimmungen aufgestellt wurden, müssen, von kleinen Abweichungen abgesehen, zwei Auffassungen unterschieden werden. Nach einer Auffassung sind AN Personen, die sich auf Grund eines privatrechtlichen Vertrages oder eines ihm gleichgestellten Rechtsverhältnisses im Dienst eines anderen zur Leistung von Arbeit verpflichtet haben [2]). Hiergegen wird eingewandt, so vor allem in neuester Zeit, es komme nicht auf den Abschluß eines Vertrages an, sondern auf die Eingliederung in den Betrieb oder den Haushalt des AG [3]). Auf diese Streitfrage soll jedoch noch nicht eingegangen werden, sondern es sollen zunächst die übrigen wesentlichen Merkmale, die die Lage der AN kennzeichnen, betrachtet werden.

Einigkeit besteht darüber, daß der AN verpflichtet sein muß, Arbeit zu leisten, und zwar im Dienste eines anderen. Dadurch unterscheidet sich der AN von den selbständigen Personen, die sich auch zur Arbeitsleistung verpflichten, denn er leistet abhängige Arbeit. Der AN muß seine Arbeitskraft in den Dienst eines anderen stellen, der Produktionsmittel, einen Produktionsapparat hat, und, um ihn nutzbar zu machen, fremde Hilfskräfte benötigt, da er selbst in der Regel mit seiner Arbeitskraft die ihm zur Verfügung stehenden Mittel nicht nutzen kann. Dabei ist unter Arbeit jede menschliche Tätigkeit zu verstehen, gleichgültig, ob es sich um rein körperliche, geistige oder künstlerische handelt. Auf diese Weise entstehen Arbeitsverbände, so vor allem derjenige von AG und AN im Betrieb. Die Notwendigkeit, Arbeit in einem Arbeitsverband in Gemeinschaft mit anderen an fremden Produktionsmittel zu leisten, verursacht die Abhängigkeit der AN.

---

[1]) So in den §§ 4, 6, 9, 20 und öfter des BetrVG, §§ 1, 4, 9 des Mitbestimmungsgesetzes Bergbau und Eisen, §§ 2, 3, 5 ArbGG, §§ 1, 2, 3, 4 KSchG.

[2]) Hueck-Nipperdey, Lehrb. I (6. Aufl.), S. 33 f. mit ausführlichen Zitaten; Hueck-Nipperdey-Dietz, AOG, § 1 Anm. 8; Dietz, BetrVG, § 4 Anm. 7; Herschel-Steinmann, KSchG, § 1 Anm. 18; Sitzler, AR-Blattei, „Arbeitsrecht: Übersicht VI".

[3]) Molitor, AN und Betrieb, S. 17 ff.; Jacobi, Grundlehren, S. 60 f.; Siebert, Das Arbeitsverhältnis; Maus, Das Arbeitsverhältnis, S. 90 f.; ders. Handb. a. a. O., II S. 27 Erl. 23; Müller-Lehmann, Mitbest. Ges., § 1 Anm. 1; Nikisch, ArbR I (2. Aufl.), S. 10 f., 79 ff.

Diese ist als Merkmal für die rechtliche Stellung der AN entscheidend. Während man früher teilweise diese Abhängigkeit als eine wirtschaftliche, bzw. wirtschaftliche und persönliche kennzeichnete [4]), ging die Lehre später davon aus, nur in der persönlichen Abhängigkeit die Besonderheit der Arbeitnehmerstellung zu sehen [5]). Abgesehen davon, daß die Bezeichnung der Abhängigkeit als wirtschaftliche kein sicheres Unterscheidungsmerkmal zwischen der Tätigkeit des Selbständigen und der des AN gibt, da auch der erstere sich in erheblicher wirtschaftlicher Abhängigkeit befinden kann [6]), und es durchaus möglich ist, daß für den AN die Arbeit im Betrieb nicht seine Existenzgrundlage darstellt, wird sie auch der besonderen sozialen und rechtlichen Stellung des AN nicht gerecht.

Das besagt nicht, daß der wirtschaftlichen Lage des AN eine Bedeutung nicht zukäme, sie ist aber nur eine Folge seiner abhängigen Stellung [7]). Seine Abhängigkeit liegt darin begründet, daß er durch die Zurverfügungstellung seiner Arbeitskraft an einen Arbeitsverband auf deren Benutzung im eigenen Interesse verzichtet, einen Teil seiner Persönlichkeitssphäre der Willensentschließung anderer unterstellt. Dadurch wird die Abhängigkeit zu einer „persönlichen". Doch genügt diese Feststellung nicht, da sich hieraus noch nicht ergibt, worin nun das wesentliche Merkmal der persönlichen Abhängigkeit beruht. Ein solches wird sich vielfach auch bei einem selbständig Tätigen finden lassen. Die Tatsache der Willensunterworfenheit, der Gehorsamspflicht oder der Weisungsgebundenheit [8]) allein kann die persönliche Abhängigkeit nicht kennzeichnen. Der Selbständige ist häufig ebenfalls in mehr oder weniger starkem Maße den Weisungen seines Auftragsgebers unterworfen, andererseits kann der AN einen Aufgabenkreis haben, der in großem Umfange eigener Initiative Raum läßt. Es wird daher oft schwierig sein, das Maß der Weisungsgebundenheit oder Gehorsamspflicht zu bestimmen, um eine Unterscheidung zu ermöglichen.

---

[4]) So Melsbach, Dt. Arbeitsrecht, S. 21; Hueck, Handbuch I, S. 21; Potthoff, ArbR 1922 Sp. 447; — RAG, 7. 11. 28, ARS 4/143; v. 23. 7. 30, ARS 9/511; v. 10. 9. 31, ARS 13/42; v. 14. 2. 34, ARS 20/183; v. 8. 1. 36, ARS 27/326; v. 15. 1. 36, ARS 31/265.

[5]) Hueck-Nipperdey, a. a. O., S. 39; Staudinger-Nipperdey, BGB, Vorb. 9 vor § 611; Hueck-Nipperdey-Dietz, a. a. O., § 1 Anm. 10; Nikisch, a. a. O., S. 2, 47; Maus, Das Arbeitsverhältnis, S. 94; Siebert, BB 1949 S. 746 f.; Bührig, ArbuR 1955 S. 326; Dietz, a. a. O., § 4 Anm. 13 mit weiteren Zitaten; Maus, a. a. O., II S. 33 ff. — So auch das RAG, das anfangs noch schwankend, ab der Entsch. v. 8. 12. 37, ARS 31/381, nur noch auf die persönliche Abhängigkeit abstellte; BGH, 11. 7. 53, RdA 1953 S. 477; LAG Düsseldorf, 31. 5. 50, AP 51 Nr. 129; LAG Frankfurt, 3. 10. 51, RdA 51, S. 439.

[6]) So z. B. der Spediteur, der nur für eine Firma fährt, u. U. auch der vermögenslose Arzt, Rechtsanwalt.

[7]) Nikisch, Grundformen, S. 96.

[8]) Hierauf wird abgestellt von: Sinzheimer, Grundzüge, S. 4; Hueck-Nipperdey, a. a. O., S. 39 ff.; Hueck, Grundriß, S. 36 f.; Siebert, BB 1949 S. 746 f.

Demgegenüber wird die Entstehung der persönlichen Abhängigkeit klarer herausgestellt, wenn man sie auf die Einordnung des AN in einen Betrieb zurückführt, deren Bedeutung erstmals durch Molitor[9]) erkannt wurde. Hiermit soll nicht das Begriffsmerkmal der persönlichen Abhängigkeit durch die Eingliederung ersetzt werden, sondern nur die Ursache erklärt werden, aus der sich die persönliche Abhängigkeit als Folge ergibt[10]). Soweit Hueck hiergegen Einwendung vorbringt[11]), sind diese nicht überzeugend, denn gerade in den von ihm angegebenen Fällen erleichtert das Kriterium der Eingliederung die Abgrenzung der AN, also persönlich abhängiger Personen von den Selbständigen. Dies zeigt sich besonders dann, wenn sich bei der Unterscheidung zwischen dem Handlungsreisenden, also einem Handlungsgehilfen, und einem Handelsvertreter Zweifelsfragen ergeben. In diesen Fällen ist es insbesondere auch die Rechtsprechung gewesen, die auf das Merkmal der Einordnung abgestellt hat[12]). Sodann entspricht die Eingliederung als Kennzeichen der Ab-

[9]) Molitor, a. a. O., S. 6 f. und die in Anm. 2 zitierten; ders. NZfA 1931 Sp. 110; Kaskel-Dersch, ArbR, S. 24; Staudinger-Nipperdey, BGB, Vorb. 9 vor § 611; Hueck-Nipperdey-Dietz, AOG, § 1 Anm. 10; Maus, a. a. O., II S. 34 ff.; Dietz, a. a. O., § 4 Anm. 13 mit weiteren Zitaten; Haberkorn, ArbuR 1953 S. 205; Nikisch, a. a. O., S. 12, S. 79 f., Siebert, RdA 1956 S. 14. — RAG, 4. 5. 38, ARS 33/320; v. 29. 3. 39, ARS 36/143; weitere Angaben zur Rspr. der RAG bei Dietz a. a. O.; LAG Frankfurt, 14. 6. 50, AP 52 Nr. 3 u. v. 7. 6. 50 AP 51 Nr. 154 u. v. 14. 1. 53, ArbuR 1953 S. 123.

[10]) Nikisch, a. a. O., S. 79 führt ausdrücklich aus: „Die (Eingliederung) ist nicht nur ein anderer Ausdruck für die persönliche Abhängigkeit, sondern der Grund, aus dem sich die Abhängigkeit als Folge ergibt."

[11]) Vgl. Hueck-Nipperdey, Lehrb. 1 (6. Aufl.), S. 33 ff., insb. Anm. 15; ders. KSchG § 1 Anm. 3. Zuzustimmen ist Hueck, wenn er es ablehnt, den Begriff der Abhängigkeit durch die Eingliederung zu ersetzen. Die von ihm in Anm. 15 a. a. O. zitierten sehen aber lediglich in der Eingliederung die eigentliche Ursache der Abhängigkeit. Im übrigen wird auch von Hueck, wenn auch nur bedingt, die Bedeutung der Eingliederung für den AN anerkannt, vgl. Anm. 22 Lehrb. a. a. O. Wenn Hueck seine Einwendungen z. B. darauf stützt, daß auch Vorstandsmitglieder, obwohl keine AN, in den Betrieb eingegliedert sind, so muß dem entgegengehalten werden, daß dies deshalb nicht zu Begriffsschwierigkeiten führen muß, weil die Vorstandsmitglieder AG-funktionen ausüben (Nikisch, a. a. O., S. 87) und schon deshalb keine AN sein können. Die Abgrenzung der AN von Arbeitnehmer ähnlichen Personen, wie z. B. den Heimarbeitern, wird durch die Hervorhebung der Einordnung erleichtert. Die persönliche Selbständigkeit der Heimarbeiter beruht darauf, daß sie nicht in einen Betrieb eingeordnet sind und infolgedessen den Inhalt der Arbeitsleistung im wesentlichen selbst bestimmen können. Auch die Hausangestellte wird eingegliedert, und zwar in die Hausgemeinschaft. Soweit eine Eingliederung in eine Gemeinschaft nicht erfolgt, z. B. bei der Privatsekretärin, handelt es sich um einen Ausnahmefall, der deshalb die Bedeutung der Einordnung für die persönliche Abhängigkeit nicht beeinträchtigen kann. Auch in diesem Fall wird persönlich abhängige Arbeit geleistet.

[12]) Vgl. RAG, 10. 8. 38, ARS 34/45 (51); v. 7. 4. 34, ARS 30/41 (42); v. 29. 3. 39, ARS 36/143; LAG Frankfurt, 7. 6. 50, AP 51 Nr. 154; BFH, 16. 1. 52, RdA 1953 S. 78.

hängigkeit des AN seiner besonderen sozialen Stellung im betrieblichen Organismus, da die Betriebszugehörigkeit, die Gliedstellung in der Gemeinschaft für das AV von erheblicher rechtlicher Bedeutung ist.

Hiermit kommt man zu der für die rechtliche Beurteilung der Betriebsnachfolge wesentlichen Frage, ob auch das AV des AN durch die Eingliederung in den Betrieb begründet wird oder ob dies auf den Vertrag mit dem AG zurückzuführen ist, wie weit der Einfluß dieses Vertrages geht und wie seine rechtliche Natur zu beurteilen ist.

## II. Die historischen Wurzeln des Arbeitsverhältnisses.

Gleich, welche Bedeutung der Vereinbarung zwischen einem AG und einem AN über den Eintritt in einen Betrieb in rechtlicher Hinsicht zukommt, man muß davon ausgehen, daß grundsätzlich eine solche Vereinbarung, ein Arbeitsvertrag, vorliegt. Dieser wird einmal als Unterart des Dienstvertrages des BGB angesehen, zum anderen gibt man ihm einen starken personenrechtlichen Einschlag, der auch in einer persönlichen Bindung an den AG zum Ausdruck kommen soll. Das AV als das Rechtsverhältnis, das durch den Arbeitsvertrag vereinbart wird, charakterisiert man als Gemeinschaftsverhältnis, dessen personenrechtliche Züge auf den deutsch-rechtlichen Dienstvertrag zurückgehen sollen. Durch die Einordnung des Arbeitsvertrages in das System des BGB hat abstraktes schuldrechtliches Denken, das auf die dem BGB zugrunde liegende romanistische Rechtsanschauung zurückzuführen ist, großen Einfluß auf das AV gewonnen. Individualistisches Vertragsdenken und auch die Betonung der persönlichen Bindung des AN haben das Problem der Betriebsnachfolge besonders schwierig gestaltet. Die historische Entwicklung des Vertrages, der die Zurverfügungstellung menschlicher Arbeitskraft im Dienste eines anderen zum Gegenstand hat, ist daher für die Beurteilung der heutigen rechtlichen Gestalt des AV von erheblichem Einfluß.

### 1. Der Einfluß des deutschen Rechts.

Im fränkischen Recht hatte sich der sogenannte Treudienstvertrag entwickelt, der namentlich von O. v. Gierke[13]) als Vorstufe des deutsch-rechtlichen Dienstvertrages herausgestellt wurde. Der Treudienstvertrag schuf eine persönliche Bindung des Gefolgsmanns an den Gefolgsherrn, einen personenrechtlichen Vertrag, ohne auf bestimmte einzelne Leistungen gerichtet zu sein[14]). Diese ergaben sich

---

[13]) O. v. Gierke, Die Wurzeln des Dienstvertrages, Berliner Festschrift für Brunner, 1914, S. 37 ff. und Dt. PrivR, III, S. 593 ff.

[14]) Aus der so erstandenen persönlichen Rechtsstellung flossen erst die gegenseitigen Rechte und Pflichten, Nikisch, Grundformen, S. 125.

erst im Verlaufe des Vertragsverhältnisses, und zwar auch die Dienstverpflichtung; denn der Gefolgsherr konnte auf Grund seines Herrschaftsrechts auch von der Arbeitskraft seiner Leute Gebrauch machen. Obwohl es sich um ein personenrechtliches Verhältnis handelte, übernahm auf diese Weise der Treudienstvertrag die Rolle eines entgeltlichen Arbeitsvertrages, da die ihn bestimmende Treupflicht die Verpflichtung zur Dienstleistung und Vergütung umfaßte [15]).

In diesem Vertragssystem trat im 13. Jahrhundert ein entscheidender Wandel ein, der durch die Entwicklung neuer Staats- und Wirtschaftsformen bedingt war. Der personenrechtliche Treudienstvertrag soll sich hierdurch in einen Schuldvertrag, den deutsch-rechtlichen Dienstvertrag umgewandelt haben, ohne aber mit der *locatio conductio* des römischen Rechts vergleichbar zu sein, da er starke personenrechtliche Nebenwirkungen gehabt habe, da nämlich die gegenseitige Treupflicht, das Verhältnis von Herr zu Diener erhalten geblieben sei. Man glaubte im Anschluß an die Untersuchungen O. v. Gierkes, daß sich im wesentlichen nur eine Veränderung des Inhalts des Treudienstvertrages ergeben habe, indem nur Leistungsversprechen und Vergütung zum Hauptzweck des Vertrages geworden seien, während das persönliche Band zwischen Dienstverpflichtetem und Dienstherrn, die personenrechtliche Über- und Unterordnung als Folge aus dem entgeltlichen Dienstverhältnis hervorgegangen sei. Daher wurde der deutsch-rechtliche Dienstvertrag in seiner Entwicklung auf den Treudienstvertrag zurückgeführt [16]).

Die im modernen AV bestehenden persönlichen Beziehungen, die personenrechtliche Verbundenheit, sollen nach einer weit verbreiteten Auffassung im deutschen Recht ihren Ursprung haben [17]), und deshalb ist es für die rechtliche Beurteilung des AV von entscheidender Bedeutung, festzustellen, wie weit der Einfluß der historischen Entwicklung geht.

Bei einer näheren Betrachtung des sog. deutsch-rechtlichen Dienstvertrages ergibt sich, daß ganz bestimmte, verschiedenartige Vertragstypen gemeint sind, die ihren personenrechtlichen Charakter, die personenrechtliche Bindung noch vom Treudienstvertrag her durch die Jahrhunderte und über die Rezeption hinaus erhalten haben

---

[15]) O. v. Gierke, Festschrift S. 40 ff. und Dt. PrivR, III, S. 593 ff.

[16]) Vgl. hierzu O. v. Gierke, Festschrift, S. 40 ff. und Dt. PrivR III, S. 594; Nikisch, Grundformen, S. 125 f.

[17]) Hierzu bezieht man sich meist auf O. v. Gierke. Vgl. Jacobi, Grundlehren, S. 49; Hueck-Nipperdey, Lehrb. I, (3.—5. Aufl.), S. 101 f., 126 ff.; Hueck, in Festschrift für Hübner, S. 72; Potthoff, ArbR 1922 S. 277 f. und öfter; Kaskel-Dersch, Arbeitsrecht, S. 142; Hueck-Nipperdey-Dietz, AOG, 1. Aufl., § 2 Anm. 16; Molitor-Hueck-Riezler, Arbeitsvertrag, S. 1 ff.; Groh, Dt. ArbR, S. 12 f.; Silberschmidt, Das Dt. ArbR, S. 37; Ramm, Die Anfechtung des Arbeitsvertrages, S. 18 f.; Rohlfing, ArbR u. Soz. VersR, S. 17; Taube, VersR 1956 S. 142 l. Sp.

sollen [18]). Dieselben sind es auch, die in der Gesetzgebung des 18. und 19. Jahrhunderts durch Sonderregelungen erfaßt wurden.

Es zeigt sich daher zunächst, daß nur schwerlich von einem einheitlichen deutsch-rechtlichen Dienstvertrag gesprochen werden kann [19]), daß sich vielmehr die einzelnen Vertragsarten als Sonderbildungen entwickelt haben. Im modernen Arbeitsrecht hingegen ist der Vertrag über abhängige Arbeit zum einheitlichen Begriff geworden, in dem gesetzliche Sonderregelungen nur insoweit von Bedeutung sind, als sie Spezialfragen des AV entsprechend der Eigenart der Arbeitsleistung in den einzelnen Berufsgruppen betreffen. Hieraus ergeben sich schon Zweifel, ob der heutige Arbeitsvertrag in seinem Wesen auf deutschrechtliches Gedankengut zurückgeführt werden kann [20]). Hinzu kommt, daß das Verhältnis von Herr und Diener, in dem O. v. Gierke ein wesentliches Merkmal des deutschrechtlichen Dienstvertrages sieht, heute im Arbeitsvertragsrecht wohl nur noch in den wenigsten Fällen angetroffen werden kann. Sieht man aber wie O. v. Gierke schon dann, wenn jemand zur persönlichen Tätigkeit für Zwecke und Bedürfnisse eines anderen verpflichtet ist und seine Tätigkeit nach dem Willen des Berechtigten verrichtet, ein Herrschafts- und Gewaltverhältnis [21]), so müßte ein solches Verhältnis in den meisten Fällen, in denen abhängige Arbeit geleistet wird, angenommen werden.

Die Einwendungen Ebels gegen die Auffassung, daß sich ein einheitlicher deutsch-rechtlicher Dienstvertrag aus dem Treudienstvertrag heraus entwickelt habe, sind daher von großer Bedeutung [22]). An Hand eingehender Quellenforschung wies Ebel nach, daß sich der Gesindevertrag aus den vielgestaltigen AV der fränkischen Zeit außerhalb des Treudienstvertrages entwickelt hat. Eine persönliche Gewaltunterworfenheit, die dem Gesindevertrag den personenrechtlichen Charakter gibt, muß nach Ebel für die Vertragsformen der gewerblichen Arbeit abgelehnt werden und damit auch jede Verbin-

---

[18]) Nach O. v. Gierke, Festschrift, S. 44 ff., handelt es sich um den Gesindevertrag als älteste Anwendungsform des schuldrechtlichen Dienstvertrages mit personenrechtlichem Einschlag, den gewerblichen Arbeitsvertrag, die Arbeitsverträge der Bergleute, Seeleute, Handlungsgehilfen. Sie alle sollen den gemeinsamen schuldrechten und personenrechtlichen Charakter bewahrt haben.

[19]) Vgl. Ebel, Gewerbliches Arbeitsvertragsrecht im dt. Mittelalter, S. 109; wohl auch Nikisch, Grundformen, S. 127

[20]) Ebel, a. a. O.; Nikisch, a. a. O.

[21]) O. v. Gierke, a. a. O., S. 55 ff. Auch die Ausführungen über das Herrschaftsverhältnis sind auf die in Anm. 18 aufgeführten Spezialverträge abgestellt.

[22]) Grundlage sind seine Untersuchungen der einzelnen Formen des mittelalterlichen Dienstvertrages, in Gewerbliches Arbeitsvertragsrecht des Mittelalters und ZStaatsWiss. Bd. 96, 1936, S. 319 ff.

dung zum Gesindevertrag [23]), während O. v. Gierke gerade im Gesindevertrag die Überleitung zum deutsch-rechtlichen Dienstvertrag gesehen hat.

Im Vordergrund seiner Untersuchungen stehen die Verträge der Handwerksgesellen, Seeleute und Bergarbeiter. — Ebel erkannte, daß in dem Arbeitsvertrag des Handwerksgesellen eine Fortbildung des älteren Lehrvertrages zu sehen ist. Den personenrechtlichen Einschlag führte er auf die Einordnung in die Hausgemeinschaft, die durch die handwerkliche Arbeitsweise bedingt war, zurück [24]). Den Heuervertrag leitete er aus der genossenschaftlichen Betriebsform der Seeschiffahrt der frühesten Zeit ab, die in Einrichtungen, wie Schiffsrat und Recht der Mannschaft auf Führung sichtbar wurde [25]). Da die Gewerken in älterer Zeit, obwohl AG, noch selbst zum Teil in grundherrlicher Abhängigkeit stehen und nur an Stelle eigener Mitarbeit gedingte Arbeiter im Betrieb einsetzen, konnte Ebel auch im bergrechtlichen Arbeitsvertrag eine eigenständige Entwicklung nachweisen. Auch hier liegt keine Weiterbildung der Kommendation oder des Gesindevertrages vor [26]).

Im Ergebnis ist also festzuhalten, daß sich die Dienstverträge des Mittelalters unabhängig voneinander entwickelt und eigenen Ursprung haben, so daß ein einheitliches Dienstvertragsrecht nicht bestand. Die diesen Verträgen eigene starke Treupflicht ist nicht zu vergleichen mit dem persönlichen Band des Treudienstvertrages, „sie bezieht sich nicht auf die Person des anderen, sondern auf die Leistung" [27]). Zur selbständigen Entwicklung des mittelalterlichen Dienstvertragsrechts hat auch die Arbeit der Unfreien wesentlich beigetragen [28]), während der Treudienstvertrag gerade die Freiheit der Vertragschließenden voraussetzt.

---

[23]) Ebel, ZStaatsWiss., S. 326.

[24]) Ebel, a. a. O., S. 14 ff., 27 ff., 111; ZStaatsWiss., S. 328 ff. — A. A. O v. Gierke, Festschrift, S. 47 f., der den Gesellenvertrag auf den Gesindevertrag zurückführt.

[25]) Ebel, a. a. O., S. 48 ff., 56 ff., 111; ZStaatsWiss., S. 333 f. Hierzu tritt noch die spätere Differenzierung der Genossen in Miteigner und solche, die gegen Teilfrachtführung, dann Lohn Schiffsarbeit leisten. Auch dies widerspricht einem herrschaftlichen Verhältnis und zeigt eigenständige Entwicklung.

[26]) Ebel, a. a. O., S. 76 ff., 86 ff., 111; ZStaatsWiss., S. 334. — Personenrechtliche Beziehungen, wie beim Gesindevertrag fehlen schon in frühester Zeit. Es bestand keine Hausgewalt, Zuchtgewalt, die persönliche Unterordnung fehlte, ebenso eine besondere vertragliche Sorgepflicht des AG. Kennzeichnend ist auch, daß der Arbeiter bei Nichtzahlung des Lohns einen Einweisungsanspruch in den Bergteil des Gewerken hatte.

[27]) Ebel, a. a. O., S. 112; die Zunftsatzungen wiesen z. B. auf die allgemeine Vertragstreue hin, die der Geselle dem Betrieb seines Meisters, nicht dessen Person entgegenbringen soll, siehe ZStaatsWiss. S. 332.

[28]) Ebel, a. a. O., S. 11 f., 110.

Der Arbeitsvertrag des Mittelalters hat sich also als freier Schuldvertrag entwickelt; seine deutsch-rechtliche Eigenart unterschied ihn von der Obligation des römischen Rechts. Neben den Einzelinteressen der Vertragspartner erhielt die durch das Zusammenleben der Vertragspartner entstehende Gemeinschaft besondere Bedeutung für eine sich aus ihr ergebende enge persönliche Verbundenheit, die sich in der gegenseitigen Treuepflicht sowie der Gehorsamspflicht auf der einen und der Fürsorgepflicht auf der anderen Seite äußerte. Der Inhalt der Arbeitsverhältnisse wird nicht durch die Herrschaftsgewalt bestimmt, sondern durch die Gemeinschaft, die ihren Ursprung in der genossenschaftlichen Arbeit hat.

Eine entwicklungsgeschichtliche Kette eines einheitlichen Vertrages, der die Leistung von abhängiger Arbeit zum Gegenstand hat, bis zur Neuzeit läßt sich also nicht nachweisen. Sofern man eine Verwandtschaft des heutigen Arbeitsvertrages wegen seines personenrechtlichen Einschlags mit den deutsch-rechtlichen Verträgen betont, muß beachtet werden, daß eine solche keinesfalls zu dem Treudienstvertrag der fränkischen Zeit besteht [29]). Aber auch eine Anknüpfung an die einzelnen mittelalterlichen Dienstverträge darf in ihrer Bedeutung nicht überschätzt werden, da es sich um selbständige Vertragstypen handelt, während unser heutiger Arbeitsvertrag ein einheitlicher Begriff für das gesamte Arbeitsrecht ist. Sodann können die personenrechtlichen Momente, wie Treu- und Fürsorgepflichten, nicht auf eine enge Bindung der Personen, wie im Treudienstvertrag, sondern nur auf den dem mittelalterlichen Vertrag zugrunde liegenden Gemeinschaftsgedanken zurückgeführt werden.

### 2. Das römische Recht und die Zeit des Liberalismus [*]).

Der römisch-rechtliche Dienstvertrag, die *locatio conductio operarum*, hatte zur Zeit der Rezeption nur geringen Einfluß auf das deutsche Dienstvertragsrecht ausgeübt [30]), dann aber im 19. Jahrhundert sehr starke Wirkungen geäußert. Diese Entwicklung setzte mit den veränderten Verhältnissen in Wirtschaft und Staat ein und brachte einen sichtbaren Einschnitt in das deutsche Arbeitsvertrags-

---

[29]) Ebel, ZStaatsWiss., S. 336 und Gewerbl. Arbeitsvertragsrecht S. 109 ff.; Oppermann, JW 1935, S. 1135 und DAR 1937, S. 200 f.; Siebert, Arbeitsverhältnis .S, 51 Anm. 3; Nikisch, Arbeitsvertrag und AV, S. 12 und ArbR I (2. Aufl.), S. 13, so auch Hueck, Grundriß, S. 73; Maus, Das Arbeitsverhältnis, S. 41.

[*]) Vgl. hierzu Hueck-Nipperdey, Lehrb. I (6. Aufl.), § 3; Nikisch, ArbR I (2. Aufl.), § 2, II; Schnorr v. Carolsfeld, ArbR, S. 39 ff.

[30]) Vgl. Hueck, a. a. O.; Kaskel-Dersch, Arbeitsrecht, S. 142; Hueck-Nipperdey, Lehrb. I (3.—5. Aufl.), S. 127; Hueck-Molitor-Riezler, Arbeitsvertrag, S. 9 f.; Nikisch, a. a. O. und JheringsJ Bd. 80 S. 28.

recht. Rechtsordnungen, die zur Erhaltung des alten Dienstvertrages beigetragen hatten, wurden aufgelöst; das Zunftwesen, die Gutswirtschaft, die Wirtschaftsordnung des absoluten Staates bestanden nicht mehr. Die Ideen des Liberalismus beherrschten auch das Arbeitsrecht. Hatte noch das allgemeine preußische Landrecht in einigen Vorschriften den persönlichen und sozialen Gehalt des Arbeitsvertrages betont [31]), so betrachtete nun eine individualistische Rechtslehre die Arbeit ausschließlich als Produktions- und Erwerbsmittel und den Arbeitsvertrag als Austauschvertrag, dessen wirtschaftliche Güter Arbeit und Lohn darstellen sollten. Den Anschauungen von Freiheit und Gleichheit widersprach es, außerdem noch Treupflichten anzuerkennen, an die aus der gemeinsamen Arbeit erwachsenden persönlichen Beziehungen, die in den Dienstverträgen des Mittelalters anerkannt wurden, anzuknüpfen.

Hand in Hand mit dieser Entwicklung ging die Ausdehnung der Wirtschaft des 19. Jahrhunderts. Sie stand im Zeichen der ständig wachsenden Bevölkerungszahlen und der um sich greifenden Industrialisierung. Dies führte dazu, daß immer mehr Arbeitskräfte in die betrieblichen Produktions- und Arbeitsprozesse eingegliedert wurden. Die Betrachtung der Arbeit als wirtschaftliches Gut, gleich anderen Gütern, hatte zur Folge, daß auch tatsächlich jedwede Treupflicht in Wegfall kam. Eine Ausnahme bildeten lediglich das Gesindewesen und einige patriarchalische Dienstverhältnisse. Weil auch für die Arbeit, ebenso wie für jeden Güterverkehr, das Gesetz von Angebot und Nachfrage galt, und weil man glaubte, daß Arbeit für die Anwendung der Bedingungen des Tauschverkehrs ebenso geeignet sei wie wirtschaftliche Güter, nahm man an, daß nach dem Prinzip der freien Marktwirtschaft die gerechteste Gestaltung der Arbeits- und Lohnbedingungen erzielt werden könnte. Tatsächlich aber geriet die Masse der wirtschaftlich schwachen AN, die auf die Arbeit an fremden Produktionsmitteln angewiesen waren, in die Abhängigkeit der Unternehmerschaft.

Auch die persönliche Abhängigkeit, wie sie als wesentliches Merkmal der Arbeitnehmereigenschaft gezeigt wurde, hatte durch die liberalistische Arbeitsrechtslehre nicht beseitigt werden können. Der schuldrechtliche Vertrag, die römisch-rechtliche Obligation, das *do ut des*, beherrschte das Arbeitsleben. Die arbeitsrechtlichen Beziehungen wurden in einzelne obligatorische Rechte und Pflichten zerlegt, ohne daß es zunächst noch eine Fürsorgepflicht des AG gab. Diese war der *locatio conductio* unbekannt gewesen, da sie ihrem Grundcharakter nach auf die Sklavenmiete, die Sachmiete zugeschnitten war.

---

[31]) Siehe §§ 1—176 II, 5; §§ 293, 356 II 8 ALR.

In diese Entwicklung griff der Staat schon in der ersten Hälfte des 19. Jahrhunderts mit Schutzvorschriften ein [32]), die durch die immer größer werdenden sozialen und wirtschaftlichen Probleme erforderlich wurden. Die noch im einzelnen deutschen Dienstvertrag bestehende Fürsorgepflicht des AG wurde vom Staat übernommen und erhielt öffentlich-rechtlichen Charakter. Das Arbeitsschutzrecht schuf eine öffentlich-rechtliche Pflicht des AG gegenüber dem Staat zur Fürsorge zugunsten der AN. Die Sozialversicherung war eine besondere Art der staatlichen Fürsorge, die AG wurden durch ihre Beteiligung an der Aufbringung der Mittel zur Fürsorge für ihre AN gezwungen [33]). Zu den Beziehungen des Schuldvertrages, der nur Rechte und Pflichten zwischen AG und AN begründete, trat so als neues Moment staatliches Arbeits- und Sozialrecht. Damit wurden dem freien Arbeitsvertrag die ersten Schranken gesetzt, wenn man auch grundsätzlich an ihm festhielt. Aber das Grundprinzip der liberalistischen Rechtslehre, Arbeitsrecht und Vermögensrecht zu verschmelzen, wurde dadurch durchbrochen, daß staatliches Arbeitsschutzrecht neben das Arbeitsvertragsrecht gestellt wurde, und es zeichneten sich die ersten Unterschiede des Arbeitsrechts vom allgemeinen Vermögensrecht ab.

In diesem Zeitpunkt entstand das BGB, das, soweit es das Schuldrecht betrifft, römisches Recht zum Vorbild hat. Da der Begriffsbestimmung des Dienstvertrages im BGB noch der Gedanke von Umsatz, Leistung und Gegenleistung zugrunde liegt (§ 611 BGB), kann man erkennen, wie stark weiterhin das Arbeitsvertragsrecht, der freie Arbeitsvertrag, von schuldrechtlichen Gedankengängen durchdrungen war [34]). Die wenigen soziale Rechtsgedanken enthaltende Bestimmungen (§§ 615—619 BGB), die auf die von O. v. Gierke [35]) am Entwurf des BGB geübte Kritik zurückzuführen sind, vermochten nicht den schuldrechtlichen Einfluß im Dienstvertrag des BGB wesentlich zurückzudrängen. Der Kreis der durch Gesetz geschaffenen privatrechtlichen Fürsorgepflichten blieb klein, selbst wenn man diejenigen, die im HGB und in der GewO geregelt wurden, hinzurech-

---

[32]) Der Arbeitsschutz setzte mit dem preuß. Regulativ über die Beschäftigung jugendl. Arbeiter in den Fabriken v. 9. 3. 1839 ein und wurde dann auf den Schutz der Frauen, den allgemeinen Arbeitszeitschutz, die Unfallverhütung, die Gewerbehygiene ausgedehnt. Von Bedeutung waren: Arbeitsschutznovelle zur GewO (1878, 1891), Kinderschutzges. (1903), Hausarbeitsges. (1911), Einrichtung von Gewerbeaufsichtsämtern (1879).

[33]) Die staatl. Soz. Vers. setzte 1881 ein. Von bes. Bedeutung waren die Gesetze über die Krankenversicherung (1883), Unfallversicherung (1884), Invaliden- u. Altersversicherung (1889), Angestelltenversicherung (1911).

[34]) Vgl. Menger, Das bürgerliche Recht und die besitzlosen Volksklassen, 4. Aufl. 1908, S. 168 f.

[35]) O. v. Gierke, Der Entw. eines Bürgerlichen Gesetzbuches und das Dt. Recht, 1889, bes. S. 191 ff., 247.

net [36]). Auch blieb die Bedeutung der Fürsorgepflichten des BGB eine beschränkte [37]). Das BGB konnte durch die Einflechtung einiger Vorschriften, die eine mehr persönlich gehaltene Betrachtungsweise des Dienstvertrages, ein personenrechtliches Band zum Ausdruck bringen sollten, die Entwicklung des Arbeitsvertrages nicht mehr beeinflussen, diese ging vielmehr ihren eigenen Weg.

## III. Das Arbeitsverhältnis in der Neuzeit.

### 1. Abgrenzung von den schuldrechtlichen Rechtsverhältnissen.

Soweit in der Rechtslehre seit Ende des ersten Weltkrieges begonnen wurde, den personenrechtlichen Einschlag des zwischen AG und AN bestehenden Rechtsverhältnisses zu betonen [38]), strebte man damit an, dem AN einen größtmöglichen sozialen Schutz zu gewähren. Hinsichtlich der Beziehungen zum AG war das Arbeitsvertragsrecht jedoch seit Einführung des BGB einen Weg gegangen, der dazu führte, daß der AG als Einzelpersönlichkeit in dem AV zurücktrat. Die sozialen Vorschriften, der beginnende Kündigungsschutz, das Betriebsräterecht, das immer stärker werdende System des kollektiven Arbeitsrechts wollen die Person des AN schützen, die Machtsphäre des AG einschränken, nicht aber die persönliche Bindung des AN an den AG betonen. Die Entwicklung des Arbeitsrechts bot vielmehr das Bild einer fortschreitenden Entpersönlichung zuungunsten des AG.

Hierzu hatte auch die Vereinigung großer Vermögensmassen in der Hand von Unternehmergruppen und juristischen Personen vieles beigetragen. In den mit diesen abgeschlossenen Arbeitsverträgen konnte von persönlichen Beziehungen im Sinne einer persönlichen Bindung nicht gesprochen werden, der einzelne AN stand dem AG weder bei der Arbeit noch bei der Einstellung persönlich gegenüber. Die persönlichen Beziehungen fehlten bis weit in die mittleren Betriebe hinein. In immer zunehmendem Maße wurden die AN durch ihre Dienstleistungen an die Betriebe als Mittelpunkt ihrer Tätigkeit gebunden. Die persönliche Bindung an den AG konnte auch durch die Betonung eines personenrechtlichen Einschlags nicht wieder her-

---

[36]) Es soll hier auf den Streit über die Rechtsnatur der §§ 120 a ff. GewO nicht näher eingegangen werden.

[37]) Zudem wurde § 618 BGB durch die Vorschriften der Sozialversicherung (§§ 898 ff. RVO) in seiner praktischen Bedeutung noch stark eingeengt.

[38]) Zu den ersten, die diese wesentliche Eigenart des AV wieder hervorhoben, gehörten: O. v. Gierke, Dt. PrivR III, S. 590 ff.; Melsbach, JW 1924 S. 1001 ff. (1005); ders. Dt. Arbeitsrecht, S. 27 f.; Molitor, Das Wesen des Arbeitsvertrages, S. 127 und die dort zitierten; Sinzheimer, Grundzüge, S. 18; Potthoff, ArbR 1922 S. 267 ff.

gestellt werden, denn tatsächlich trat im AV die Bindung an den Betriebsorganismus in den Vordergrund [39]).

Im Arbeitsvertrag sah man die Entstehungsgrundlage des AV, ohne jedoch zunächst eine klare begriffliche Abgrenzung von anderen Verträgen, die die Leistung von Arbeit zum Gegenstand haben, zu erzielen. Während noch Lotmar unter dem Begriff des Arbeitsvertrages alle gegenseitigen Verträge zusammenfaßte, in denen Arbeit gegen Entgelt vereinbart wurde, und nur eine Unterteilung in Zeitlohn- und Akkordvertrag vornimmt [40]), Molitor den Arbeitsvertrag in Tätigkeits- und Erfolgsverträge unterteilt [41]), Hoeniger zwischen fremdbestimmter und selbstbestimmter Arbeit unterscheidet [42]), kennzeichnete man bald nur noch den Vertrag über abhängige Arbeit als „Arbeitsvertrag" [43]).

Die Einteilung eines allgemeinen Arbeitsvertragsbegriffes in sog. Grundformen hatte keine Bedeutung gewinnen können, weil verschiedenartige Gruppen Arbeit leistender Menschen zusammengefaßt wurden [44]), deren rechtliche Stellung nicht gleichartig ist. So wurde

---

[39]) Die Bedeutung des Betriebes für die Arbeitsleistung wurde schon mit den beginnenden 20er Jahren hervorgehoben von: Demelius, Jherings-Jahrb. Bd. 72 S. 276; O. v. Gierke, a. a. O., S. 607 Anm. 57; Hedemann, in Potthoff, Die sozialen Probleme des Betriebes, S. 22, 30; Hueck, Handb. II, S. 66 f.; Oertmann, Dt. Arbeitsvertragsrecht, S. 120, 187; Potthoff, RArbBl. NAT. 1925, S. 758 ff. (760); Melsbach, a. a. O. S. 29; Titze, in Ehrenberg's Handb., Bd. 2, S. 545 ff.; u. a. m. — Auch RG, v. 2./9. 7. 1889, Seuff. Arch. Bd. 45, S. 283 (285 f.); RAG, 20. 6. 28, ARS 3/116 (121).

[40]) Lotmar, Der Arbeitsvertrag I, S. 32, 92 f., 330 ff.; II, S. 862 ff., 875 ff. — Die Einteilung nach den unterschiedlichen Lohnformen kennzeichnet die damalige Auffassung vom Arbeitsvertrag. Diese Einteilung steht nicht in Einklang mit der des BGB in Dienstvertrag, Werkvertrag und die anderen auf Arbeit gerichteten Verträge.

[41]) Molitor, Das Wesen des Arbeitsvertrages, S. 27 ff., leitet die Grundformen aus dem Wesen des auf Arbeit gerichteten Vertrages ab und stellt im Ergebnis fest, daß die von ihm gefundenen Formen sich mit den gesetzlichen Typen decken.

[42]) In Hoeniger-Wehrle, Arbeitsrecht S. XXX ff. Er lehnt an den für Sachleistungen entwickelten Unterschied von Spezies- und Gattungsleistungen an. Seine Formen sollen sich durchweg, keineswegs notwendig, mit den gesetzlichen Typen decken. — Nikisch, Grundformen, S. 13 ff., teilte in zeitbestimmte und erfolgbestimmte Verträge ein.

[43]) Das ist heute unbestritten, vgl. Hueck-Nipperdey, Lehrb. I (3.—5. Aufl.), S. 100, 105 ff.; Nikisch, Grundformen, S. 84 ff.; ders. ArbR I (2. Aufl.) S. 133ff.; Kaskel, Arbeitsrecht, S. 84; Hueck, RdA 1955 S. 324; RAG, 12. 12. 31, ARS 13/480; — Schnorr v. Carolsfeld, a. a. O., S. 9 lehnt neuerdings einen Unterschied zwischen unabhängigem Dienstverhältnis und abhängigem AV ganz ab. — Bemerkenswert ist, daß der Begriff Arbeitsvertrag nicht ins BGB aufgenommen wurde trotz eines derartigen Antrags bei der Beratung des BGB im Reichstag (siehe sten. Bericht d. Sitzung v. 12. 6. 96 Guttentag'sche Ausg. S. 75 ff.), obwohl er in der gewerbl. Praxis schon eingebürgert war. Dies zeigt, wie wenig die AV der abhängigen AN im BGB berücksichtigt wurden.

[44]) Hierauf macht Potthoff schon in ArbR 1922, Sp. 447/8, aufmerksam.

nicht zwischen dem Vertragsverhältnis der in einem persönlichen Abhängigkeitsverhältnis stehenden und demjenigen der Selbständigen unterschieden. Wenn es nicht gelang, alle Verträge, die Arbeitsleistung zum Gegenstand haben, unter einem einheitlichen schuldrechtlichen Oberbegriff so zusammenzufassen und durchzugliedern, daß man der Eigenart des Vertrages über abhängige Arbeit gerecht wurde, so beweist dies, daß der Arbeitsvertrag (enger Begriff) nicht ohne weiteres in die Verträge des Schuldrechts eingereiht werden kann. Dies wird noch dadurch bestätigt, daß man nach dem Versuch Lotmars eine Einteilung zu finden, in dem Arbeitsvertrag nur noch eine Unterart des Dienstvertrages sah [45]), und sich also noch weiter von einem allgemeinen schuldrechtlichen Vertragsbegriff entfernte. „Hiermit vollzog sich eine Ablösung des Arbeitsvertrages in seinem heutigen arbeitsrechtlichen Begriff von dem allgemeinen Dienstvertrag" [46]).

Diese Entwicklung darf in ihrer Bedeutung nicht unterschätzt werden, zeigt sie doch erstmals seit Einführung des BGB eine Anerkennung der von den übrigen Schuldverträgen abweichenden Eigenart des Arbeitsvertrages. Hierzu kam noch, daß durch den öffentlichrechtlichen Arbeitsschutz, der auf den Arbeitsvertrag zurückwirkte, und die Kollektivvereinbarungen der schuldrechtliche Grundsatz der Vertragsfreiheit weitgehende Einschränkung erfuhr. Durch die Betonung des personenrechtlichen Einschlags, der allerdings im wesentlichen noch auf gegenseitige Treuepflichten zurückgeführt wurde [47]), und die Eingruppierung des Arbeitsvertrages in die Dauerschuldverhältnisse [48]) wurde der Arbeitsvertrag weiter von den dem Güteraustausch dienenden Verkehrsgeschäften geschieden, denn der durch ihn herbeigeführte, auf eine gewisse Dauer berechnete Zustand der Zugehörigkeit zu einem Betrieb trat nunmehr besonders hervor.

Weiterhin erkannte man bald, daß der Tatbestand der tatsächlichen Arbeitsleistung durch den AN, also seine mit der Arbeitsaufnahme

---

[45]) Oertmann, Dt. Arbeitsvertragsrecht, S. 13 ff.; Kaskel-Dersch, Arbeitsrecht, S. 139; Sinzheimer, Grundzüge, S. 118 f.; und die in Anm. 43 zitierten. Das ist heute unbestritten, vgl. noch Hueck-Nipperdey, Lehrb. 1 (3.—5. Aufl.), § 20 VII; Nikisch, ArbR I (2. Aufl.), S. 135. — A. A. früher O. v. Gierke, Dt. PrR Bd. 3, S. 590 ff.; L. Richter, Grundverhältnisse, S. 5 ff., 72 ff.

[46]) Meissinger, Reliefbild d. ArbR, S. 115.

[47]) Mit Treu- und Fürsorgepflichten glaubte man unter Anknüpfung an den Treudienstvertrag das besondere persönliche Moment der AV im wesentlichen erklären zu können, vgl. Kaskel-Dersch, Arbeitsrecht, S. 137 f.; Hueck-Nipperdey, a. a. O., § 35 I; Nikisch, Grundformen, S. 130 ff.; Molitor-Hueck-Riezler, Arbeitsvertrag, S. 129 ff., 141, 171 ff.; L. Richter, RArbBl. NAT 1924 S. 232; vgl. auch die in Anm. 38 zitierten. — Dies wurde zunächst durch die Vorschrift des § 2 AOG noch bekräftigt.

[48]) Nikisch, Grundformen, S. 145 ff.; Hueck-Nipperdey, a. a. O., S. 89; Kaskel-Dersch, a. a. O., S. 138; Molitor, Das Wesen des Arbeitsvertrages, S. 15; O. v. Gierke, JheringsJahrb. Bd. 64 S. 355 ff.

verbundene Einordnung in einen Betrieb ein wesentlicher Vorgang für den AN ist, da hierdurch seine Abhängigkeit und auch seine Schutzbedürftigkeit entsteht. Man sah, daß die Zurverfügungstellung der Arbeitskraft durch einen AN anders gewertet werden muß als die Lieferung eines Sachwertes. Der Persönlichkeitswert der Arbeit begann Bedeutung zu erhalten. Hinzu kam die Erkenntnis, daß die Betriebszugehörigkeit des AN und die tatsächliche Beschäftigung im Betrieb Rechtswirkungen haben, die sich nicht lediglich auf Beziehungen zwischen AG und AN als Vertragspartner eines Austauschverhältnisses beschränken, man begann, vom Arbeitsvertrag einen Erfüllungszustand begrifflich zu trennen und versuchte, zwischen einem AV und einem Beschäftigungsverhältnis zu unterscheiden [49]). Man bezeichnete es auch als „faktisches Arbeitsverhältnis." In diesem sah man erst die Herstellung einer tatsächlichen Bindung des AN an den Betrieb, während das Arbeitsverhältnis als Arbeitsvertragsverhältnis aufgefaßt wurde.

Durch diese Teilung suchte man aller der Probleme Herr zu werden, die durch die seit der Weimarer Verfassung ständig an Einfluß gewinnenden kollektivrechtlichen Bestandteile des Arbeitsrechts und die weitere Ausdehnung öffentlich-rechtlicher Bestimmungen im Arbeitsrecht geschaffen wurden, die in erster Linie auf die Betriebszugehörigkeit, das Beschäftigungsverhältnis und nicht das AV abstellten [50]). Dabei gewann das Beschäftigungsverhältnis in vieler Hinsicht erheblich mehr an Bedeutung als die vertraglichen Beziehungen zwischen AG und AN.

Es ergab sich ein Nebeneinander von vertraglichen Beziehungen und rechtlichen Wirkungen, die man auf die Zugehörigkeit zum Betrieb zurückführte. Hierin kommen die beiden unterschiedlichen Momente, die die rechtliche Stellung des AN in der Arbeitsordnung beeinflussen, zum Ausdruck, nämlich der auf römisch-rechtliches Gedankengut zurückgehende Schuldvertrag und die persönliche Abhängigkeit, der personenrechtliche Einschlag des AV, der, soweit man ihn gemeinschaftsbetont sieht, aus dem deutschen Recht hergeleitet werden kann. Die Frage ist nun, inwieweit im modernen Arbeitsrecht dem AV des abhängigen AN eine eigene, von schuldrechtlichen Vertragsbeziehungen gelöste Gestalt gegeben wurde.

---

[49]) Hueck-Nipperdey, a. a. O., S. 112 ff.; Molitor, RArbBl. 1924 NAT S. 82; Dersch, ArbRPrax. 1930 S. 143 f.; Kaskel-Dersch, a. a. O., S. 22, 136 ff.; Molitor, NZfA 1931 Sp. 109 ff.; Oppermann, ArbR 1926 S. 38; Potthoff, NZfA 1931 Sp. 283 ff.; Kausen, NZfA 1931 Sp. 145 ff.

[50]) Es handelt sich um die Tarifordnung, Schlichtungsordnung, Stillegungsverordnung, das AngKSchGes., Arbeitszeitrecht, ArbGG und BRG von 1920.

2. Das Arbeitsverhältnis in der älteren Lehre.

Eine Reihe Untersuchungen in der älteren Lehre sind von großer Bedeutung für die Erkenntnis der rechtlichen Natur des AV gewesen und waren zugleich kennzeichnend und wegweisend für seine Weiterentwicklung. Von besonderem Interesse sind die Arbeiten Potthoff's[51]), der sich vor allem gegen eine Überbewertung des Vertrages wehrt. Er lehnt das schuldrechtliche System des Arbeitsvertragsrechts ab und begründet eine Lehre vom AV, losgelöst vom bürgerlichen Recht.

Potthoff erkannte, daß der AN nicht einzelne Arbeitsleistungen verspricht, sondern dem AG seine Arbeitskraft zur Verfügung stellt und wies damit auf einen bedeutsamen Unterschied zum Schuldvertrag hin. „Das AV ist kein Austauschverhältnis, sondern ein sozialrechtliches Organisationsverhältnis, das Menschen zu einem Arbeitsverband vereinigt" [52]), und zwar in einem Betrieb, in dem er ein „organisch gegliedertes Ganzes" erblickte und nicht lediglich ein Nebeneinander von einzelnen AN, einzelnen Arbeitsleistungen[53]). Das AV gliederte Potthoff in das Personenrecht ein und stellte es systematisch neben das Familien- und Beamtenrecht, um dann unter Hervorhebung des Unterschiedes zwischen abhängiger und unabhängiger Arbeit festzustellen, daß der Arbeitsvertrag unmöglich als eine Unterart des Dienstvertrages aufgefaßt werden könne, vielmehr als neuer Vertragstyp, neben Dienst- und Werkvertrag, zu betrachten sei. Dieser Vertrag sollte aber nur die regelmäßige, keineswegs notwendige Voraussetzung des AV sein, denn Potthoff gab der unabhängig vom Willen der Parteien erfolgenden Regelung durch Gesetz und Berufsgemeinschaften, sowie Arbeitsordnungen, Schutz- und Sozialgesetzgebung weit größere Bedeutung, „die wichtigsten Teile des Arbeitsrechts kümmern sich nicht um die Gültigkeit und Inhalt des Arbeitsvertrages", „das AV wird in erster Linie kollektiv und nicht individuell geregelt" [54]).

Das Beschäftigungsverhältnis, das unbekümmert um Verträge durch Gesetz und Gesamtvereinbarungen geordnet wird, das tatsächliche AV, hob Potthoff über die nur vertraglichen Beziehungen hinaus und betonte die Eingliederung des AN in einen Betrieb als entscheidendes Moment des AV. Wichtig ist auch die hiermit verbundene

---

[51]) Potthoff hat mit seinen weitreichenden Untersuchungen über die Rechtsnatur des AV schon sehr früh begonnen. Vgl. seine Ausführungen in ArbR 1922 Sp. 267/8 ff.; ArbR 1925 Sp. 30 f. u. 241 ff.; JW 1926 S. 533 f.; ArbRPrax. 1928 S. 6; NZfA 1931 Sp. 283 ff.; Arbeitsrecht, das Ringen um werdendes Recht, u. öfter.

[52]) ArbR 1922 Sp. 275/6.

[53]) Arbeitsrecht, Das Ringen . . ., S. 39.

[54]) ArbR 1922 Sp. 276/7; Arbeitsrecht, Das Ringen . . ., S. 47 ff., unabhängig vom Vorliegen eines Arbeitsvertrages soll auch § 618 BGB angewandt werden, S. 49.

Feststellung, daß nicht nur Rechtsbeziehungen zwischen den Vertragspartnern entstehen, sondern auch im großen Umfang zu Dritten [55]).

Potthoff erkannte die starke Verknüpfung des AV mit dem Betriebsorganismus, die größere Bedeutung des AV gegenüber dem Vertrag, den Einfluß der Betriebszugehörigkeit und Beschäftigung und sah als Ziel des Arbeitsrechts ein freiheitlich geordnetes Organisationsverhältnis als soziales Personenrecht. Er löste sich jedoch nicht völlig vom Schuldrecht, und es gelang ihm nicht, die Rechtswirkung des Arbeitsvertrages eindeutig klarzustellen. So gab er dem vertraglos beschäftigten AN lediglich einen Bereicherungsanspruch und sprach hinsichtlich des Urlaubsanspruchs z. B. von einer schuldrechtlichen Verpflichtung des AG. Wenn Potthoff auch den Arbeitsvertrag verschiedentlich für „entthront" erklärte, so nahm er damit nicht seine Beseitigung, sondern nur eine „Verdrängung von überragender Höhe" an [56]). Eine restlose Klärung der Beziehungen zwischen Arbeitsvertrag und AV im Betrieb konnte auf diese Weise nicht erfolgen, insbesondere blieb der Einfluß des Arbeitsvertrages im Verlaufe der Beschäftigung des AN im Betrieb ungeklärt. Es zeigen sich die großen Schwierigkeiten, die sich aus der Spaltung des AV in ein schuldrechtliches Erfüllungsverhältnis einerseits und ein Beschäftigungsverhältnis andererseits ergeben.

Da Potthoff davon ausging, daß es eine Gleichberechtigung im Betrieb nicht geben kann, indem er auf den Unterschied zwischen der vermögensrechtlichen Leistung des AG und der Verfügung über seine Arbeitskraft durch den AN abstellt, und da er für die Charakterisierung des AV die Unterordnung unter die Befehlsgewalt des AG hervorhebt, kennzeichnete er das AV, wohl in Anknüpfung an O. v. Gierke, als Herrschaftsverhältnis [57]). Er lehnte auch im Zusammenhang mit seiner Kritik an der Rechtsprechung zum Betriebsrisiko eine Gemeinschaft von Betriebsinhaber und Belegschaft, als Ausdruck einer arbeitsrechtlichen Organisationsform, ab. Der Interessengegensatz zwischen AG und AN, zwischen Kapital und Arbeit, erschien ihm zu stark, als daß er durch eine „Werksgemeinschaft" überbrückt werden könnte. Er vertrat daher die Forderung, daß der Betrieb rechtlich von seinem Inhaber gelöst werden müsse [58]).

Die Lehre Potthoffs vom AV als „sozialrechtlichem Organisationsverhältnis", und seine Beurteilung von Arbeitsvertrag und AV,

---

[55]) ArbR 1922 Sp. 278/9, hier werden die Beziehungen zu Berufsgenossen, Staat, Verein der Gegenpartei, Betriebsverfassung und Berufsverfassung angeführt.

[56]) NZfA 1931 Sp. 283 ff.; ArbRPrax. 1928, S. 6; ArbR 1922 Sp. 30; Arbeitsrecht, Das Ringen . . ., S. 47.

[57]) Arbeitsrecht, Das Ringen . . ., S. 39 f.; ArbR 1922 Sp. 271/2 ff.; so auch Sinzheimer, Grundzüge, S. 144 f.

[58]) Potthoff, Die sozialen Probleme des Betriebes, S. 12 f.; ders. RArbBl. NAT 1925 S. 289 f.; JW 1926 S. 533 und ArbRPrax. 1928 S. 7.

dem er für die Rechtsstellung des AN die größere Bedeutung einräumt, zeigen, daß eine Betrachtungsweise, die nur von den Vertragsbeziehungen ausgeht, das Wesen des AV nicht erkennen läßt. Potthoffs Untersuchungen haben viele neue Ansatzpunkte gebracht und neue Wege gewiesen, die noch heute Bedeutung haben. Daß nicht in jeder Beziehung praktisch brauchbare Ergebnisse erzielt wurden — er sah, daß der Stellung des AN im Betrieb wesentliche Bedeutung für das AV zukommt, und nicht so sehr dem Vertrage, ohne jedoch seinen Einfluß eindeutig abgrenzen zu können —, beweist die Schwierigkeit der rechtlichen Situation, die sich aus der Vorherrschaft des Schuldrechts im Recht der abhängigen Arbeit ergeben hat, aber auch die Unzulänglichkeit des Schuldrechts, der Eigenart des AV gerecht zu werden.

Auch andere Untersuchungen in der Rechtslehre über die Natur des AV hatten zum Ziel, die durch den Abschluß des Vertrages verursachten Wirkungen, Beschäftigung im Betrieb, Vertragsverhältnis und Zugehörigkeit zur Betriebsorganisation zu klären und in eine organische Beziehung zueinander zu bringen. Sie zeigen, daß der schuldrechtliche Rahmen in vieler Hinsicht zu eng ist, um Vertrag und Beschäftigung im Betrieb einheitlich zu betrachten.

Kreller[59]) unterschied zwischen dem Einstellungsvertrag, unter dem er den Begründungsakt des AV versteht, und dem AV selbst, indem er sich auf das im Leben oft verwendete Wort „Einstellung" bezog. Er nahm an, daß das AV schon bei der Einstellung inhaltlich fertig vorliegt, da die Arbeitsbedingungen in der Regel im jeweiligen Betrieb durch zwingende Bestimmungen verankert sind. Die vertraglichen Beziehungen beschränkte er auf den Eintritt in das AV und Sondervereinbarungen, um so das AV hervorzuheben.

Nikisch[60]) kam zu einer Scheidung zwischen einem Herrschaftsverhältnis, begründet durch den Anstellungsvertrag und einem Beschäftigungsverhältnis, dem „Anstellungsvertrag im Zustand der Erfüllung", das mit dem Antritt der Stellung beginnt und mit deren Verlassen endet. Dem Beschäftigungsverhältnis gab er den Charakter eines schuldrechtlichen Gewaltverhältnisses mit personenrechtsähnlichen Wirkungen. Es sollte auch insofern Rechtswirkungen äußern, als der Anstellungsvertrag erst in Verbindung mit der Einstellung Arbeits-, Lohnzahlungs- und Treuepflichten begründet. Nikisch machte damit den Versuch, auf dem Boden des Schuldrechts den besonderen Verhältnissen gerecht zu werden, die die Einordnung in den Betrieb schafft.

---

[59]) Vgl. Kreller, ArchZivPrax. Bd. 122 S. 1 ff. (17 ff.).

[60]) Es handelt sich hier um die älteren Untersuchungen Nikischs. — Nikisch in Grundformen, S. 85 ff. und JheringsJahrb. Bd. 80 S. 1 ff.; — Mit Anstellungsvertrag bezeichnet Nikisch den Arbeitsvertrag.

M o l i t o r[61]) kam in Verfolg seiner Untersuchungen über die Ursachen der Abhängigkeit des AN ebenfalls zu einer Trennung zwischen einem Beschäftigungsverhältnis und dem Arbeitsvertrag. Durch die Einordnung in den Betrieb, zu der lediglich ein tatsächlicher Wille erforderlich ist, soll das Beschäftigungsverhältnis begründet werden, aus dem die Verfügung des AG über die Arbeitskraft des AN hervorgeht. Den Begriff des Beschäftigungsverhältnisses ersetzte M o l i t o r durch die Betriebszugehörigkeit und stellte damit die Bindung an den Betrieb in den Vordergrund. In dem Verhältnis des AG zum Beschäftigten sah er ein Herrschaftsverhältnis, für das Abschluß und Ende des Arbeitsvertrages nicht von rechtlicher Wirkung sind. Daneben ließ M o l i t o r den Arbeitsvertrag und ein sich aus ihm ergebendes Arbeitsvertragsverhältnis bestehen und sah in dem Arbeitsvertrag einen „auf zukünftige, oder wenn mit der Erfüllung schon begonnen wurde, doch in Zukunft fortdauernd sich erfüllende Einordnung" gerichteten rechtsgeschäftlichen Willen. Das Arbeitsvertragsverhältnis geht „zumindest theoretisch dem Beschäftigungsverhältnis um eine Spanne" voraus, was sich besonders dann zeigen sollte, wenn der Arbeitsvertrag auf künftigen Eintritt geschlossen ist, „bis zur Einordnung in den Betrieb besteht zwar ein Arbeitsvertragsverhältnis, aber kein Beschäftigungsverhältnis" [62]).

Dem Beschäftigungsverhältnis sollte zwar der Vorzug gegeben werden, aber nur durch die Zerlegung des AV in ein Arbeitsvertragsverhältnis und ein auf der Betriebszugehörigkeit aufbauendes Beschäftigungsverhältnis glaubte M o l i t o r dem Vertrag einerseits und den betrieblichen Beziehungen andererseits gerecht werden zu können. Dabei wird nicht völlig geklärt, was unter tatsächlichem Willen, den M o l i t o r für die Einordnung fordert, zu verstehen ist [63]).

Ausgehend von der Sozialversicherung versuchte D e r s c h[64]) den dort entwickelten Begriff des Beschäftigungsverhältnisses mit dem des AV, das seine Ursache im Arbeitsvertrag hat, weitgehend zu vereinen, indem er dazu überging, für Beginn und Ende des Beschäftigungsverhältnisses nicht nur auf die tatsächliche Arbeitsaufnahme bzw. tatsächliche Arbeitsbeendigung abzustellen. Dadurch erreichte er eine weitgehende Übereinstimmung mit dem Arbeitsvertragsverhältnis, dem sog. Erfüllungszustand des Arbeitsvertrages. Durch Ausdehnung der rechtlichen Anerkennung des Beschäftigungsverhältnisses — er sah in ihm die Grundlage der Rechte aus der Be-

---

[61]) Molitor, Wesen des Arbeitsvertrages; AN und Betrieb; NZfA 1931, Sp. 109 ff.; in Molitor-Hueck-Riezler, Arbeitsvertrag.

[62]) Molitor, AN u. Betrieb, S. 14 ff.; NZfA 1931 bes. Sp. 113.

[63]) Molitor in AN u. Betrieb, S. 10 ff., umschreibt ihn als bewußtes, wenn auch nicht gerade rechtsgeschäftliches organisatorisches Zusammenwirken von AG und AN.

[64]) Dersch, ArbRPrax. 1930 S. 142 ff.; S. 181 ff.; NZfA 1931 Sp. 155 ff.; siehe auch in neuerer Zeit RdA 1950 S. 321 ff. und RdA 1952 S. 53 ff.

triebsverfassung und der Anwendung der Tarifverträge — drängte er die Bedeutung des Arbeitsvertrages stark zurück. Das Beschäftigungsverhältnis bezeichnete D e r s c h als „zweiseitiges Rechtsverhältnis", denn er hielt es nicht für einen rein tatsächlichen Zustand, sondern sah es, losgelöst vom Vertrag, als ein „aus einem tatsächlichen Zustand geborenes Rechtsverhältnis", seine „Verknüpfung liegt nicht nach dem Obligationenrecht zu, sondern vermöge seiner rein tatsächlichen Basis nach dem Betrieb hin" [63]).

Diese Untersuchungen zeigen, welche große Bedeutung der durch den Eintritt in den Betrieb begründeten Betriebszugehörigkeit, an die eine Reihe wichtiger außervertraglicher Rechtswirkungen anknüpft, für die rechtliche Beurteilung von Arbeitsvertrag und AV gegeben wird. Es zeigt sich weiterhin, daß man vielfach Wege gegangen ist, die das AV dem System der schuldrechtlichen Rechtsverhältnisse mehr und mehr entfremdete. Alle Bemühungen hatten aber insbesondere eins gemeinsam, nämlich das Rechtsverhältnis, auf Grund dessen der AN seine Arbeitsleistung erbringt, so zu betrachten, daß es den tatsächlichen Lebensvorgängen gerecht wird. Jedoch wurde nicht erreicht, im AV ein einheitliches organisches Rechtsverhältnis zu sehen, aus dem die Rechtsstellung des AN im Betrieb erwächst. Es blieb immer noch ein Reststück Vertrag, das gleichsam neben dem AV steht, ohne daß es einen inneren Zusammenhang zu geben scheint.

### 3. Das Arbeitsverhältnis, ein personenrechtliches Gemeinschaftsverhältnis.

An das Beschäftigungsverhältnis, das seine Bedeutung in der durch die Einordnung hervorgerufenen Bindung an den Betrieb hat, und das den Tatbestand bezeichnet, daß tatsächlich Arbeit geleistet wird, wurde angeknüpft, als man in der weiteren Entwicklung zu dem Ergebnis kam, daß das AV durch seinen personenrechtlichen Charakter bestimmt wird, ein personenrechtliches Rechtsverhältnis ist, und eine gemeinschaftsmäßige Verbundenheit zwischen AG und AN herstellt. Hierzu hatte die Erkenntnis beigetragen, daß das faktische AV, die Tatsache der Beschäftigung, in immer größerem Umfang Rechtsfolgen bewirkt. Sodann erkannte man, daß der Wille der Beteiligten bei der Entstehung des AV nicht in erster Linie auf den Austausch von Leistung und Gegenleistung gerichtet ist, sondern auf die

[63]) Dersch, ArbRPrax. 1930 S. 143 f.

Herstellung eines dauernden, sich fortsetzenden Rechtszustandes, einer Arbeits- oder Betriebsgemeinschaft. Die heute herrschende Lehre sieht daher im AV ein personenrechtliches Gemeinschaftsverhältnis [66]). Hierdurch wurde das AV als eine durch die natürliche Entfaltung der persönlichen Fähigkeiten zwischen den Beteiligten begründete Arbeitsgemeinschaft charakterisiert. Da die Arbeitskraft wesensmäßig an die Person gebunden ist, hatte es nicht genügen können, das AV als schuldrechtliches Rechtsverhältnis mit personenrechtlichem Einschlag zu kennzeichnen. Die Hervorhebung des Gemeinschaftscharakters des AV bedeutete ein weiteres Abrücken von einer schuldrechtlichen Betrachtungsweise des AV, da das Wesen des Schuldverhältnisses in der Verpflichtung zu bestimmten einzelnen Leistungen liegt. Bedenklich ist es jedoch, wenn zur Hervorhebung des personenrechtlichen Wesensmerkmals des AV das Bestehen einer „engen persönlichen Verbundenheit zwischen AG und AN" betont wird [67]). Alsdann kann mit Recht gegen die Charakterisierung des AV als personenrechtlichem Gemeinschaftsverhältnis eingewandt werden, daß eine derartige enge Verbundenheit nur noch in den seltensten Fällen besteht [68]). Das AV ist aber vor allem deshalb ein personenrechtliches Gemeinschaftsverhältnis, weil es nicht, wie die Schuldverhältnisse des bürgerlichen Rechts, nur einzelne bestimmte Leistungen betrifft, „sondern für seinen Geltungsbereich die ganze Person des AN erfaßt, deshalb wesentlich sein Leben gestaltet und seine Persönlichkeit bestimmt" [69]).

---

[66]) Nipperdey, DAR 1937 S. 142 f.; Staudinger-Nipperdey, BGB, Vorbem. 5, 31 vor § 611; Hentschel, DAR 1936 S. 399 ff.; Siebert, DAR 1937 S. 14 ff.; ders. Handwörterbuch d. SozWiss. Bd. 1 „Arbeitsvertrag" S. 377 ff. und öfter; Hueck-Nipperdey-Dietz, AOG, § 1 Anm. 16 ff.; Hueck, Grundriß, S. 68 f.; ders. RdA 1955 S. 324 Anm. 5; Maus, Das Arbeitsverhältnis, S. 136 f. Hueck-Nipperdey, ArbR I (6. Aufl.), S. 27; Crone, RdA 1952 S. 372; Hessel, AR-Blattei, Arbeitsvertrag-AV VI, D II 2; Nikisch, Arbeitsvertrag und AV, S. 39 ff.; ders. ArbR I (2. Aufl.), S. 31; Fechner, RdA 1955 S. 162; Dersch, Festschrift f. Herschel, S. 76; Schelp, ebenda S. 94 f.; Herschel, BArbBl. 1955 S. 581 und öfter.

A. A. Ramm, Die Anfechtung des Arbeitsvertrages, S. 18 ff.; Bührig, ArbuR 1955 S. 226; den schuldrechtlichen Charakter des AV betont noch heute, Schnorr v. Carolsfeld, ArbR, S. 162.

Maus, Handb. d. ArbR (2. Aufl.), I S. 24 ff. äußert Bedenken gegen die Charakterisierung des AV als Gemeinschaftsverhältnis, ohne sich aber ganz von ihr zu lösen. Er sieht im AV ein „allseitiges soziales Organisationsverhältnis".

[67]) So z. B. Nikisch, in Festschrift für Nipperdey, S. 71, während er in ArbR I (2. Aufl.) S. 123 hervorhebt, daß der AN in der Mehrzahl der Fälle für einen Betrieb angenommen wird und dann im AV die Person des AG zurücktritt. So auch Hueck, Grundriß, S. 74.

[68]) Dies führt Ramm, a. a. O., S. 20 f. u. a. an, wenn er sich gegen den Begriff des personenrechtlichen Gemeinschaftsverhältnisses wendet.

[69]) So zutreffend BAG, 10. 11. 55, AP Nr. 2 zu § 611 BGB, Beschäftigungspflicht; vgl. auch Schelp, a. a. O., S. 95 oben; Siebert, Handwörterbuch a. a. O., S. 378; Hueck-Nipperdey, a. a. O.; Herschel, RdA 1956 S. 161 ff. (165).

Diese Erkenntnis vom Wesen des AV, das auf Grund seiner personenrechtlichen Eigenart eine gemeinschaftsmäßige Verbundenheit im Sinne einer Arbeits- und Betriebsgemeinschaft herstellt, trägt dazu bei, daß mit der Auffassung gebrochen werden kann, die das Wesensmerkmal eines sog. personenrechtlichen Einschlags des AV in der Unterordnung, der Gewaltunterworfenheit des abhängigen AN unter die Verfügungsgewalt des AG erblickte. Infolgedessen sah man im AV ein Herrschafts- oder Gewaltverhältnis [70]). Da eine weitere Verstärkung der personenrechtlichen Seite des AV dann zur Annahme eines unmittelbaren Verfügungsrechts des AG über die Arbeitskraft des AN, eines die Person des AN selbst ergreifenden Rechts führen mußte [71]), hatte man in einer schuldrechtlichen Betrachtungsweise des AV ein notwendiges Gegengewicht gegen ein Übergreifen personenrechtlicher Beziehungen im AV auf die persönliche Freiheit des AN gesehen [72]). Denn man hatte vom Personenrecht die Vorstellung eines absoluten Rechts an einer Person.

Das Ergebnis der Untersuchungen Ebels [73]) hat daher eine wesentliche Voraussetzung dafür geschaffen, daß heute das AV als personenrechtliches Gemeinschaftsverhältnis Anerkennung gefunden hat. Nachdem zunächst angenommen wurde, daß die personenrechtlichen Beziehungen des AV im Treudienstvertrag ihren Ursprung hatten, mußten diese in der Gewaltunterworfenheit ihre Charakterisierung finden. Damit soll das Bestehen einer persönlichen Abhängigkeit nicht geleugnet werden. Sie ist aber nicht eine Auswirkung der Verfügungsmacht des AG, sondern eine notwendige Folge der gemeinsamen Arbeit und erzeugt auf der anderen Seite erhöhte Rechte, und zwar Rechte, die aus der Mitgliedschaft in der Gemeinschaft erwachsen.

Doch war auch schon früher erkannt worden, daß das AV nicht in der Arbeitsleistung des einzelnen AN seine Bewertung finden konnte, sondern erst in der durch die Zurverfügungstellung der Arbeitskraft entstehenden Verbindung mehrerer Personen zu einem Arbeitsorganismus, zu einer Leistungseinheit, wenn z. B. Potthoff das AV

---

[70]) O. v. Gierke, Dt. PrivR I, S. 697; Sinzheimer, Grundzüge, S. 217, Potthoff, ArbR 1922 S. 268 ff.; Molitor, AN u. Betrieb, S. 14 ff.; Nikisch, Grundformen, S. 134 ff.; in neuerer Zeit noch Neumann, RdA 1951 S. 1 f.; Bührig, ArbuR 1955 S. 226.

[71]) Mit Recht sah man hierin eine Rückkehr zum Sklavenrecht und patriarchalischen AV, vgl. Hueck-Nipperdey, ArbR I (3.—5. Aufl.), S. 102; — Wie Nikisch, ArbR I (2. Aufl.), aber zutreffend hervorhebt, kann hiervon bei der Kennzeichnung des AV als personenrechtlichem Gemeinschaftsverhältnis nicht mehr die Rede sein, S. 31.

[72]) Aus diesem Grunde scheint Schnorr v. Carolsfeld, a. a. O., S. 161 f. noch heute einen schuldrechtlichen Charakter des AV zu betonen.

[73]) Ebel hat nachgewiesen, daß sich die Dienstverträge des Mittelalters unabhängig vom Treudienstvertrag entwickelt haben, vgl. auch die Ausführungen oben Kapitel 2, II.

als Organisationsverhältnis kennzeichnet [74]). Damit war der Weg zu einem Gemeinschaftsverhältnis, das auf der Arbeitsgemeinschaft von AN und AG aufbaut, nicht mehr weit [75]). Daher kann gegen die Betonung des Gemeinschaftsgedankens im AV nicht eingewandt werden, es handele sich um nationalsozialistisches Gedankengut, das im AOG seine Grundlage finde [76]). Die Entwicklung des AV zu einem personenrechtlichen Gmeinschaftsverhältnis war schon vor 1933 in Fluß und hat lediglich durch das AOG, das dem Gedanken der Betriebsgemeinschaft eine gesetzliche Grundlage gab, starken Auftrieb erhalten [77]).

Rückschauend kann man also feststellen, daß sich seit Ausgang des 19. Jahrhunderts das Recht des abhängigen AV im heutigen Sinn zu bilden begann. Die Entwicklung des AV erhielt ihren Antrieb aus der weiterschreitenden wirtschaftlichen und sozialen Lebensgestaltung. Das AV findet seine ersten, aber nur noch schwach wirkenden Ansatzpunkte im deutschen Recht. Den anfänglich weit stärkeren Einfluß des römisch-rechtlichen Schuldvertrages hat es in immer größerem Maße überwunden, so daß man für das AV des abhängigen AN eine fortschreitende Ablösung von Rechtsgrundsätzen, die auf anderen Rechtsgebieten ihre Gültigkeit erhalten haben, beobachten kann. Dies wird insbesondere noch eine Untersuchung von Einzelfragen aus dem Recht der abhängigen Arbeit zeigen.

## IV. Die Begründung des Arbeitsverhältnisses.

Zwar hat das AV als ein personenrechtliches Gemeinschaftsverhältnis Anerkennung gefunden. Es ist aber nicht gelungen, auch eine

---

[74]) Potthoff, ArbR 1922 S. 275/6 und Arbeitsrecht, das Ringen . . ., S. 39.

[75]) Das personenrechtliche Element des AV und die eigentümliche Gemeinschaft, die den AN mit seinem Eintritt in den Betrieb umfängt, wurde schon von O. v. Gierke hervorgehoben, Dt. PrivR I S. 699 ff. und Geschichte der deutschen Genossenschaft (Schlußwort). Vgl. auch die modern klingenden Ausführungen bei Flatow-Kahn-Freund, BRG, Vorb. I vor § 1 S. 33, „diese Gemeinschaft, die an die Stelle des Betriebes als Herrschaftsverband zu treten berufen ist, ist, wie nochmals betont werden mag, erst werdend, sie ergreift im wesentlichen die Gestaltung des AV, läßt aber die Freiheit des Eigentums unberührt"; siehe weiter die Betonung der Gemeinschaft bei Wehrle, Betriebsreform ein Weg zur Reform des AV, S. 22 ff.; Hedemann, in Potthoff die sozialen Probleme des Betriebes, S. 27 f.; Sinzheimer, ArbR 1922 S. 1 ff. (3).

[76]) So z. B. Ramm, Die Anfechtung des Arbeitsvertrages, S. 18 ff.

[77]) So auch Hueck, RdA 1949 S. 194; Nikisch, ArbR I (2. Aufl.), S. 149.

einheitliche Betrachtung der Entstehung des AV zu erzielen und damit das Arbeits(vertrags)verhältnis und das auf der Betriebszugehörigkeit beruhende faktische AV, das Beschäftigungsverhältnis, zu einem einheitlichen Arbeitsverhältnis zu verschmelzen. Es besteht bis heute noch keine Einigkeit darüber, wie der Arbeitsvertrag aufzufassen ist, und es zeigen sich bei der Betrachtung der verschiedenen Lehrmeinungen noch erhebliche Differenzen über die Begründung des AV. Während ein Teil der Lehre im Arbeitsvertrag „die das AV begründende und gestaltende Willenseinigung" [78]) sieht, erblickt insbesondere Nikisch das Wesen des Arbeitsvertrages darin, daß sich der AN verpflichtet, „in den Dienst des AG zu treten" und diesem seine Arbeitskraft auf eine gewisse Zeit zur Verfügung zu stellen [79]). Sodann wird von den Vertretern der sog. Vertragstheorie angenommen, daß das AV als Rechtsverhältnis durch den Abschluß des Arbeitsvertrages begründet wird [80]), während die Eingliederungslehre das Schwergewicht für die Entstehung des AV auf die Einstellung des AN in den Betrieb oder den Haushalt des AG legt [81]). Die Vertragstheorie sieht also in dem AV ein Rechtsverhältnis, auf Grund dessen der AN dem AG zur Leistung von Arbeit verpflichtet ist, wogegen nach der Eingliederungstheorie das AV ein tatsächliches Verhältnis ist, das auf der Zurverfügungstellung der Arbeitskraft durch den AN beruht.

---

[78]) So Hueck, RdA 1955 S. 324 und die Vertreter der Vertragslehre.

[79]) Nikisch, ArbR I (2. Aufl.), S. 135, 164; ders. Festschrift für Nipperdey, S. 68 ff. (73).

[80]) Hueck, Grundriß, S. 68 ff.; ders. DAR 1938 S. 180; AR-Blattei, Arbeitsvertrag AV; RdA 1955 S. 323 ff. u. öfter; Nipperdey, DAR 1937 S. 142 f.; Staudinger-Nipperdey, BGB, Vorbem. 31 f. vor § 611; Hueck-Nipperdey-Dietz, AOG, § 1 Anm. 17, Vorbem. 1 vor § 26; Dietz, NJW 1952 S. 494 f.; Schoan, AkadZSchr. 1936 S. 708 ff.; Denecke, DAR 1936 S. 118 ff. (128); Sitzler, SozPrax. 1936 Sp. 834 ff.; ders. AR-Blattei, „Arbeitsrecht: Übersicht VII A"; Mansfeld, DAR, 1936 S. 122 ff.; Galperin, DRZ 1950 S. 73; Crone, RdA 1952 S. 372 f.; Dahm, Deutsches Recht, S. 542 ff.; Bötticher, RdA 1955 S. 321 f. Dersch, AR-Blattei, AN-Begriff, II 3, wenn auch unter Betonung des faktischen AV. — Hessel, AR-Blattei, a. a. O., will zwischen beiden Theorien vermitteln, sieht aber den Vorgang der Begründung des AV nicht anders als die Vertragstheorie. — Schnorr v. Carolsfeld, a. a. O., sieht im Arbeitsvertrag einen Schuldvertrag und nicht einen gemeinschaftsbegründenden Vertrag.

[81]) Nikisch, Arbeitsvertrag und AV; ders. ArbR I (2. Aufl.), S. 140 ff. u. öfter; Siebert, DAR 1937 S. 14 ff.; ders., Das Arbeitsverhältnis u. öfter, allerdings hat Siebert in neuester Zeit seine Lehre stark korrigiert; Molitor, Dt. Arbeitsrecht, S. 36 und RdA 1955 S. 41 f.; Beine, ArbBl. Br. Z 1947 S. 411, 1948 S. 376; Rewolle, Betrieb 1950 S. 402; Esser, Lehrb. d. Schuldrechts, S. 283 f.; der Eingliederungslehre sehr nahe steht Maus, Das Arbeitsverhältnis, S. 130 ff., Handb. d. ArbR (2. Aufl.), II S. 5 ff.; vgl. auch die Ausführungen von Schnorr, Soziale Versicherung 1949 S. 322, der sich aber nicht in vollem Umfang der Eingliederungslehre anschließt.

### 1. Die Vertragslehre.

Da nach Auffassung der Vertragslehre der Arbeitvertrag unmittelbar auf die Begründung und Gestaltung einer Arbeits- und Betriebsgemeinschaft gerichtet ist, wird er auch als gemeinschaftsbegründender Vertrag bezeichnet. Soll die Anstellung in der Zukunft erfolgen, so wird als Zeitpunkt der Entstehung des AV der vereinbarte Termin angenommen und eine aufschiebend befristete Vereinbarung über die Entstehung des AV für möglich gehalten.

Die Vertragslehre hält weder die Arbeitsaufnahme noch die Einordnung in den Betrieb für wesensnotwendig zur Begründung des AV, sondern führt diese allein auf den Arbeitsvertrag zurück. Gleichzeitig mit der Begründung des AV soll der Eintritt des AN in die Betriebsgemeinschaft erfolgen, der AN Glied der Gemeinschaft werden. Entstehung des AV und Aufnahme in die Gemeinschaft werden also als eine Einheit, ein einheitlicher Vorgang gesehen, und zwar nicht nur zeitmäßig, sondern auch wesensmäßig. Das AV, und damit auch die Gliedstellung des AN in der Betriebsgemeinschaft, entsteht auch dann, wenn tatsächlich noch keine Arbeit geleistet wird, die Arbeitsaufnahme aus irgend einem Grunde nicht erfolgt [82]). Neben dem Arbeitsvertrag soll es keine zusätzlichen Vereinbarungen oder gar einen Vorvertrag geben.

Trotz seiner Kennzeichnung als personenrechtlicher Vertrag, der einheitlich alle Vereinbarungen erfaßt und auf die Herstellung eines Gemeinschaftsverhältnisses gerichtet ist, löst sich die Vertragslehre nicht von einer schuldrechtlichen Betrachtungsweise des AV. Nipperdey betont zwar, es handele sich nicht um einen schuldrechtlichen, sondern einen gemeinschaftsbegründenden Vertrag, er nimmt aber an, daß für das AV von der Geltung der Regeln des BGB auszugehen sei, allerdings mit der Einschränkung, daß sie nicht mit dem Wesen des AV als personenrechtlichem Gemeinschaftsverhältnis in Widerspruch stehen dürfen [83]). Hueck hebt hervor, der Arbeitsvertrag könne nicht mehr als Austauschvertrag aufgefaßt werden, da er den Charakter eines personenrechtlichen Vertrages habe, ohne aber den schuldrechtlichen Charakter des AV ganz zu verneinen. Er bezeichnet ihn auch weiter als Unterart des Dienstvertrages und nimmt ebenfalls die Anwendbarkeit schuldrechtlicher Normen auf das AV an, falls sie dessen Eigenart entsprechen [84]). Den gleichen Standpunkt nehmen auch die übrigen Vertreter der Vertragslehre ein, wenn auch eine Loslösung vom Schuldrecht immer wieder behauptet wird.

---

[82]) Etwa, wenn der AN die Arbeit wegen Krankheit, oder weil er ein anderes AV inzwischen eingegangen ist, nicht aufnimmt, oder weil der AG die Einstellung verweigert.

[83]) Vgl. Staudinger-Nipperdey, BGB, Vorbem. 27 vor § 611; Denecke, RGR-Kommentar, Vorb. III 2 vor § 611.

[84]) Hueck, Grundriß, S. 66 ff. (bes. S. 70), RdA 1948 S. 194 u. 1955 S. 323 ff.

Auch die Vertragslehre schränkt aber die Bedeutung des Arbeitsvertrages erheblich ein, indem anerkannt wird, daß der Inhalt des AV vornehmlich durch kollektive Normen und die Ordnungsprinzipien des Betriebes bestimmt wird. Dem Arbeitsvertrag wird im wesentlichen nur noch „konstruktive" Bedeutung gegeben [85]). Es läßt sich auch nicht leugnen, daß tatsächlich der Arbeitsvertrag erst durch die Einordnung in den Betrieb realisiert werden kann [86]). So wird neuerdings von Hueck im Zusammenhang mit der Begriffsbestimmung des AN mit Rücksicht auf die Fälle des fehlerhaften Arbeitsvertrages ausdrücklich festgestellt, daß ein Arbeitsvertrag auch dann vorliegt, „wenn er von dem tatsächlichen, allerdings rechtlich fehlerhaften Willen der beiden Teile zur Zusammenarbeit getragen ist und deshalb im weiteren Sinne unter den Begriff des Arbeitsvertrages gebracht werden kann" [87]). Damit wird auch von der Vertragslehre der mit der Einstellung verbundenen tatsächlichen Arbeitsaufnahme eine eigene Bedeutung für die Entstehung des AV gegeben. Dies kommt auch darin zum Ausdruck, daß verschiedentlich betont wird, die Gemeinschaft zwischen AG und AN werde erst durch den Antritt der Arbeit hergestellt [88]).

Mit der Anerkennung des AV als personenrechtlichem Gemeinschaftsverhältnis hat auch in der Vertragslehre der Arbeitsvertrag seine überragende Stellung verloren. Wenn Hueck in dem Einzelarbeitsverhältnis ein Gemeinschaftsverhältnis sieht, das „von der größeren Gemeinschaft des Betriebes umschlossen" wird [89]), und Hessel die gegenseitigen Rechtsbeziehungen aus einem bestehenden AV als sozusagen „dreidimensional" bezeichnet [90]), so wird damit zum Ausdruck gebracht, daß zumindest nicht allein durch den Abschluß des Arbeitsvertrages derartige Rechtswirkungen erzielt werden können.

---

[85]) Hessel, RdA 1952 S. 49/50.

[86]) Oder durch die Zusammenarbeit von AG und AN.

[87]) Hueck-Nipperdey, ArbR I (6. Aufl.), S. 38; RdA 1955 S. 327 und im Ergebnis so die gesamte Vertragslehre.

[88]) Staudinger-Nipperdey, BGB, § 611 Anm. 96, „ist einmal mit der Arbeit begonnen und damit das Gemeinschaftsverhältnis verwirklicht . . ."; Hueck, Grundriß, S. 89, man wird „die Rechtslage vor Antritt der Arbeit und diejenige nachher scharf unterscheiden müssen"; ders. KSchG, § 1 Anm. 11, „nicht erforderlich ist, daß der AN an der Betriebsstätte arbeitet, er muß nur . . . in den Betrieb eingegliedert sein"; vgl. auch Dietz in Hueck-Nipperdey-Dietz, AOG, § 2 Anm. 16 c; Mansfeld, DAR 1936 S. 46 unter 1 sowie JW 1936 S. 481 ff. und BRG, § 11 Anm. 2 b, „so gehört ein Arbeiter mit dem ein Dienstvertrag bereits getätigt wurde, der aber den ihm obliegenden Dienst noch nicht angetreten hat, nicht zu den Arbeitern im Sinne des § 11"; Böttcher, RdA 1955 S. 322, „daß die dem Arbeitsvertrag innewohnenden personenrechtlichen Elemente durch die Zusammenarbeit eine Steigerung erfahren, liegt in der Natur der Sache . . .".

[89]) Hueck, in Hueck-Nipperdey, a. a. O., S. 27.

[90]) Hessel, a. a. O.

### 2. Die Eingliederungslehre.

Im Gegensatz zur Vertragslehre wollen die Vertreter der Eingliederungslehre die Bedeutung des Vertrages auf die Vereinbarung über die Entstehung des AV beschränken, sie sehen den Begründungsakt des AV in der Einordnung des AN in den Betrieb und die Betriebsgemeinschaft. Im einzelnen sind die Auffassungen aber sowohl in der Begründung als auch in dem Ergebnis noch unterschiedlich.

Zu den Hauptvertretern der Eingliederungslehre gehörte ursprünglich auch Siebert[91]), der zunächst für eine völlige Verdrängung des vom BGB beeinflußten Arbeitsvertrages eintrat und ihn auch als Entstehungsgrundlage des AV ablehnte. Er sah in dem AV ein „Gliedstück, Bestandteil oder Ausschnitt aus der Betriebsgemeinschaft" [92]) und bezeichnete die Betrachtung der Betriebszugehörigkeit als nur faktisches Verhältnis dadurch für überwunden, daß das AV als Teilhabe an der Betriebsgemeinschaft deren Wesensgesetzen unterliege, an die Stelle der bloß organisatorischen Betriebszugehörigkeit die Zugehörigkeit zur Betriebsgemeinschaft getreten sei. Siebert verlangte ein „bewußtes Hineinstellen in den Betrieb", und eine Aufnahme durch den Betriebsinhaber, „insofern beruht der Eintritt als Begründung eines AV zweifellos auf einer Einigung" [93]), zu der noch der Antritt der Stellung, die wirkliche Arbeitsaufnahme hinzukommen muß, wobei die Einigung teilweise mehr, teilweise weniger in der tatsächlichen Arbeitsaufnahme aufgeht [94]).

In den Fällen, in denen zwischen Eintritt und Vereinbarung der Begründung eines AV ein zeitlicher Zwischenraum liegt, kennzeichnete Siebert die Einigung über die künftige Begründung des AV als Vorvertrag und betrachtete ihn als Vorstufe zur Eingliederung. Später ging er zu einer klaren Dreiteilung über, die zu einer stufenweisen Begründung des AV führt [95]), unterteilte in Vorvertrag, Eingliederung und zusätzliche Vereinbarungen und sah in dem Vorvertrag eine personenrechtliche Verpflichtung eigener Art, auf die noch eine Reihe schuldrechtlicher Vorschriften angewandt werden können,

---

[91]) Siebert, Das Arbeitsverhältnis; DAR 1936 S. 6 ff., 1937 S. 14 ff., 44 ff., 305 ff., 338 ff.; AkadZSchr. 1936 S. 93 ff.; JW 1937 S. 1103 ff.; Dt. Rechtswissenschaft 1936 S. 222 ff.; Handwörterbuch d. SozWiss., Bd. 1 „Arbeitsvertrag", S. 389 f.

[92]) DAR 1937 S. 16 u. S. 46; Das Arbeitsverhältnis, S. 64; vgl. auch Herschel, DAR 1937 S. 310.

[93]) Das Arbeitsverhältnis, S. 85 ff. (87); Dt. Rechtswissenschaft 1936 S. 222; AkadZSchr. 1936 S. 96 ff. — In der Einigung sah er keinen Vertrag, er sprach von einer Vereinbarung oder Abmachung.

[94]) „Eingliederung ist also der in beiderseitigem Einverständnis erfolgende Eintritt in die Betriebsgemeinschaft" (DAR 1937 S. 307); vgl. auch Rhode, AkadZSchr. 1936 S. 371 ff. u. Huber JW 1937 S. 1111.

[95]) DAR 1937 S. 305 ff., 340 f.; ebenso Rhode, a. a. O.

die auf das Vollarbeitsverhältnis nicht mehr passen. Der Verpflichtung im Vorvertrag sollte auf keinen Fall eine grundsätzliche Bedeutung für die Eingliederung zukommen [96]). Die Vereinbarungen über die Arbeitsbedingungen nannte Siebert zusätzliche, weil sie als gestaltende Vereinbarungen nur „Bestandteil, nicht Grundlage und Rechtsgrund des AV sind" [97]).

Die Kritik an der Lehre Sieberts richtete sich insbesondere gegen die Dreiteilung [98]), die den einheitlichen Vorgang der Begründung und Weiterbildung des AV zerreißt, obwohl die Wesenseinheit der bei der Begründung eines AV erforderlichen Willensübereinstimmungen und Handlungen betont und auch eine tatsächliche Einheit angenommen wird.

In neuester Zeit hat Siebert seine Lehre stark korrigiert [99]), indem er annimmt, daß „die Begründung des AV" zwar kein Vertrag im „allgemeinen Sinne unseres Vermögensrechts", wohl aber „ein personenrechtlicher Zusammenschluß", ein personenrechtlicher Vertrag sei [100]). In diesem Vertrag sieht er eine Verbindung von „individualistischer Begründung des AV" und „kollektivrechtlichem Eintritt in den Betrieb". Gegenüber der Vertragstheorie will Siebert den Eintritt in den Betrieb stärker betonen, gegenüber der Eingliederungstheorie kennzeichnet er nunmehr die zum Eintritt in ein AV erforderliche Willensübereinstimmung als Rechtsgeschäft, allerdings als personenrechtlichen Vertrag.

Siebert hat sich daher der Vertragslehre genähert, indem er, wie er selbst sagt, die Bedeutung des „faktischen" abschwächt. Er versucht damit eine Synthese zwischen Vertrags- und Eingliederungstheorie herzustellen [101]).

Nikisch [102]), der sich an die frühere Lehre Sieberts anlehnt, sieht im Arbeitsvertrag einen Schuldvertrag — eine Unterart des Dienstvertrages —, auf Grund dessen sich der AN verpflichtet, in den Dienst des AG zu treten und diesem seine Arbeitskraft zur Ver-

---

96) Die „causa" der Wirkungen des AV soll nicht der Abschlußvertrag sein, sie soll in dem Gliedschaftsverhältnis selbst liegen (Das Arbeitsverhältnis S. 85). — „Die Verpflichtung des Vertrages erschöpft sich in d. Begründung" (DAR 1937 S. 45 f.).

97) DAR 1937 S. 45, 305 ff.; Das Arbeitsverhältnis, S. 85, 88.

98) Vgl. vor allem Nipperdey, DAR 1937 S. 142 ff.

99) Handwörterbuch d. SozWiss. a. a. O.

100) Der Vertrag soll auf den Inhalt des AV „keine beherrschende, sondern nur eine gestaltende Funktion" haben.

101) Das versucht auch Hessel, AR-Blattei, Arbeitsvertrag-AV, VI, der aber nicht wesentlich von der Vertragslehre abgewichen ist.

102) Vgl. die Ausführungen von Nikisch in ArbR I (2. Aufl.) und in der Festschrift für Nipperdey, S. 65 ff., sowie in seinen früheren Schriften, „Arbeitsvertrag und AV"; und „Das AV im Betrieb", sodann die Abhandlungen in RdA 1953 S. 81 ff., AR-Blattei, Betriebsinhaberwechsel, Einfluß auf das AV und seine älteren Untersuchungen.

fügung zu stellen [103]). Da er davon ausgeht, daß eine Gemeinschaft zwischen AG und AN nur durch die Aufnahme des AN in den Betrieb oder Haushalt des AG oder durch die Zusammenarbeit beider entstehen kann, hält er für den eigentlichen Begründungsakt des AV die Einordnung oder Einstellung des AN. Fallen Vertragsschluß und Einstellung zeitlich nicht zusammen, unterscheidet Nikisch zwischen „einem AV außerhalb oder während des Erfüllungszustandes" bzw. einem schuldrechtlichen AV und einem arbeitsrechtlichen Gemeinschaftsverhältnis [104]). Entgegen der früher vertretenen Ansicht ist er der Auffassung, daß sich durch die Einstellung des AN der Arbeitsvertrag nicht erledigt, er soll auch im Erfüllungszustand weiter bestehen [105]). Dies ergibt sich auch daraus, daß er annimmt, das durch den Arbeitsvertrag begründete Schuldverhältnis ziele auf die Herstellung eines Zustandes ab und auf dessen Aufrechterhaltung bis zum Ende der Vertragsdauer [106]). Sodann unterscheidet Nikisch zwischen einer „Dienstpflicht" und einer „Arbeitspflicht", wobei unter Dienstpflicht nicht nur die Verpflichtung in den Dienst des AG zu treten verstanden werden soll, sondern auch die Verpflichtung, „dieses Verhältnis bis zur ordnungsmäßigen Beendigung des Arbeitsvertrages durchzuhalten" [107]), während die Arbeitspflicht nach Nikisch darin besteht, die „im Laufe des AV fort und fort neu anfallenden Arbeiten zu verrichten" [108]).

Für die Einstellung, also den Begründungsakt des AV — das arbeitsrechtliche Gemeinschaftsverhältnis — wird nur ein „bewußtes und gewolltes Zusammenwirken beider Parteien" gefordert, das nach der Ansicht von Nikisch weder ein Vertrag noch überhaupt ein Rechtsgeschäft ist. Das Wesen der Einstellung soll darin bestehen, daß sie den Arbeitsvertrag realisiert [109]). Von dem durch die Ein-

---

[103]) So auch Schnorr, Die Sozialversicherung 1949 S. 323; Maus, Handb. d. ArbR (2. Aufl.), II S. 9; Bührig, ArbuR 1955 S. 228/9 Anm. 43; Haberkorn, ArbuR 1953 S. 205; und früher schon Potthoff, ArbR 1922 Sp. 272/73.

[104]) ArbR I S. 147/8, „Mit dem Eintritt in den Erfüllungszustand geht mit dem AV eine Veränderung vor. Das Schuldverhältnis nimmt die charakteristischen Züge einer Gemeinschaft an".

[105]) ArbR I S. 194 Anm. 25; so auch schon in „Arbeitsvertrag und AV", S. 97.

[106]) ArbR I S. 144/5, „Solange der AN im Dienste des AG steht, befindet sich das Schuldverhältnis im Erfüllungszustand".

[107]) ArbR I S. 242; auch in der vorzeitigen Aufgabe der Stellung durch den AN sieht Nikisch eine schuldhafte Verletzung der Dienstpflicht (S. 245).

[108]) ArbR I S. 239 und S. 251 ff. — Die Vertragslehre kennt nur eine Arbeitspflicht, nämlich die durch den Arbeitsvertrag übernommene Hauptverpflichtung, die durch die Anordnungen des AG noch näher bestimmt werden muß, da nach Ansicht der Vertragslehre die zu leistende Arbeit nur der Art nach bestimmt ist; vgl. Staudinger-Nipperdey, BGB, § 611 Anm. 109; Hueck-Nipperdey, Lehrb. I (3.—5. Aufl.), S. 121; ähnlich auch Molitor, AR-Blattei, Arbeitspflicht I, A II.

[109]) ArbR I S. 163 ff. (166).

stellung entstandenen AV wird angenommen, daß es in seinen Grundzügen festliegt, so daß es durch vertragliche Vereinbarungen nur noch inhaltlich ausgestaltet werden kann [110]).

Nikisch kommt ebenso wie früher Siebert grundsätzlich zu dem Ergebnis, daß das AV als Gemeinschaftsverhältnis nicht unmittelbar durch den Arbeitsvertrag ins Leben gerufen werden kann, wenn er auch neuerdings gewisse Einschränkungen vornimmt, indem er die Annahme eines AV „außerhalb" des Erfüllungszustandes für vertretbar hält und die Wirkungen des Arbeitsvertrages nicht mit der Einstellung enden läßt [111]). Im Gegensatz zur früheren Lehre Sieberts, der der Einstellung schon immer rechtsgeschäftlichen Charakter gab, sieht Nikisch in ihr jedoch nur einen tatsächlichen Vorgang. Dadurch entfallen die Schwierigkeiten, die sich aus der Dreigliederung von Siebert ergeben [112]), und es wird der Eindruck vermieden, als handele es sich bei dem Arbeitsvertrag nur um einen Vorvertrag. Es bleibt jedoch eine Funktionsteilung des AV in einen Arbeitsvertrag, bzw. das sich aus ihm ergebende Schuldverhältnis, als äußeren Rahmen, und in einen Erfüllungszustand, dem auf der Einstellung beruhenden arbeitsrechtlichen Gemeinschaftsverhältnis bestehen. Dies zeigt sich insbesondere bei der Unterscheidung zwischen einer Dienstpflicht und einer Arbeitspflicht [113]). Nikisch kommt daher im Endergebnis nicht zu einer einheitlichen Schau des AV, das die Rechtsstellung des AN, beginnend mit den ersten vertraglichen Beziehungen zum AG bis zu seiner Auflösung, erfaßt. Es fragt sich auch, ob es richtig ist, für die Entstehung des AV, ein Gemeinschaftsverhältnis, allein auf die faktische Eingliederung oder auch Einstellung, also auf einen ganz bestimmten Zeitpunkt abzustellen [114]).

Ebenso wie Nikisch sieht auch Schnorr im Arbeitsvertrag lediglich die schuldrechtliche Verpflichtung zur Arbeitsaufnahme durch den AN und Einstellung durch den AG [115]). „Alle anderen Rechte und Pflichten finden zwar durch den Arbeitsvertrag ihre nähere inhaltliche Ausgestaltung, werden aber durch ihn nicht begründet". Schnorr vermeidet eine Aufspaltung des AV, indem er annimmt, das AV selbst entstehe immer dann, wenn der AG tat-

---

[110]) ArbR I S. 219; neue Vereinbarungen bezeichnet Nikisch als die allgemeine Ordnung des AV ergänzende und „konkretisierende" Abmachungen, durch die der ursprüngliche Arbeitsvertrag nicht geändert wird, Arbeitsvertrag und AV, S. 72 f.

[111]) Wohl deshalb glaubt Nikisch jetzt eine vermittelnde Stellung einzunehmen, vgl. ArchZivPrax. 151, 181.

[112]) Vgl. Siebert, DAR 1937 S. 305 ff., 340 f.

[113]) Vgl. insb. die Ausführungen von Nikisch in der Festschrift für Nipperdey, S. 65 ff.

[114]) Vgl. auch die kritische Stellungnahme von Bötticher, RdA 1955 S. 321 und Hueck, ebenda S. 323 ff.

[115]) Schnorr, a. a. O., S. 322 ff., 338 ff.

sächlich seine Verfügungsmacht über die Arbeitskraft des AN ausübe, in diesem Zeitpunkt werde der AN Mitglied des Betriebes, sei die Einstellung vollzogen. Dabei soll weder „eine bloße rechtsgeschäftliche Willenseinigung über die Einstellung, noch die faktische Arbeitsleistung" entscheiden[116]). Somit gibt auch Schnorr der Eingliederung oder Einstellung als Entstehungsgrundlage für das AV entscheidende Bedeutung.

Maus stellt ebenfalls für die Begründung des AV vornehmlich auf die Einstellung des AN ab[117]). Anfangs unterschied er zwei Stufen, den gemeinschaftsbegründenden Verpflichtungsvertrag — den Arbeitsvertrag — und das Erfüllungsgeschäft — „den Rechtsänderungsakt der Einstellung", der das AV schafft. Infolgedessen sollte der Begründungsvorgang des AV in zwei voneinander unterscheidbare rechtsgesellschaftliche Vorgänge teils schuldrechtlicher, teils personenrechtlicher Art zerfallen, aus denen zusammen sich erst das eigentlichen AV ergibt[118]). Dem Arbeitsvertrag, als zur ersten Stufe gehörig, wurde eine doppelte Funktion gegeben, „die Bindung der Vertragsgenossen aneinander und die Konkretisierung des AV im Einzelfall"[119]). Der Arbeitsvertrag selbst sollte das AV während seiner ganzen Dauer begleiten, soweit er die Gestaltung des AV übernimmt. Vorwiegend sah Maus im Arbeitsvertrag einen schuldrechtlichen Vorgang[120]).

Für die zweite Stufe in der Begründung des AV verlangte er ebenfalls eine Willenseinigung, die zumindest den Willen zur Arbeitsaufnahme auf Seiten des AN und zur Einstellung auf Seiten des AG voraussetzt[121]). Damit kam Maus zu dem Ergebnis, das AV sei ein einheitliches Rechtsverhältnis mit mehrgliedrigem Tatbestand.

Auf diese Weise gab er dem AV eine gewisse Selbständigkeit auf der Grundlage der Einordnung, zerriß aber den Entstehungsvorgang des AV, indem er eine doppelte Willenseinigung forderte und erschwerte damit die rechtliche Erfassung dieses Vorgangs.

Neuerdings hat sich Maus im wesentlichen der Lehre von Nikisch angeschlossen[122]). Er gibt dem Arbeitsvertrag nunmehr die gleiche Bedeutung wie Nikisch und führt ebenso wie dieser die Begründung des AV auf die Einstellung oder Einordnung in einen Betrieb zurück, für die er zwar eine Willensbetätigung von AG und

---

[116]) Schnorr, a. a. O., S. 324, „es müssen alle Umstände herangezogen werden, die auf die Aufnahme des AN in den Betrieb hindeuten".

[117]) Maus, Das Arbeitsverhältnis, S. 128 ff.; ders. Arbeitsvertrag, S. 63 ff., 80 ff., 92 ff.; ders. Handb. d. ArbR (2. Aufl.), II A S. 5 ff.

[118]) Maus, Das Arbeitsverhältnis, S. 138 f.; Arbeitsvertrag, S. 75 ff., 95 ff.

[119]) Maus, Arbeitsvertrag, S. 96.

[120]) Maus, a. a. O., S. 81 ff., bes. S. 89 f.; Arbeitsverhältnis, S. 140.

[121]) Maus, a. a. O., S. 77 ff., 95 ff.; Das Arbeitsverhältnis, S. 139/140.

[122]) Handb. d. ArbR (2. Aufl.), a. a. O.

AN verlangt, in der er aber nur einen Realakt sieht [123]). Das AV bezeichnet er als „die Rechtsstellung des AN im Betrieb" [124]). Maus betont zwar, daß er an seiner früheren Ansicht festhalten will, stellt aber gleichzeitig fest, daß „die Übergänge sehr viel flüssiger sind, als sie erscheinen" [125]). Die Unterschiede zur Lehre von Nikisch sind so gering, daß sie nicht ins Gewicht fallen.

Es zeigt sich also, daß die Eingliederungslehre seit ihren Anfängen, die auf die ersten Untersuchungen von Molitor, Nikisch und auch auf Potthoff zurückgeht, starken Wandlungen unterworfen war, und daß auch die einzelnen Vertreter dieser Lehre ihre zum Teil voneinander abweichende Ansichten vielfach berichtigt haben. Es ist klar zu erkennen, daß es das besondere Anliegen der Vertreter der Eingliederungslehre ist, dem so wichtigen Vorgang bei der Entstehung des AV, nämlich dem Eintritt in den Betrieb und die Betriebsgemeinschaft, der dem AN die Teilhabe an der Gemeinschaft mit den vielfältigsten wichtigen Rechtsfolgen vermittelt, die gebührende Bedeutung zu verschaffen. Jedoch können auch sie nicht daran vorbeigehen, daß Voraussetzung für die Arbeitsleistung des abhängigen AN der Abschluß eines Vertrages ist, mag er auch fehlerhaft sein [126]). Wie die unterschiedlichen Wirkungen dieser beiden Momente abzugrenzen sind, ist die entscheidende Frage. Hierfür ist auch der Standpunkt der Rechtsprechung von Bedeutung, wenn auch für sie das praktische Ergebnis des Einzelfalles im Vordergrund steht.

## V. Das Arbeitsverhältnis in der Rechtsprechung.

Während in der Rechtslehre über die Entstehungsgrundlage des AV noch Meinungsverschiedenheiten bestehen, ist die Rechtsprechung im wesentlichen nicht von einer Vertragsgrundlage des AV abgegangen, obwohl in der rechtlichen Beurteilung des Wesens des AV ein erheblicher Wandel erfolgt war.

Von der ursprünglich schuldrechtlichen Auffassung des AV abgehend betonte das RAG in erster Linie als Gegensatz hierzu einen

---

[123]) Handb., a. a. O., S. 14; er hebt noch hervor, daß der „Rechtsänderungsakt der Einstellung" das AV schafft. Ebenso wie Nikisch lehnt Maus auch eine Anfechtung oder Nichtigkeit der Einstellung ab.

[124]) Handb., a. a. O., S. 10.

[125]) Handb., a. a. O., S. 12 Anm. 27. Wenn Maus auch verschiedentlich auf Siebert verweist, so schließt er sich doch grundsätzlich der Lehre von Nikisch an.

[126]) Vgl. Nikisch, ArbR I (2. Aufl.), S. 141.

personenrechtlichen Charakter des AV. Das AV wurde als Rechtsverhältnis, das vorwiegend von der Gemeinschaftsseite her bestimmt ist und ausgesprochen personenrechtliche Züge aufweist, anerkannt. Als solches wird er als ein „vornehmlich auf Treue und Fürsorge gegründetes Gemeinschaftsverhältnis" bezeichnet. Das RAG geht aber nicht von einer schuldrechtlichen Beurteilung des AV ab, denn es nimmt auch wieder an, daß eine schuldrechtliche und personenrechtliche Seite des AV sich gegenseitig durchdringen. Es hält daran fest, daß der Arbeitsvertrag das AV begründet [127]), auf den die allgemeinen Normen des bürgerlichen Rechts angewandt werden können, nimmt also einen schuldrechtlichen Entstehungsgrund des AV an. Allerdings wird dies insofern eingeschränkt, als von einer Anwendung schuldrechtlicher Vorschriften nur dann ausgegangen wird, wenn sie nicht mit der besonderen personenrechtlichen Natur des AV in Widerspruch stehen. Auch wird betont, daß sich AG und AN nicht wie bei den Austauschverträgen als Gläubiger und Schuldner von Leistungen gegenüberstehen, sondern als Glieder einer Gemeinschaft [128]).

Jedoch war die Anerkennung der Anwendbarkeit schuldrechtlicher Regeln durch das RAG und die Betonung der Vertragsgrundlage des AV weitgehend nur theoretischer Natur, da das RAG sich im Einzelfall bei seinen Entscheidungen von den Grundsätzen einer sozialen Arbeitsgemeinschaft leiten ließ. Dadurch, daß das RAG auch in seiner Auffassung vom Wesen des AV keinen eindeutigen Standpunkt einnahm, hatte es sich die Möglichkeit offengelassen, Einzelfragen jeweils entsprechend der Besonderheit des AV als personenrechtlichem Gemeinschaftsverhältnis zu behandeln.

Auch in der Rechtsprechung nach 1945 findet man keine wesentlich andere Auffassung vom AV. Weiterhin wird an der Auffassung festgehalten, die Begründung des AV könne allein auf den Abschluß des Arbeitsvertrages zurückgeführt werden. Der Arbeitsvertrag wird dem Schuldrecht zugerechnet mit der Einschränkung, daß er kein reiner Austauschvertrag ist, und daher eine Reihe Bestimmungen des BGB auf ihn nicht anwendbar sind. In der Nachkriegsrechtsprechung fand

---

[127]) Die Eingliederung als Begründungsakt des AV wird ausdrücklich abgelehnt, RAG, 17. 6. 39, 36/385.

[128]) Vgl. zu Vorhergesagtem: RAG, 23. 3. 35, ARS 23/170 (173); v. 18. 3. 36, ARS 26/161 (163); v. 7. 3. 36, ARS 26/125 (135); v. 19. 1. 38, ARS 33/172; v. 17. 6. 39, ARS 36/385 (389); v. 13. 9. 39, ARS 37/230 (236 f.); v. 16. 1. 40, ARS 38/139 (145); v. 31. 1. 40, ARS 38/214; v. 21. 8. 40, ARS 40/221; v. 29. 5. 42, DR 1943 S. 44. — Auch eine aufschiebende Befristung findet Anerkennung, vgl. RAG v. 21. 8. 40 und 29. 5. 42. — Während in RAG, 25. 1. 30, ARS 8/244, eine veränderte Auffassung vom AV noch lediglich darin Ausdruck fand, daß das RAG hervorhob, „die rechtlichen Beziehungen zwischen AG und AN aus dem AV richten sich nicht nur nach den Bestimmungen des BGB, der GewO, des HGB, sondern auch nach diesen Gesetzen noch fremden sozialrechtlichen Grundgedanken".

der Charakter des AV als personenrechtliches Gemeinschaftsverhältnis zunächst nur zögernd Anerkennung, und es wurden anfangs lediglich die personenrechtlichen Beziehungen zwischen AG und AN hervorgehoben [129]). Dies war wohl darauf zurückzuführen, daß nach der Außerkraftsetzung des AOG eine gewisse Unsicherheit entstanden war und es sich fragte, welche Wege bei der rechtlichen Betrachtung gemeinschaftsmäßiger Beziehungen zu gehen waren. Bei der Beurteilung arbeitsrechtlicher Fragen, so auch der Betriebsnachfolge, wurde jedoch schon immer die Bedeutung der Betriebsgemeinschaft in den Vordergrund geschoben. Auch die Gemeinschaft zwischen AG und AN wurde betont, und in diesem Zusammenhang wiederholt die Verschmelzung des Arbeitsplatzes mit dem Betrieb, sowie die Betriebszugehörigkeit als Anknüpfungspunkt für die Beurteilung der Beziehungen zwischen AG und AN herausgestellt [130]).

Teilweise wird auch neben dem Arbeitsvertrag die Eingliederung in einen Betrieb als für die Entstehung des AV bedeutsame Tatsache herausgestellt — so insbesondere bei der Behandlung von fehlerhaften oder anfechtbaren Arbeitsverträgen —, ohne daß aber hieraus für die Beurteilung des AV wesentliche neue Folgerungen gezogen wurden [131]).

So hat die neuere Rechtsprechung in der grundsätzlichen Auffassung vom AV keine bedeutenden Abweichungen von der Rechtsprechung der R A G gebracht. Jedoch sind die Gerichte bei der Entscheidung einzelner Rechtsfragen aus dem AV in der Anlehnung an

---

[129]) Vgl. z. B. LAG Bremen, 4. 8. 48, RdA 1948 S. 193; LAG Stuttgart, 18. 3. 47, RdA 1949 S. 112; LAG Frankfurt, 28. 9. 48, RdA 1949 S. 155; LAG Hamm, 29. 4. 50, AP 50 Nr. 247 insb. S. 260. — In neuester Zeit findet die Kennzeichnung des AV als personenrechtliches Gemeinschaftsverhältnis wieder uneingeschränkte Anerkennung, vgl. BGH, 11. 7. 53, RdA 1953 S 477 f.; BAG, 10. 11. 55, AP Nr. 2 zu § 611 BGB „Beschäftigungspflicht"; LAG Stuttgart, 17. 9. 54, AP Nr. 2 zu § 611 BGB „Haftung des AN"; v. 17. 9. 54, BArbBl. 1955/8/9; LAG Kiel, 18. 12. 53, BB 1954 S. 257.

[130]) Vgl. LAG Hannover, 1. 8. 49, ARSt. III Ziff. 426; LAG Bremen, 7. 9. 49, AP 50 Nr. 16; v. 4. 4. 51, AP Nr. 52 Nr. 50; LAG Frankfurt, 22. 5. 51, AP 51 Nr. 259; LAG Mannheim, 30. 11. 51, AP 52 Nr. 228.

[131]) Vgl. LAG Kiel, ArbBl. brZ. 1948, S. 377; OLAG Tübingen, 4. 4. 52, RdA 1952 S. 359; LAG Frankfurt, 17. 9. 52, Betrieb 1952 S. 1012; v. 14. 1. 53, Arbeit und Recht 1953 S. 123; LAG Frankfurt, 22. 9. 49, AP 50 Nr. 171, „die anfänglich vorhandene Nichtigkeit arbeitsvertraglicher Abreden wird durch die Arbeitsaufnahme konstitutiv beseitigt"; v. 13. 9. 50, AP 51 Nr. 131, „auch bei Fehlen eines formgerechten Vertrages ist ein AV durch Eingliederung in den betr. Betrieb vorhanden"; ArbG Bremen, 20. 2. 53, AP Nr. 1 zu § 119 BGB, „Ist . . . der AN in den Betrieb eingegliedert worden", kann das AV nicht mehr mit rückwirkender Kraft angefochten werden; BAG, 21. 12. 54, AP Nr. 2 zu § 611 BGB „Lohnanspruch", betont, daß „jeder in diesen Betrieb eintretende AN" sich den im ganzen Betrieb geltenden Regelungen unterwirft; LAG Stuttgart, 30. 6. 53, AP Nr. 1 zu § 616 BGB, betont, „das Unglück muß sich nach Dienstaufnahme ereignet haben", anders ist es nur „wenn er nach Antritt der Arbeit . . .".

den Betrieb und die Betriebsgemeinschaft immer weitergegangen und damit teilweise erheblich von einer vorwiegend vertraglichen Betrachtung des AV abgewichen. Hierauf soll im einzelnen noch näher eingegangen werden, um feststellen zu können, inwieweit vertragliche, zweiseitige Beziehungen tatsächlich noch das AV beeinflussen, denn sie sind es, die der Lösung des Problems der Betriebsnachfolge die Schwierigkeiten bereiten.

## VI. Zusammenfassung.

In der Frage nach der Entstehung des AV bestehen also zwischen den beiden Lehren noch erhebliche Gegensätze, die im wesentlichen auf die Frage hinauslaufen, ob für die Begründung des AV der Arbeitsvertrag genügt, oder ob noch ein weiteres Moment, die Einstellung, Einordnung oder Aufnahme der Arbeit hinzutreten muß. Wenn auch die Eingliederungslehre große Verbreitung erfahren hat [132]), so ist doch, insbesondere nachdem sich die Rechtsprechung dieser Lehre nicht angeschlossen hat, davon auszugehen, daß die Vertragslehre herrschend geblieben ist. Das AV, als ein Betriebszugehörigkeitsverhältnis, das nur den Gesetzen des Betriebes und der Gemeinschaft unterliegt, hat keine allgemeine Anerkennung gefunden. Andererseits zeigt die Entwicklung des AV bis heute, daß seit der Zeit, als in dem AV noch ausschließlich die schuldrechtliche Erfüllung des Arbeitsvertrages gesehen wurde, eine weitgreifende Veränderung in der Rechtsauffassung vom Wesen des AV erfolgt ist, die zunächst ihren Ausdruck in der Kennzeichnung des AV als personenrechtlichem Gemeinschaftsverhältnis fand. Hiermit war zwar eine Abgrenzung zu den übrigen Rechtsverhältnissen des Privatrechts erfolgt, ohne daß dies aber zu einer völligen Umwandlung des AV führte, denn es blieb der Vertrag, also die schuldrechtliche Verpflichtung zur Eingehung des AV, der auch weiterhin seine Wirkungen auf das AV ausübt. Dies mußte bei der grundsätzlichen Wesensveränderung des AV zu einer Reihe von Rechtsproblemen führen, denen eine Betrachtung vom Vertrage her vielfach nur schwer, oder wie im Falle der Betriebsnachfolge nur unzureichend gerecht wurde. Hierin hat der Streit der Lehren seinen Ursprung. Die Auseinandersetzung der Theorien hat auch in einer Vielzahl von Fällen dazu geführt, daß in Einzelfragen Lösungen gefunden wurden, die den Grundsätzen eines sozialen Rechtsstaats entsprechen. Insbesondere haben die Untersuchungen N i k i s c h wesentlich zur Klärung der sich aus dem besonderen Wesen des AV ergebenden Probleme

[132]) Maus, Handb. d. ArbR (2. Aufl.), glaubt die Eingliederungstheorie schon als herrschend bezeichnen zu können; so wohl auch Molitor, RdA 1955 S. 42.

beigetragen. Wenn auch bei der Beurteilung von Einzelfragen meist im Ergebnis Übereinstimmung erzielt wurde [133]), so trifft dies keineswegs immer zu, wie sich z. B. im Falle der Betriebsnachfolge zeigt. Es soll hier nicht die Frage erhoben werden, welche Theorie richtig oder falsch ist, sondern entscheidend ist nur, wie, ausgehend vom heute geltenden Arbeitsrecht und gemessen an den Grundsätzen des sozialen Rechtstaates unter Berücksichtigung der Interessen der am AV beteiligten Personen, ein sozial gerechtes Ergebnis erzielt werden kann. So hat die Auseinandersetzung der widerstreitenden Meinungen nicht nur theoretische Bedeutung, sie kann vielmehr einen Weg zur Lösung des Problems der Betriebsnachfolge weisen, und umgekehrt kann dann das Ergebnis, das bei der Behandlung der Betriebsnachfolge erzielt werden konnte, zeigen, welche Betrachtungsweise des AV der Wirklichkeit des Arbeitslebens am besten entspricht.

Insoweit scheint die Eingliederungslehre in der Lage zu sein, Ergebnisse zu erzielen, die dem Wesen des AV am besten entsprechen. Denn die Auffassung, daß die Rechte und Pflichten von AG und AN ihrem Rechtsgrund im AV haben, sich aus dessen Ordnung ergeben, dürfte dem besonderen Wesen des AV angemessener sein als die Zurückführung aller Rechte und Pflichten auf den Vertrag [134]). Ebenso entspricht gerade die Hervorhebung der Einordnung in die Betriebsgemeinschaft dem Charakter des AV als Gemeinschaftsverhältnis. Jedoch sind die Grundsätze der Eingliederungslehre nicht in dem Umfange klargestellt, daß ihre uneingeschränkte Anerkennung erfolgen könnte. Sodann darf der Hinweis von Hueck nicht übersehen werden, daß es dem Wesen der deutschen Rechtsordnung, und zwar zumindest seit dem 19. Jahrhundert entspricht, vom Vertrag auszugehen [135]). Auch Nikisch erkennt die Notwendigkeit eines Vertragsschlusses an [136]).

Es soll daher zunächst versucht werden auf Grund einer Untersuchung der Ergebnisse, die in Einzelfragen des Arbeitsrechts erzielt wurden, den Widerstreit zwischen Vertrag und Einordnung in ihrer Bedeutung für das AV zu lösen.

---

[133]) Vgl. Hueck, RdA 1955 S. 328; Nikisch, ArbR I (2. Aufl.), S. 142.

[134]) Hierauf weisen Schnorr, a. a. O., S. 323 und Nikisch, RdA 1953 S. 82 hin.

[135]) Hueck, a. a. O., S. 325 unter IV, so auch Molitor, a. a. O.

[136]) Nikisch, a. a. O., S. 141.

4. Kapitel

# Das Arbeitsverhältnis und Einzelfragen des Arbeitsrechts.

Bevor die für die Betriebsnachfolge aufgeworfene Frage behandelt wird, soll der Einfluß des Vertrages auf die Stellung des AN im Betrieb und die rechtlichen Wirkungen des AV in einzelnen Bereichen des Arbeitsrechts untersucht und geprüft werden, um zu erkennen, welche Bedeutung der Arbeitsvertrag in der Praxis des Arbeitslebens noch hat. Das ist auch für die Behandlung der Betriebsnachfolge von entscheidender Bedeutung. Daraus wird sich ergeben, ob die mehr auf dem tatsächlichen Gebiete liegenden Momente wie Beschäftigung, Einordnung und Betriebszugehörigkeit für die Existenz des AV und die Beziehungen zwischen den AN und dem AG, von rechtlicher Bedeutung sind oder nicht. Erst dann können die auf den Vertrag zurückgehende Bindung des AN an den AG und die mit der Einordnung in den Betrieb erwachsenden Rechte des AN aus dem AV in ihrer wechselseitigen Wirkung und ihrem Verhältnis zueinander abgegrenzt und erklärt werden und das Wesen des AV über die Begriffsbestimmung als personenrechtliches Gemeinschaftsverhältnis hinaus beurteilt werden. Hierbei wird sich auch zeigen, inwieweit die Vorschriften des bürgerlichen Rechts noch auf das moderne AV anwendbar sind.

Wenn in diesem Zusammenhang eine Reihe Faktoren, die schon bei der Betrachtung des Betriebes herausgestellt wurden, erneute Erwähnung finden, und zwar nunmehr unter dem Gesichtspunkte der Beurteilung des AV, so ist dies ein weiterer Beweis für die enge organische Verbundenheit von AV und Betrieb, aus der heraus das Problem der Betriebsnachfolge gelöst werden muß.

## I. Arbeitsverhältnis und Kündigungsschutzrecht.

Der Begriff der Kündigung baut auf dem Vertrag auf und gehört zum Bereich des Arbeitsvertrages. Somit bedeutet jede Einschränkung der Kündigungsbefugnisse auch eine Einschränkung der Vertragsrechte des AG zugunsten von Gesichtspunkten, die nur im Betrieb oder auch der Arbeitsgemeinschaft im Betrieb verankert sein können. Kündigungsbeschränkungen fanden sich in dem § 84 BRG, § 56 AOG, in den KSchG der Länder nach 1945 und finden sich heute im AngKSchG und im KSchG v. 10. 8. 51.

Die Anwendung der Kündigungsschutzvorschriften wird von der Zugehörigkeit zum Betrieb und der Dauer der Beschäftigung abhängig gemacht, nicht aber von der Dauer des Arbeitsvertrages. Dies gewinnt besondere Bedeutung im AngKSchG, da die Beschäftigungszeiten, die Voraussetzung für die Anwendung des Kündigungsschutzes sind, längere Zeiträume umfassen. Auch die Tatsache, daß die Betriebsnachfolge, der Wechsel also des AG, die Berechnung der Beschäftigungszeiten nicht beeinflußt, gleich auf welcher Rechtsgrundlage die Betriebsnachfolge erfolgt, gleichgültig auch, ob die Weiterbeschäftigung des AN auf einer vertraglichen Vereinbarung beruht [1]), zeigt, daß nicht der Arbeitsvertrag, sondern das AV, die einmal bestehende Betriebszugehörigkeit, bestimmend für die Anwendung der Kündigungsschutzvorschriften sind.

So wird bei der Berechnung der Beschäftigungszeiten eines Angestellten selbst die Zeit berücksichtigt, die er als Arbeiter im Betrieb tätig war [2]), der jeweils abgeschlossene Arbeitsvertrag also auf die Entstehung eines inhaltlich anderen AV gerichtet war. Sogar getrennte Beschäftigungszeiten werden bei innerem Zusammenhang zusammengerechnet [3]), und die Dauer der Betriebszugehörigkeit gilt auch dann nicht als unterbrochen, wenn nach erfolgter Kündigung ein AV auf anderer vertraglicher Grundlage fortgesetzt wird [4]). Ebenso wird auch bei der Berechnung der Beschäftigungsdauer für alle AN nach dem KSchG verfahren, lediglich mit der Ausnahme. daß getrennte Beschäftigungszeiten nicht zusammengerechnet werden. So spielt beispielsweise der Übergang vom Lehr- zum Arbeitsverhältnis oder die zeitweilige Nichtbeschäftigung des AN, weil er krank oder beurlaubt ist, keine Rolle, nur die Betriebszugehörigkeit darf nicht unterbrochen worden sein [5]).

Unabhängig von der vertraglichen Regelung ist also nach erfolgter Eingliederung in den Betrieb die Betriebszugehörigkeit und deren Dauer für die Anwendbarkeit der Schutzbestimmungen des Kündigungsrechtes maßgebend. Das Recht, die Kündigungsschutzvorschrif-

---

[1]) Siehe hierzu die Ausführungen oben S. 18 ff.

[2]) RAG, 7. 12. 27, ARS 1/103; v. 22. 2. 28, ARS 2/27.

[3]) RAG, 17. 11. 27, ARS 1/35; v. 14. 2. 31, ARS 11/489; v. 21. 1. 33, ARS 17/270; v. 23. 4. 38, ARS 32/289; LAG Bremen, 5. 1. 49, RdA 1949 S. 424; v. 18. 1. 50, AP 50 Nr. 147; LAG Hamburg, 9. 3. 50, AP 50 Nr. 283; v. 11. 8. 51, BB 1951 S. 812.

[4]) RAG, 5. 6. 29, ARS 6/211; v. 27. 11. 29, ARS 7/395. — Vgl. auch zu den bisherigen Ausführungen: Molitor, AN und Betrieb, S. 59 ff.; ders., Die Kündigung, S. 174 f.; Hueck-Nipperdey, Lehrb. I (3.—5. Aufl.), § 55 IV 4; Staudinger-Nipperdey, BGB, Vorbem. 90 vor 620; Nikisch, ArbR (2. Aufl.), S. 581; Rewolle-Köst, Handk. z. ArbR., AngKSchG § 2 Anm. 7, 8.

[5]) Vgl. Herschel-Steinmann, KSchG, § 1 Anm. 32; Monjau-Heimeier, KSchG, § 1 Anm. 4; Hueck, KSchG, § 1 Anm. 17, 18, 19 mit weiteren Zitaten; Rewolle-Köst, a. a. O., § 1 KSchG Anm. 5; Nikisch, a. a. O., S. 616/7; Rohwer-Kahlmann, KSchG, S. 40. LAG Hannover, 12. 5. 52, AP 53 Nr. 45. — Diese Grundsätze galten auch zur Zeit des AOG, vgl. Hueck-Nipperdey-Dietz, AOG, § 56 Anm. 5 a—e. — Rohlfing KSchG, § 1 Anm. 18, lehnt eine Zusammenrechnung der Lehrzeit mit der übrigen Beschäftigungszeit ab.

ten für sich in Anspruch zu nehmen, erwächst dem AN aus seiner Zugehörigkeit zum Betrieb.

Dadurch, daß für die Zulässigkeit einer Kündigung nach § 1 KSchG letztlich allein betriebliche Erwägungen maßgeblich sind, und subjektive Momente ganz zurücktreten [6]), wird nicht nur eine Unabhängigkeit des Betriebes gegenüber dem AG zum Ausdruck gebracht, vielmehr gewinnt die hierdurch vollzogene Hervorhebung des Betriebes auch für die Beurteilung des AV eine erhebliche Bedeutung. Während zur Zeit der Geltung des BRG und des AOG die ordentliche Kündigung, ohne daß besondere Voraussetzungen vorliegen mußten, gültig war, wird in § 1 KSchG die rechtliche Wirksamkeit der Kündigung davon abhängig gemacht, das sie sozial gerechtfertigt ist. Die früheren Bestimmungen gaben zwar dem AN in den Fällen der Unbilligkeit und nicht betriebsbedingten Härte ein Einspruchsrecht, dies konnte aber nur zum Widerruf der Kündigung oder wahlweisen Entschädigungszahlung führen.

Wenn auch der Unterschied zum KSchG materiell nicht sehr groß zu sein scheint, so liegt dennoch in der Unwirksamkeitserklärung der sozial ungerechtfertigten Kündigung eine bedeutsame Weiterentwicklung. Der Zweck des Kündigungsschutzes im BRG wurde schon darin gesehen, die Stellung des AN im Betrieb zu festigen, ihn enger an den Betrieb zu binden [7]), fand aber auch darin seine Grenze. Darüber hinaus wird im KSchG „die Zugehörigkeit des AN zum Betrieb als wichtigstes Gut des Menschen" anerkannt, das Recht des AN auf seinen Arbeitsplatz wird geschützt [8]), ein Recht, das nach einer gewissen Dauer der Betriebszugehörigkeit und damit unabhängig vom Vertrag aus dem AV entsteht.

Während man für das Privatrecht grundsätzlich davon ausgehen kann, daß eine Kündigung einer Begründung nicht bedarf — abgesehen von den gesetzlich geregelten Fällen der außerordentlichen Kündigung —, daß sie unabhängig von dem Rechtsgeschäft ist, das durch sie aufgelöst werden soll, und nur in dem Inhalt des Vertrages ihre Grundlage und auch Grenzen hat, weicht das KSchG hiervon ab.

Im Arbeitsrecht wurde schon früher im Zusammenhang mit der Beurteilung der Sittenwidrigkeit einer Kündigung die Ansicht vertreten, die Kündigung eines AV sei nicht sittlich indifferent, könne mit Rücksicht auf ihre Motive gegen die guten Sitten verstoßen und daher nichtig sein. Dies wurde insbesondere von der Rechtsprechung

[6]) Siehe oben Kapitel 2 S. 20 ff.

[7]) Vgl. Herschel, ArbGer. 1928 S. 227; Mansfeld, a. a. O., S. 432; Flatow-Kahn-Freund, a. a. O., § 84 V d 1, S. 451.

[8]) Herschel, BB 1951 S. 61; Hueck, KSchG, § 1 Anm. 33; ders. BB 1951 S. 366; Rohlfing, KSchG, § 1 Anm. 2; Maus, KSchG, § 1 Erl. 1; — BAG, 21. 10. 54, AP Nr. 7 zu § 1 KSchG und AP Nr. 1 zu § 620 BGB „Befristeter Arbeitsvertrag".

der RAG anerkannnt[9]). Das KSchG betont nun eine Abhängigkeit der Rechtswirksamkeit der Kündigung von einem Motiv — einem Kündigungsgrund — ganz allgemein. Grundsätzlich blieb zwar die Kündigungsfreiheit bestehen, da eine Kündigung nicht unmittelbar von dem Vorliegen von Gründen abhängig gemacht wurde, doch ist die Kündigung schon dadurch unselbständig geworden, daß sie sozial gerechtfertigt sein muß, um rechtswirksam zu sein. Es wird also an eine bestimmte Voraussetzung, einen objektiven Tatbestand angeknüpft, dessen Vorliegen zudem noch der AG zu beweisen hat. Das bedeutet im Endergebnis, daß die Kündigung im Arbeitsrecht nicht mehr unabhängig ist, sondern motiviert werden muß.

Somit kann die ordentliche Kündigung des AV nicht mehr für sich selbständig aufgefaßt werden, sondern sie erscheint gebunden an Gründe, die ihren Ursprung in der sozialen Verantwortung des AG, in der betrieblichen Gemeinschaft und im Betrieb selbst haben[10]). Diese Kündigung hat so den Charakter einer gemeinschaftsauflösenden Erklärung erhalten und ist nicht mehr vergleichbar mit einer Kündigung, die die Auflösung eines durch privatrechtlichen Vertrag geschaffenen Schuldverhältnisses bewirken soll. Sie unterscheidet sich damit in ihrem Wesen von der bürgerlich-rechtlichen Kündigung[11]).

Hieraus ergibt sich einmal, wie weit sich das AV von den Rechtsverhältnissen des Schuldrechts entfernt hat und zum anderen, daß der Arbeitsvertrag, die vertragliche Beziehung zwischen AG und AN, nur noch geringen Einfluß auf den Bestand des AV hat, denn nicht in ihm findet die Beendigung des AV Grundlage und Grenzen, sondern nur in der Arbeitsgemeinschaft und dem Betrieb, in die der AN eingegliedert wurde.

---

[9]) RAG, 19. 4. 39, ARS 36/49; RAG, 21. 10. 41, ARS 43/119 u. st. Rspr. So auch die Lehre, vgl. Herschel, DAR 1937 S. 310 ff.; Hueck, KSchG, § 11 Anm. 16; Nipperdey, Beitr. z. Tarifrecht, S. 64 f.; Staudinger-Nipperdey, a. a. O., Vorbem. 60 vor § 620; vgl. auch die bei Molitor, Die Kündigung, S. 222 f. in Anm. 4 u. 6 zitierten; Nikisch, a. a. O., S. 575; — a. A. Molitor, a. a. O. S. 224.

[10]) Vgl. auch Bötticher, MdR 1952 S. 261 r. Sp.

[11]) Bemerkenswert sind die Ausführungen Hedemanns, in Potthoff, Die sozialen Probleme des Betriebs, S. 30, lange vor dem KSchG, „Eintritt und Austritt aus der Gemeinschaft sind nicht mehr mit der bloßen Figur des Einzelarbeitsvertrages zu erklären. Elemente aus der Sphäre des Betriebes treten hinzu. . ."; auch Herschel, DAR 1937, S. 310, betonte schon, daß der Maßstab „für die Beurteilung der Kündigung der inneren Ordnung der Betriebsgemeinschaft" zu entnehmen sei; Siebert hielt, in Arbeitsverhältnis, S. 114, bereits die Beurteilung der Kündigung aus dem Aufgehen des Arbeitsvertrages in ein personenrechtliches Betriebszugehörigskeitsverhältnis für erforderlich. Dagegen stand Galperin, DRZ 1950, S. 73, zur weiteren Stützung der Vertragslehre, der Forderung nach besonderen Rechtfertigungsgründen für die Kündigung ablehnend gegenüber.

Dies zeigt in neuester Zeit auch die Rechtsprechung des B A G, die alle Kettenverträge grundsätzlich in unbefristete Verträge umdeuten will, und nur in „besonderen Fällen" eine Befristung zuläßt [12]). Mit Recht weist M o l i t o r darauf hin [13]), daß das B A G auf diese Weise auch „gegen den Willen der Beteiligten ein AV auf unbestimmte Zeit" unterstellt und „entgegen § 625 BGB das AV sich auch dann auf unbestimmte Zeit verlängern" läßt, wenn „ein Teil unverzüglich widerspricht". Somit bleibt die im Arbeitsvertrag vereinbarte Zeitbestimmung unbeachtet, und für die Beurteilung der Kündigung wird allein auf das einmal begründete AV abgestellt. Selbst bei einfachen Zeitverträgen, in den Fällen also, in denen nicht einmal aneinandergereihte befristete Verträge vorliegen, nimmt das B A G an, daß die Befristung unwirksam wird, „wenn sie dem AN den Kündigungsschutz nimmt, obwohl keine besonderen Gründe . . . dafür sprechen" [14]). Damit wird nicht nur der Bestimmung des § 620 BGB widersprochen, sondern auch eine „das AV befristend normierende Wirkung des Arbeitsvertrages" geleugnet [15]), die grundsätzlich auch von der Eingliederungslehre dem Vertrag gegeben wird.

Man muß daher bei einer Betrachtung des Kündigungsschutzrechtes mit M o l i t o r zu dem Ergebnis kommen, daß die Kündigung im Arbeitsrecht unmittelbar an das AV anknüpft, insbesondere nachdem nicht mehr allein die vereinbarte Art der Beendigung des AV entscheidend ist. Es ergibt sich allerdings auch, daß nicht schon die Eingliederung des AN in den Betrieb ein vollwirksames AV schafft, da die längere Zugehörigkeit zum Betrieb (gem. § 1 KSchG 6 Monate) erst die stärkeren rechtlichen Wirkungen des AV, das Recht des AN auf Schutz seines Arbeitsplatzes erzeugt. Ebensowenig kann jedoch der Vertrag im vereinbarten Zeitpunkt ein vollwirksames AV begründen. Daher muß grundsätzlich anerkannt werden, daß das wichtigste Recht des AN — der Schutz des Arbeitsplatzes — nicht im Vertrag, sondern im AV, in der Arbeitsgemeinschaft im Betrieb seine Grundlage hat.

## II. Arbeitsverhältnis und Urlaubsrecht.

Auch im Urlaubsrecht kommt es nicht entscheidend auf die arbeitsvertraglichen Beziehungen oder eine gewisse Dauer des Arbeitsvertrages an, sondern die Entstehung des Urlaubsanspruches auf Grund

---

[12]) BAG, 21. 10. 54, AP Nr. 7 zu § 1 KSchG; BAG, 26. 11. 55, AP Nr. 14, zu § 1 KSchG; BAG, 10. 5. 55, AP Nr. 2 zu § 620 BGB „Befristeter Arbeitsvertrag". Wenn auch verschiedentlich Kritik geübt wurde, so hat die Rspr. des BAG doch im großen und ganzen Anerkennung in der Lehre gefunden.

[13]) Molitor, RdA 1955 S. 45 f.

[14]) BAG, 21. 10. 54, AP Nr. 1 zu § 620 BGB „Befristeter Arbeitsvertrag".

[15]) Molitor, a. a. O.

der gesetzlichen Bestimmungen der Länder oder der tariflichen Regelung hängt davon ab, daß der AN in den Betrieb eingegliedert wurde und eine bestimmte Wartezeit im Betrieb erfüllt hat [16]). Für die Länge des Urlaubs wird vielfach nach den Tarifverträgen auf die Dauer der Betriebszugehörigkeit abgestellt.

Die Dauer der Betriebszugehörigkeit und die Wartezeit wird ebenso wie im Rahmen des Kündigungsschutzrechtes nach der Zeit der tatsächlichen Beschäftigung im Betrieb berechnet, gleich ob der Betriebsinhaber zwischenzeitlich gewechselt hat, Änderungen in den vertraglichen Vereinbarungen eingetreten sind u. ä. m., auch bleiben gewisse Unterbrechungen der Beschäftigung, etwa durch Krankheit, unberücksichtigt [17]).

Selbst in den Fällen, in denen weder gesetzliche Bestimmungen noch tarifliche Vereinbarungen vorliegen und auch mit dem AG keine Vereinbarung über Urlaubsgewährung getroffen wurde, wird dem AN von der herrschenden Lehre und der neuen Rechtsprechung ein Urlaubsanspruch zugebilligt [18]). Teils leitet man ihn aus einer Fürsorgepflicht des AG her, teils wird schon ein Gewohnheitsrecht angenommen. Es handelt sich also um einen Anspruch, der erst durch die Eingliederung des AN zu dem Betrieb und seiner längeren Beschäftigung entsteht, ohne daß er im Arbeitsvertrag vereinbart sein muß, er hat seinen Rechtsgrund im AV.

Die urlaubsrechtliche Gestaltung des AV geht von der Zugehörigkeit zum Betrieb aus, denn auch wenn der Arbeitsvertrag eine Vereinbarung über den Urlaub enthält, bedarf es zu ihrer Verwirklichung der Eingliederung des AN in die Betriebsorganisation, da die Vereinbarung erst hierdurch sinnvoll wird.

---

[16]) Vgl. § 5 Bremer Urlaubsges. v. 4. 5. 48, „Der Urlaubsanspruch entsteht nach einer 3monatigen ununterbrochenen Zugehörigkeit zum Betrieb"; § 3 Hess. Urlaubsges. v. 29. 5. 47, „Der Urlaubsanspruch entsteht nach 6monatiger ununterbrochener Zugehörigkeit im Betrieb"; ebenso in den anderen Ländergesetzen.

[17]) Hueck-Nipperdey, a. a. O., S. 322; Kauffmann, Betrieb 1950 S. 289; Denecke, BB 1950 S. 875; Galperin, BB 1952 S. 324 unter 4; — Dersch, Urlaubsgesetze, Bem. 282; — RAG, 8. 2. 28, ARS 2/71; v. 19. 1. 38, ARS 32/95 zust. Dersch; Sitzung d. RAG v. 28. 3. 31, ArbR 1931, Sp. 252; LAG Frankfurt, 12. 1. 49, AP 51 Nr. 149; LAG Hamburg, 29. 10. 52, Arbeit u. Recht 1953, S. 63; LAG Frankfurt, 16. 9. 53, BArbBl. 1954/5/14.

[18]) Vgl. aus der Lehre Hueck, Grundriß, S. 124 u. RdA 1949 S. 422; Staudinger-Nipperdey, BGB, § 611 Bem. 277; Nikisch, a. a. O., S. 442 ff. und AkadZSchr. 1938 S. 42; Dersch, a. a. O., Bem. 49a, 51, 77; Bührig, ArbuR 1954 S. 371 ff. — LAG Hamburg, 21. 3. 49, RdA 1949 S. 422; LAG Groß-Berlin, 15. 4. 50, AP 52 Nr. 15. — In neuester Zeit ist das Recht auf Urlaub auch vom BAG anerkannt worden (v. 26. 10. 55, AP Nr. 1 zu § 1 UrlaubsG Hamburg), das ihn aus der Fürsorgepflicht des AG herleitet in Verbindung mit den Prinzipien des sozialen Rechtsstaates.

### III. Arbeitsverhältnis und Heimkehrerrecht.

Auch das Heimkehrerrecht ist für die Beurteilung des AV von Bedeutung. Da nach der Verordnung vom 1. 9. 39 ein bestehendes Beschäftigungsverhältnis durch die Einberufung zum Wehrdienst nicht aufgelöst wurde und die beiderseitigen Rechte und Pflichten lediglich während der Dauer der Einberufung ruhten, entfaltete das AV nach der Rückkehr des AN nur durch den Wiedereintritt in den Betrieb seine vollen Wirkungen. Dies zeigt, daß ein einmal entstandenes AV selbst bei einer langen Unterbrechung der Betriebszugehörigkeit noch fähig ist, Rechtsfolgen zu erzeugen. Sogar dann, wenn das AV wegen des fremden Gewahrsams oder wegen der Überführung in ein ziviles AV im Gewahrsamsland erloschen ist, lebt das einmal begründete AV gem. § 7 HkG wieder mit der Rückmeldung des Heimkehrers auf. Die durch die Eingliederung des AN geschaffenen Bindungen an den Betrieb und die Arbeitsgemeinschaft sind also in der Lage, erhebliche rechtliche Wirkungen zu äußern, berücksichtigt man, daß es für den Weiterbestand des erloschenen und auch des ruhenden AV nur der Rückmeldung zur Wiederaufnahme der Arbeit bedarf. Weder der Abschluß eines neuen Arbeitsvertrages ist erforderlich, noch spielt es eine Rolle, daß der Betriebsinhaber im Zeitpunkt der Rückmeldung ein anderer ist, als der, mit dem seinerzeit der Arbeitsvertrag geschlossen wurde, auf den der Eintritt des AN in den Betrieb zurückzuführen ist [19]). Welche geringe Bedeutung auch hier dem Vertrag beigemessen wird, zeigt sich daran, daß selbst zeitlich befristete AV, die während der Gefangenschaft abgelaufen waren, wiederaufleben (§ 7 II HkG).

Wenn sich hieraus ergibt, daß das Recht des Heimkehrers auf Weiterbeschäftigung seine Grundlage allein in dem bisherigen AV, der ehemaligen Betriebszugehörigkeit findet, völlig unabhängig von vertraglichen Beziehungen, daß die Gliedschaft im Betrieb also eine rechtserhebliche Tatsache geschaffen hat, so zeigt sich auch, daß es im Heimkehrerrecht nicht so sehr auf eine tatsächliche Wiedereingliederung in den Betrieb ankommt, da schon der mit der Rückmeldung wieder entstehende Kontakt zum Betrieb genügt, das AV erneut entstehen zu lassen. Mit diesem Zeitpunkt erhält das AV seine vollen Wirkungen, es besteht, als wenn es ohne Unterbrechung fortgedauert hätte [20]).

---

[19]) Vgl. die Ausführungen oben Kapitel 2 unter II, 3.

[20]) Alle Vorteile aus der längeren Beschäftigung müssen unter Berücksichtigung der Abwesenheitszeit angerechnet werden. Tarifliche Bestimmungen gelten, wie sie zur Zeit der Rückmeldung bestehen, ebenso gelten die bestehenden Betriebsvereinbarungen. Der Heimkehrer erhält sogar mit der Rückmeldung einen Anspruch auf Lohnzahlung gem. § 616 BGB, wenn er wegen Erkrankung an der Arbeitsaufnahme verhindert ist; siehe Draeger, HkG, § 7 Anm. 5; Rewolle-Köst, Handk. z. ArbR, § 7 HkG Anm. 5 S. 328 f.; Nikisch, a. a. O., S. 560 f.; LAG Hamm, 21. 8. 51, BB 51 S. 1005 f.; LAG Hannover, 25. 9. 50, BB 50, S. 759.

## IV. Arbeitsverhältnis und fehlerhafter Arbeitsvertrag.

In allen den Fällen, in denen der Arbeitsvertrag fehlerhaft ist und er angefochten oder für nichtig erklärt werden kann, beweisen die Bemühungen in Rechtslehre und Rechtsprechung, den Bestand des AV zu erhalten, welche Bedeutung der einmal gewonnenen Betriebszugehörigkeit für den AN beigemessen wird und wie wenig auch hier schuldrechtliche Normen geeignet sind, rechtliche Probleme im Bereich des AV zu lösen. Man scheut davor zurück, wie bei den Rechtsgeschäften des Privatrechts auch für das AV eine Nichtigkeit von Anfang an anzunehmen, aus der Erkenntnis, daß die in einem Lebensverhältnis wie dem AV entstandenen Gemeinschaftsbeziehungen, die erworbenen und schon ausgeübten Rechte nicht einfach negiert werden können. So kann beispielsweise ein AN schon sein Wahlrecht aus der Betriebsverfassung ausgeübt haben oder wurde vielleicht schon in den Betriebsrat gewählt, bevor die Nichtigkeit des AV geltend gemacht wird. Auch Ansprüche des AN, etwa auf Lohn oder tariflichen Urlaub, gingen bei einer rein schuldrechtlichen Betrachtung des fehlerhaften Arbeitsvertrages verloren, der AN erhielte nur einen Anspruch aus ungerechtfertigter Bereicherung, der keineswegs einem Lohnanspruch gleichwertig ist [21]), obwohl seine Arbeitskraft dem Betrieb in gleicher Weise und gleichem Umfang zur Verfügung gestanden hat wie die der anderen AN.

Da man anerkannte, daß sich ein solches Ergebnis nicht mit dem Wesen des AV als Gemeinschaftsverhältnis verträgt, waren auch diejenigen, die am Vertrag als Entstehungsgrundlage des AV festhielten, gezwungen, die Bedeutung des Vertrages erheblich einzuschränken. Sofern in der Rechtslehre die Eingliederung als Grundlage des AV angesehen wurde, bereitete es keine Schwierigkeiten, auch bei fehlerhaftem Vertrag zu tragbaren Ergebnissen zu kommen.

Die Nichtigkeit des Arbeitsvertrages kann auf Mängel in der Geschäftsfähigkeit eines Vertragsteiles, auf Verstößen gegen die guten Sitten, gesetzliche Bestimmungen, Tarifvertrag oder Betriebsvereinbarung beruhen, die Anfechtbarkeit auf Irrtum oder Täuschung eines Vertragsteiles. Ein AN kann daher in den Betrieb eingegliedert worden sein und Arbeit geleistet haben, ohne einen wirksamen Arbeitsvertrag geschlossen zu haben. Wenn Hueck [22]) ein so entstandenes AV als einen Ausnahmefall mit „pathologischem Charakter" bezeichnet, so hat er in der Beziehung sicher recht, als für den Normalfall ein wirksamer Arbeitsvertrag vorliegt. Das schmälert aber nicht die Bedeutung dieses Tatbestandes für eine Untersuchung des AV, da die immer wieder vorkommenden Fälle des unwirksamen oder

---

[21]) So müßte sich ein AN u. U. den Wegfall der Bereicherung entgegenhalten lassen und wäre nicht gegen Lohnpfändung geschützt.

[22]) Vgl. Hueck-Nipperdey, Lehrb. I, (6. Aufl.) S. 38.

anfechtbaren Arbeitsvertrages zeigen, welche geringe Bedeutung dem Vertrag für den Bestand des einmal wirksam gewordenen AV gegeben wird, um eine der Interessenlage der Beteiligten entsprechende Lösung zu finden.

Allgemein wird angenommen, daß aus einem nichtigen oder anfechtbaren Arbeitsvertrag, solange die Arbeit noch nicht aufgenommen wurde und der AN noch nicht betriebszugehörig geworden ist, Ansprüche nicht erhoben werden können und seine Nichtigkeit uneingeschränkt geltend gemacht werden kann [23]).

Dieses Bild ändert sich, sobald der AN in den Betrieb eingeordnet worden ist. Es wird alsdann von der h. M. anerkannt, daß eine Geltendmachung der Nichtigkeit für die Vergangenheit nicht mehr erfolgen kann, da dies dem Wesen des AV widerspricht. Zum Teil wird noch darauf abgestellt, ob die Nichtigkeit den Beteiligten bekannt war oder nicht. Bei Unkenntnis eines Teils sieht man stets in der Berufung des anderen Teils auf die Nichtigkeit einen Verstoß gegen Treu und Glauben. Zwar ist auch im Falle der Nichtigkeit des Arbeitsvertrages, die geltend gemacht wird, nachdem der AN bereits im Betrieb beschäftigt war, das AV fristlos lösbar, es wird aber für die Vergangenheit bezüglich aller Rechte und Pflichten wie ein gültiges behandelt, also auch in Bezug auf den Lohnanspruch [24]).

---

[23]) Vgl. Hueck, Grundriß, S. 89 ff.; Staudinger-Nipperdey, a. a. O., § 611 Bem. 96; Hueck-Nipperdey-Dietz, a. a. O., § 2 Anm. 16 c; Hueck-Nipperdey, Tarifvertragsges., § 4 Anm. 12; Herschel-Steinmann, a. a. O., § 1 Anm. 17; — ebenso die Vertreter der Eingliederungslehre, so Nikisch, a. a. O., S. 185; Maus, Handb. d. ArbR (2. Aufl.), VI B § 1 KSchG Anm. 82.

[24]) Vgl. hierzu Hueck-Nipperdey-Dietz, a. a. O., § 2 Anm. 16, die eine Vernichtbarkeit des AV annehmen, und zwar soll das AV durch die Lossagung mit ex nunc Wirkung vernichtet werden, um die Fiktion eines gültigen AV zu vermeiden; siehe weiter Dietz, BetrVG, § 4 Anm. 29; Staudinger-Nipperdey, a. a. O., § 611 Bem. 105; Hueck, KSchG, § 1 Anm. 25, sieht in der Beseitigung eines AV für die Zukunft unter Berufung auf einen Nichtigkeitsgrund eine außerordentliche Kündigung und will deren Regeln anwenden; Hueck-Nipperdey, Tarifvertragsgesetz, § 4 Anm. 8 ff.; Hessel, AR-Blattei, Arbeitsvertrag-AV VI, D II. — Auch in der Eingliederungslehre wird die Aufhebbarkeit des AV angenommen, vgl. Nikisch, a. a. O., S. 185 f.; Maus, Das Arbeitsverhältnis, S. 172.

Bei schwerwiegenden Sittenverstößen wird u. U. ausnahmsweise eine Nichtigkeit des AV ex tunc angenommen, ein AV soll dann nicht entstanden sein; Hueck-Nipperdey-Dietz, AOG, § 2 Anm. 16 i; Dietz, a. a. O., Anm. 32; Nikisch, a. a. O.

A. A. anfangs die Rechtsprechung des RAG, das auch nur einen Anspruch aus § 812 BGB zubilligte, z. B. v. 13. 3. 35, ARS 23/198; v. 27. 11. 35, ARS 25/201; später wurde Lohnanspruch gewährt, RAG, v. 9. 4. 40, ARS 39/97 (105); v. 16. 9. 40, ARS 40/250 (253). — Wie die Lehre die neuere Rechtsprechung: LAG Berlin, 21. 2. 38, ARS 33/166. LAG Frankfurt, 5. 10. 48, RdA 1949 S. 353; v. 22. 9. 49, AP 50 Nr. 171 und v. 13. 9. 50 AP 51 Nr. 131; LAG Hamm, 6. 10. 50, AP 52 Nr. 48; LAG Düsseldorf, 23. 11. 51, AP 52 Nr. 187; LAG Frankfurt, 24. 11. 54, AR-Blattei Tarifvertrag V, „Inhalt", Entscheidungen 1.

Für den Fall, daß der Arbeitsvertrag von einem geschäftsunfähigen oder in der Geschäftsfähigkeit beschränkten AN abgeschlossen wurde, wird grundsätzlich dem AG auch die Berufung auf die Nichtigkeit des Vertrages versagt [25]).

Ist nur ein Teil des Arbeitsvertrages, eine bestimmte Vereinbarung nichtig oder anfechtbar, so wird nach Möglichkeit versucht, die Gültigkeit des Arbeitsvertrages im übrigen aufrechtzuerhalten. Im Zweifel soll die Rechtsbeständigkeit des AV nicht berührt werden. Eine Teilnichtigkeit kann bei Verstößen gegen die Bestimmungen des Arbeitsschutzes vorliegen, bei unzulässigen Lohnvereinbarungen und bei Abreden, die den Bestimmungen eines Tarifvertrages oder einer Betriebsvereinbarung widersprechen [26]).

Für den Fall, daß ein fehlerhafter Arbeitsvertrag wegen Irrtums oder Täuschung anfechtbar ist, herrscht in der Rechtslehre und neuerdings auch in der Rechtsprechung dahingehend Übereinstimmung, daß nach der Einordnung des AN in den Betrieb eine Auflösung des AV mit rückwirkender Kraft nicht zugelassen werden kann, es wird also die gleiche Auffassung vertreten, wie im Fall des nichtigen Arbeitsvertrages. Umstritten ist nur, ob der AG nur noch ein Recht zur außerordentlichen Kündigung haben soll, oder ob die Anfechtung auch weiter zulässig ist, allerdings mit der Einschränkung, daß ihre Wirkung sich auf eine kündigungsähnliche Auflösung des AV für die Zukunft beschränkt. Teilweise wird auch von einem besonderen Lossagungsrecht gesprochen [27]).

Zur Stützung der von ihre vertretenen Auffassung hat sich die Eingliederungslehre immer darauf berufen, daß es gerade ihr ge-

---

[25]) Siehe Hueck, Grundriß, S. 91 unter 3; Staudinger-Nipperdey, a. a. O., § 611 Bem. 104; Hueck-Nipperdey-Dietz, a. a. O., § 2 Anm. 16 d, i; Nikisch, a. a. O., S. 188.

[26]) An die Stelle einer nichtigen Lohnvereinbarung soll der Tariflohn oder ein angemessener Lohn treten, eine tarifwidrige Vereinbarung wird durch die entspr. Tarifbestimmung ersetzt. — Die Anwendbarkeit des § 139 BGB wurde schon in der älteren Lehre abgelehnt, so Kreller, ArchZivPrax. Bd. 122, S. 23 f.; Hueck-Molitor-Riezler, Arbeitsvertrag, S. 87, 149. Siehe im übrigen zu dem im Text Gesagten: Hueck, Grundriß, S. 90; Staudinger-Nipperdey, a. a. O., § 611 Bem. 99 f.; Hueck-Nipperdey-Dietz, a. a. O., § 2 Anm. 16 e; Hueck-Nipperdey, Tarifvertragsgesetz, § 4 Anm. 7 ff., 44.

Vgl. aus der Rechtsprechung: RAG, 9. 6. 37, ARS 30/117; v. 20. 12. 39, ARS 38/23; v. 29. 3. 39, ARS 37/44; das RAG stützte bei verbotener Überarbeit einen Lohnanspruch zusätzlich noch auf § 812 BGB; LAG Mannheim, 13. 10. 51, AP 52 Nr. 138; LAG Hannover, 2. 7. u. 11. 2. 53, BB 1953 S. 651 und S. 203; ein angemessener Lohn wird anstelle des zu niedrigen festgesetzt.

[27]) Vgl. hierzu Hueck, Grundriß, S. 90 f.; ders. KSchG, § 1 Anm. 25 und öfter; Hueck-Nipperdey-Dietz, AOG, § 2 Anm. 16 f.; Staudinger-Nipperdey, BGB, § 611 Bem. 97; Herschel-Steinmann, a. a. O., § 1 Anm. 17; Herschel, BB 1953 S. 1069; Hueck-Nipperdey, TVG, § 4 Anm. 8 ff.; Bührig-Wittholz-Paulsen, KSchG, § 1 Anm. 31; Haberkorn, ArbuR 1953 S. 368; Dietz, a. a. O., § 4 Anm. 30; Sommer, AR-Blattei, Anfechtung im ArbR I, B, und

lungen sei, in den Fällen des fehlerhaften Arbeitsvertrages befriedigende Lösungen zu finden. Deren Richtigkeit wird heute auch von der Vertragslehre anerkannt, und es besteht insbesondere hier im praktischen Ergebnis zwischen den beiden Lehren Übereinstimmung, mögen auch die Begründungen noch unterschiedlich sein [28]). Wenn nun Hueck annimmt, die Auffassung der Vertreter der Vertragslehre, auch ein fehlerhafter Arbeitsvertrag könne ein AV begründen, stehe nicht im Widerspruch zu ihrer Lehre, so ist dies sicher richtig, soweit er sich darauf beruft, es habe ja im heutigen Recht allgemeine Anerkennung gefunden, daß die Wirkung von Verträgen, die zur Begründung von Gemeinschaftsverhältnissen führen, nicht mit rückwirkender Kraft beseitigt werden kann [29]). Die Anwendung dieses Grundsatzes auf das AV kann aber nicht als Folgerung aus der besonderen Eigenart des Arbeitsvertrages gesehen werden, sondern hierin liegt umgekehrt eine Anerkennung der besonderen Bedeutung der Betriebszugehörigkeit und des einmal vollzogenen AV, die über die des Vertrages hinausgeht. Denn erst die Erkenntnisse vom Wesen des AV als Gemeinschaftsverhältnis haben dazu geführt, daß dem Vertrag nicht mehr die allein beherrschende Stellung für die Beziehungen zwischen AG und AN gegeben wird, sondern daß, wie sich im Fall des fehlerhaften Arbeitsvertrages zeigt, dem Vertrag im Vergleich zu anderen Momenten im Ablauf eines AV nur noch eine Nebenrolle zukommt. Allerdings soll nicht verkannt werden, daß auch die Eingliederungslehre annimmt, bei Vor-

die dort zitierten; Bulla, MuSchG, § 5 Anm. 78 ff.; — ebenso die Eingliededungslehre: Siebert, Das Arbeitsverhältnis, S. 99 u. öfter; Nikisch, a. a. O., S. 192 ff.; Maus, Das Arbeitsverhältnis, S. 170 ff.

A. A. gegen die h. M. Molitor, Die Kündigung, S. 25; Schnorr v. Carolsfeld, a. a. O., S. 145; Lipski, ArbGeb. 1955 S. 175; ebenso das RAG, das lediglich in einer der letzten Entscheidungen die Frage der Wirkung der Anfechtung offen ließ (v. 13. 3. 42, ARS 44/209). — Ramm, a. a. O., S. 30 ff. (45), unterscheidet nach dem Anfechtungsgrund, ob nach erfolgter Anfechtung ein „Nichtarbeitsverhältnis" besteht — auf das nur die Bereicherungsvorschriften Anwendung finden — oder ein „Grundarbeitsverhältnis" — das sich auf die Existenzsicherung beschränkt — oder ein „tariflich normiertes AV" — auflösbar nur für die Zukunft.

Die neuere Rechtspr. folgt der h. L.: LAG Frankfurt, 25. 1. 49, RdA 1949 S. 469; v. 17. 9. 52, AP 53 Nr. 105; LAG Hamm, 31. 10. 49, AP 51 Nr. 1; v. 30. 4. 53, BB 1953 S. 501; LAG Bremen, 24. 5. 50, AP 51 Nr. 86; LAG Düsseldorf, 23. 11. 51, BB 1952 S. 260; LAG Mannheim, 2. 6. 53, BB 1953 S. 979; LAG Hannover, 1. 7. 53, BB 1953 S. 625; ArbG Bremen, 20. 2. 53, AP Nr. 1 zu § 119 BGB; LAG München, AmtsBl. Beyer, AM 1955 Nr. 4 S. 21.

Die Ansicht, daß nur eine außerordentliche Kündigung zulässig sein soll, wird im Anschluß an Frey, ArbuR 1953 S. 165 von Haberkorn, a. a. O. u. Hunn, ArbuR 1954 S. 18 ff. vertreten. So auch LAG Frankfurt v. 8. 7. 53, AP 54, Nr. 85.

[28]) Außerdem nimmt Nikisch, a. a. O., S. 192 ff. an, es bedürfe im Zeitpunkt der Anfechtung eines besonderen Kündigungsgrundes. So auch Frey, a. a. O. — A. A. Hueck, a. a. O.; Herschel-Steinmann, a. a. O.

[29]) Hueck, RdA 1955 S. 327.

liegen eines fehlerhaften Arbeitsvertrages komme durch die Einordnung in den Betrieb ein vollwirksames AV nicht zustande, da sie ebenfalls bei Berufung auf die Mängel des Arbeitsvertrages das AV für sofort auflösbar hält. Es bleibt aber festzustellen, daß, wie sich ein weiteres Mal zeigt, für die Rechtsstellung des AN nicht so sehr der Vertrag, als viel mehr das einmal begründete AV entscheidend ist, und daß eine Reihe schuldrechtlicher Bestimmungen auf das AV nur noch bedingt anwendbar sind.

## V. Arbeitsverhältnis und Betriebsstörung.

Auch die Behandlung der Auswirkungen einer Betriebsstörung auf die AV läßt erkennen, in welchem Umfange Rechtswissenschaft und Rechtsprechung für die AV der abhängigen AN eigene Wege, unabhängig vom Schuldrecht, gegangen sind, denn man hat sich hier völlig von den Vorschriften über Schuldner- und Gläubigerverzug des BGB gelöst. Es handelt sich um die Frage, ob der AN einen Anspruch auf seinen Lohn hat, wenn dem Betrieb seine Arbeitskraft zur Verfügung steht, eine Beschäftigung im Betrieb aber nicht möglich ist [30]).

Zwar hatte man anfangs versucht, das Problem des Betriebsrisikos im Rahmen des Privatrechts mit Hilfe der Bestimmungen der §§ 615 und 323 ff. BGB zu erfassen, ohne daß es aber gelungen ist, zu einer einwandfreien Lösung zu kommen, zwischen Gläubiger- und Schuldnerverzug zu trennen [31]). Hier brachte zunächst die bekannte Entscheidung des RG vom 6. 3. 1923 [32]) neue Gedanken, indem es davon ausging, eine befriedende Lösung für das Problem des Betriebsrisikos könne nicht von den Vorschriften des BGB her gefunden werden, vielmehr müsse im Gegensatz zum rein individualistischen Standpunkt des BGB von sozialen Erwägungen ausgegangen werden. Aus der Anerkennung einer sozialen Arbeits- und Betriebsgemeinschaft heraus versuchte das RG seine Entscheidung zu begründen, mit der es dann den arbeitswilligen AN anläßlich eines Teilstreikes den Lohnanspruch versagte.

Wenn auch diese Entscheidung, zum Teil stark, angegriffen wurde — es wurde darauf hingewiesen, daß durch das RG nicht die Ge-

---

[30]) Es handelt sich um Fälle, in denen äußere Einflüsse, Stromsperren, Naturkatastrophen, auch Teilstreiks u. a. m. die Arbeit im Betrieb unmöglich machen. Auch das wirtschaftliche Risiko kann hierzugezählt werden.

[31]) Vgl. die Lösungsversuche von: Trautmann, Gruch. Beitr. Bd. 59 S. 434 ff.; Oertmann, Dt. Arbeitsvertragsrecht, S. 156 ff.; ders. ArchZivPrax. Bd. 116 S. 1 ff.; Kaskel-Dersch, Arbeitsrecht, S. 189; Molitor, AN und Betrieb, S. 67 ff.; Nikisch, JheringsJ Bd. 80 S. 110 ff.; Potthoff, JW 1922 S. 551 ff.; ArbR 1922, S. 279 ff.

[32]) RG in RGZ Bd. 106 Nr. 74, S. 272 ff. (275 f.).

meinschaft der Betriebsgenossen, sondern die „Solidarität der AN untereinander" in den Vordergrund gestellt wird [33]) —, so ist sie doch insofern bahnbrechend gewesen, als sie einen neuen und zugleich vom Schuldrecht unabhängigen Weg zur Lösung des Problems des Betriebsrisikos wies.

In der Folgezeit wurde dann vom R A G die sog. Sphärentheorie, in Weiterentwicklung der Entscheidung des R G, herausgebildet [34]). Jedoch entsprach der Gemeinschaftsbegriff, den das R A G zur Grundlage seiner Entscheidungen machte, nicht der modernen Betriebsgemeinschaft, der Gemeinschaft von AN und AG, wie sich schon aus der Aufteilung in Gefahrenkreise ergibt. In den Bereich der AN fielen insbesondere die durch Teilstreiks verursachten Betriebsstörungen, u. U. war auch von den AN die besondere Betriebsgefahr mitzutragen.

Im weiteren Verlauf lehnte dann das R A G in Anerkennung der Bedeutung der arbeitsrechtlichen Betriebsgemeinschaft die Aufteilung des Betriebsrisikos in klassenmäßig getrennte Gefahrenkreise ab und belastete im wesentlichen den Betriebsinhaber mit dem Betriebsrisiko, es gab grundsätzlich nur den Gefahrenkreis der Betriebsgemeinschaft, für den der Unternehmer einzustehen hatte [35]). Nur bei besonderer Gefährdung des Bestandes des Betriebs sollten alle Glieder der Gemeinschaft zur Tragung des Betriebsrisikos mit herangezogen werden können, ein Verzicht der AN auf ihren Lohnanspruch zumutbar sein [36]). Der Unterschied zur Sphärentheorie war praktisch nicht sehr groß, da man davon ausgegangen war, daß grundsätzlich die Betriebsstörungen in die Sphäre des Betriebsinhabers fallen. Es wurde aber durch die Hervorhebung der Betriebsgemeinschaft entsprechend unserer heutigen Auffassung ein bedeutender Fortschritt erzielt.

Die Rechtsprechung nach 1945 schloß sich im großen und ganzen den vom R A G entwickelten Grundsätzen an. Einzelne Gerichte

[33]) Siehe Herschel, SozPrax. 1941 Sp. 908; Hueck, in Rechtsprechung des RG zum Arbeitsrecht, Bd. 1, S. 345; Potthoff, Arbeitsrecht, ein Ringen um werdendes Recht, S. 43; Staudinger-Nipperdey, a. a. O., § 615 Bem. 68; Siebert, Arbeitsverhältnis, S. 104/5.

[34]) Vgl. RAG, 20. 6. 28, ARS 3/116; v. 25. 10. 30, ARS 10/486; v. 10. 10. 31, ARS 13/168; und öfter, weitere Nachweise bei Hueck-Nipperdey-Dietz, a. a. O., § 2 Anm. 15.

[35]) Vgl. RAG, 26. 11. 40, ARS 41/43 (49); v. 2. 9. 41, ARS 43/21; v. 29. 10. 41, ARS 43/134. — Vgl. auch aus der Lehre Hueck, AkadZSchr. 1935 S. 922 ff., II u. III; Staudinger-Nipperdey, BGB, § 615 Bem. 66; Herschel, SozPrax. 1941 Sp. 903 ff.; ders., JheringsJ Bd. 90 1942/3, S. 162 ff.

[36]) Herschel, a. a. O., stellt in seiner Kritik an der Rechtsprechung des RAG heraus, daß es sich bei dem Problem des Betriebsrisikos eigentlich um ein solches des Unternehmens handelt und die Tragung des Risikos aus der Stellung des Unternehmers herzuleiten ist. Die Frage nach der Freistellung von der Lohnzahlung soll sodann nur im Rahmen des Unternehmens beurteilt werden.

versuchten allerdings neue Wege einzuschlagen, so daß die Rechtsprechung nicht ganz einheitlich blieb. So nahm beispielsweise das LAG Hamburg eine zeitliche Aufteilung des Betriebsrisikos vor, die LAG Düsseldorf und Bremen gingen von der Interessenlage aus, Betriebsergebnis auf der einen Seite, Arbeitsplatz auf der anderen Seite, vom LAG Frankfurt wurde bei generellen Störungen des Betriebs eine Verteilung des Risikos in der Form der Halbierung des Lohnanspruchs vorgenommen. Im wesentlichen wird aber auch von diesen Gerichten dem Betriebsinhaber das Betriebsrisiko aufgebürdet, insbesondere auch bei Störungen, die ihren Grund in wirtschaftlichen Schwierigkeiten haben. Eines haben alle Entscheidungen gemeinsam, daß nämlich eine Lösung des Problems des Betriebsrisikos auf dem Boden des bürgerlichen Rechts abgelehnt wird [37]).

Auch in der neueren Lehre läßt sich eine einheitliche Linie insofern feststellen, als allgemein eine Anwendung der Vorschriften des BGB abgelehnt und grundsätzlich im Betriebsinhaber der Träger des Betriebsrisikos gesehen wird, denn nur im Ausnahmefall soll der AN unter Berücksichtigung der Interessenlage der Beteiligten mit zur Tragung des Risikos herangezogen werden [38]).

Ein weiteres Problem im Recht der abhängigen Arbeit wird somit in Abweichung von den Bestimmungen des bürgerlichen Rechts gelöst. Auch diese Lösung wird also nicht vom Vertrage her gewonnen, sondern findet ihre Grundlage in dem besonderen Wesen des AV als personenrechtlichem Gemeinschaftsverhältnis, in dem der AG das Risiko der sich im Laufe der betrieblichen Tätigkeit ergebenden Störungen bei der Verrichtung der Arbeit durch die AN, die Betriebsgefahr, zu tragen hat, so daß ein anderes Ergebnis lediglich dann gerechtfertigt sein kann, wenn es die gemeinsamen Interessen am Fortbestand des Betriebes und damit für die AN an der Erhaltung der Arbeitsplätze gebietet [39]). Die Betriebszugehörigkeit

---

[37]) Vgl. die Entscheidungen: BGH, 11. 7. 1953, RdA 1953 S. 477 (478); BVG, 17. 12. 53, BB 1954 S. 96; LAG Hamburg, 7. 2. 47, RdA 1948 S. 36 f.; v. 22. 3. 47, RdA 1948 S. 144; v. 11. 9. 46, RdA 1948 S. 34; v. 12. 10. 51, AP 52 Nr. 186; LAG Frankfurt, 4. 11. 47, RdA 1948 S. 79 f.; LAG Stuttgart, 28. 4. 48, RdA 1949 S. 465 f.; LAG Bremen, 22. 11. 47, RdA 1948 S. 192; v. 18. 1. 50, AP 50 Nr. 146; LAG Kiel, 22. 3. 51; ArbuR 1953, S. 93; v. 18. 12. 53, BB 1954 S. 257.

[38]) Vgl. Citron-Hessel, Grundlagen des Einzelarbeitsrechts, S. 27; Gros, AR-Blattei Arbeitsausfall II, Betriebsstörung; Meissinger, RdA 1949 S. 45 ff.; Maus, Das Arbeitsverhältnis, S. 241 ff. (244); Nikisch, a. a. O., S. 492 ff.; Galperin, DRZ 1948 S. 193 ff. (197); Heimeier Betrieb 1952 S. 761; Savaète, ArbuR 1955 S. 267, 8; RGR-Kommentar, BGB, Vorb. 3 vor § 611; Bürger, BlfStR 1955 S. 365. — Etwas anderes wird allerdings immer in den Fällen des Teilstreiks bezüglich des Lohnanspruches der arbeitswilligen AN angenommen. Aber auch das zeigt, wie weitgehend schuldrechtliche Bestimmungen ausgeschaltet wurden.

[39]) A. A. Nikisch, a. a. O., S. 494 f., der aber, wenn die Existenz des Betriebes gefährdet ist, eine fristlose Entlassung für zulässig hält.

gibt damit den AN eine andere rechtliche Stellung als den sonstigen Vertragspartnern des Betriebsinhabers, denn der Lohnanspruch ist stärker geschützt, als beispielsweise der Erfüllungsanspruch aus einem Lieferungsvertrag, unterliegt aber andererseits anders als der Anspruch bei den dem Güteraustausch dienenden Verkehrsgeschäften letztlich betrieblichen Erwägungen.

Dies ergibt sich auch aus der schon längere Zeit in Rechtslehre und Rechtsprechung entwickelten Auffassung, daß die Fürsorgepflicht des AG gegenüber dem AN aus dem AV es verbietet, den AN mit solchen Schäden und Schadensersatzansprüchen zu belasten, die letztlich aus der besonderen Gefahr der übertragenen Arbeit folgen und als solche auch dann zum typischen vom AG zu tragenden Betriebsrisiko gehören, wenn sie im Einzelfall vom AN schuldhaft herbeigeführt worden sind [40]). Das bedeutet, daß der AN trotz schuldhafter Nichterfüllung einer Vertragspflicht und trotz schuldhafter Verletzung des Eigentums des AG diesem jedenfalls dann nicht zum Schadensersatz verpflichtet ist, wenn sich aus der Besonderheit des AV ein Ausschluß oder eine Herabsetzung der Schadensersatzpflicht ergibt. Hierin liegt ebenfalls eine Abweichung von allgemeinen zivilrechtlichen Grundsätzen [40a]), denn das Schuldrecht kennt nur bei Verträgen, die eine unentgeltliche Leistung zum Gegenstand haben, eine gesetzliche Haftungsbeschränkung und unterscheidet dabei zwischen grober und einfacher Fahrlässigkeit, während für die Haftung des AN bei der sog. „schadengeneigten Arbeit", wie vom BGH ausdrücklich betont wurde, „eine feste Abgrenzung dahin, daß leichte Fahrlässigkeit immer oder Fahrlässigkeit, außer grober, niemals eine Haftung des AN gegenüber dem AG voll ausschließen", sich nicht geben läßt [41]).

## VI. Arbeitsverhältnis und kollektives Arbeitsrecht.

### 1. Betriebsverfassungsrecht.

In gleichem Umfang, wie das Betriebsverfassungsrecht für die Ordnung und das rechtliche Wesen des Betriebes Bedeutung erlangte [42]), gewannen auch die Rechte, die dem AN aus der Betriebsverfassung erwachsen, Einfluß auf seine Stellung im Betrieb.

---

[40]) Nikisch, a. a. O., S. 269 ff., und die dort zitierte Rechtspr.; RGR-Kommentar, BGB, Vorbem. 4 zu § 611; Frey, ArbuR 1953 S. 7 und die dort zitierte Lehre; so auch der BGH, 10. 1. 55, AP Nr. 1 zu § 611 BGB „Haftung des AN" mit zust. Anm. v. Hueck; LAG Stuttgart, 17. 9. 54, AP Nr. 2 ebenda; LAG Düsseldorf, 15. 1. 56, AR-Blattei, Rechtspr. Nr. 1821.

[40a]) A. A. Hueck, a. a. O. in Anm. zu BGH.

[41]) BGH, a. a. O.; so auch LAG Düsseldorf, a. a. O. — Mit Recht wendet sich Hueck gegen die Auffassung des LAG Stuttgart a. a. O., es sei grundsätzlich die Haftung für leichte Fahrlässigkeit ausgeschlossen (Hueck in Anm. zu LAG Stuttgart a. a. O.).

[42]) Vgl. oben Kapitel 2, III.

Erst durch den Eintritt in den Betrieb, die Einordnung in den Betriebsorganismus, erhält der AN das Recht zur Teilnahme am Aufbau und der Funktion der Betriebsverfassung, nicht bereits mit Abschluß des Arbeitsvertrages. Das aktive Wahlrecht entsteht mit dem Eintritt in den Betrieb, für seine Ausübung ist die Fortdauer der Betriebszugehörigkeit maßgebend, unabhängig davon, ob ein vollwirksames AV vorliegt [43]). Voraussetzung für das passive Wahlrecht war gemäß § 20 Abs. 2 BRG eine 6monatige „Betriebszugehörigkeit", nach § 7 BetrVG ist nur wählbar, wer ein Jahr „dem Betrieb angehört". Durch die Erhöhung der Karenzzeit im BetrVG, sowie den Verzicht auf die noch nach dem BRG geforderte dreijährige Gewerbezugehörigkeit und dadurch, daß das BetrVG die Unternehmenszugehörigkeit nicht mehr genügen läßt, wird die besondere Bedeutung der Betriebszugehörigkeit herausgestellt. Für den Inhalt der Rechte aus der Betriebsverfassung ist die Betriebsart, insbesondere die Größe des Betriebes, maßgebend (§ 8 ff. BetrVG). Ebenso wie bei der Anwendung der Kündigungsschutzbestimmungen kommt es nur darauf an, daß der Wahlbewerber dem Betrieb ein Jahr angehört hat, unabhängig davon, ob während dieser Zeit ein neuer Arbeitsvertrag abgeschlossen wurde, der das bestehende AV inhaltlich geändert hat [44]). Selbst bei Unterbrechung der Betriebszugehörigkeit durch Beendigung und späteren Wiederabschluß eines Arbeitsvertrages kann die Beschäftigungsdauer während beider AV zusammengerechnet werden [45]).

Die Rechte und Pflichten aus der Betriebsverfassung finden also ihre Grundlage in der Betriebszugehörigkeit, nicht aber in dem zwischen AG und AN abgeschlossenen Arbeitsvertrag.

Durch die Rechtsprechung zu § 39 BRG, der als Beendigungsgrund des Betriebsratsamtes neben den Verlust der Wählbarkeit die Beendigung des „Arbeitsvertrages" stellte, wurde der über die vertraglichen Beziehungen hinausgehende Einfluß der „Betriebszugehörigkeit" für das Betriebsverfassungsrecht besonders betont. Denn trotz des Wortlautes dieser Vorschrift nahm das R A G an, daß nicht der Vertrag für den Fortbestand des Betriebsratsamtes, sondern die Betriebszugehörigkeit des Betriebsratsmitgliedes entscheidend sei.

---

[43]) Dietz, BetrVG, § 6 Anm. 7, 8; Galperin, BetrVG, § 6 Anm. 4; Fitting-Kraegeloh, BetrVG, § 6 Anm. 8; Meissinger, BetrVG, § 6 Anm. 4; Maus, Handb. d. ArbR (2. Aufl.), VIII S. 62 f.; Maurer, AR-Blattei Betriebszugehörigkeit I, E VIII; — so zur Zeit des BRG Mansfeld, BRG, S. 88, 134; Feig-Sitzler, BRG, § 20 A. 4.

[44]) Galperin, a. a. O., § 7 Anm. 11; Fitting, AR-Blattei Betriebsverfassung VI, A II.

[45]) Es kommt nur darauf an, ob der Zweck der Bestimmung des BetrVG nicht darunter leidet; Maurer, a. a. O.; Dietz, a. a. O., § 7 Anm. 8; Galperin, a. a. O., § 7 Anm. 7; Maus, a. a. O., VIII S. 69; wenn auch mit Einschränkungen Fitting-Kraegeloh, a. a. O., § 7 Anm. 10; — a. A. Erdmann, BetrVG, § 7 Anm. 7.

Dies galt insbesondere in den Fällen des Betriebsinhaberwechsels und eines Arbeitskampfes, der zur Stillegung des Betriebes und Kündigung der Belegschaft führte, wenn nach Beendigung des Streiks die AN weiter beschäftigt wurden [46]). Unter „Beendigung des Arbeitsvertrages" (§ 39 BRG) wurde nur die Lösung des AV verstanden, die ein endgültiges Ausscheiden eines Betriebsratsmitgliedes aus dem Betrieb zur Folge hat.

Der § 24 BetrVG hat in der Frage der Beendigung der Mitgliedschaft im Betriebsrat die Vorschrift des BRG im wesentlichen übernommen, weicht aber dadurch von dieser ab, daß, statt von der „Beendigung des Arbeitsvertrages", von der „Beendigung des AV" ausgegangen wird. Damit hat die Auslegung des § 39 BRG durch den Gesetzgeber ihre Anerkennung gefunden, und es dürften Zweifel nicht mehr bestehen, daß es auf die Beendigung des Arbeitsvertrages nicht mehr ankommt [47]). Darin liegt eine weitere Bestätigung dafür, daß die Rechtsstellung des AN vom Betrieb her bestimmt wird.

Gerade bei der Betrachtung des Betriebsverfassungsrechts tritt noch ein für die Beurteilung des AV wichtiger Gesichtspunkt in Erscheinung. Es entstehen durch die Einordnung in die Betriebsgemeinschaft, die Beschäftigung im Betrieb „tatsächliche und rechtliche Beziehungen auch zu Personen, die am Vertrage gar nicht beteiligt sind, vor allem zu den Mitarbeitern" [48]). Dies zeigt sich besonders augenfällig bei dem Anhörungsrecht des Betriebsrats im Falle einer Kündigung (§ 66 BetrVG) und dem Recht des Betriebsrats bei Störung des Betriebsfriedens die Entlassung des störenden AN zu verlangen (§ 66 Abs. 4 BetrVG). Doch entstehen Beziehungen zu Dritten, die von Potthoff schon frühzeitig erkannt wurden, nicht erst mit dem Beginn der Betriebszugehörigkeit, denn sie zeigen sich bereits, wie das Mitbestimmungsrecht des Betriebsrats bei Einstellungen erkennen läßt (§ 61 BetrVG), bevor der AN in den Betrieb eingeordnet wird, mit Vertragsabschluß.

---

[46]) Vgl. RAG, 3. 10. 28, ARS 4/100; v. 3. 10. 28, ARS 4/127; v. 26. 1. 29, ARS 5/196 zust. Flatow; v. 29. 5. 29, ARS 6/227; u. st. RSpr.

Ebenso Feig-Sitzler, BRG, § 39 Anm. 2; Molitor, AN und Betrieb, S. 46 ff. (50); Hueck-Nipperdey, Lehrb. II, (1.—2. Aufl.), S. 80 Anm. 114, S. 522; Flatow-Kahn-Freund, a. a. O., § 39 S. 320; Dersch, ArbRPrax. 1930, S. 183 f.; — a. A. Mansfeld, a. a. O., § 39 Anm. 2 c, S. 221 f.

[47]) Monjau, a. a. O., S. 37; Fitting-Kraegeloh, a. a. O., § 7 Anm. 10, § 24 Anm. 6; Galperin, a. a. O., § 22 Anm. 16; Meissinger, a. a. O., § 22 Anm. 9, § 24 Anm. 6; Maus, Handb. d. ArbR (1. Aufl.), BetrVG § 24 Anm. 6; Herschel, Anm. zu LAG Hannover, AP 53 Nr. 45; Nikisch, ArbR (1. Aufl.), § 54 II 3; Fitting-Kraegeloh, a. a. O., § 24 Anm. 6. — Dietz, a. a. O., § 24 Anm. 15 macht zur Bedingung, daß der Arbeitskampf durch Tarifvertrag beendet wurde, der eine allgemeine Wiedereinstellungsklausel vorsieht.

[48]) Dies betont schon Potthoff in ArbR 1922 Sp. 277/8 unter 4 und Sp. 372; vgl. auch Hueck in Hueck-Nipperdey, Lehrb. I (6. Aufl.), S. 27 unter IV, der hervorhebt, daß das „Einzelarbeitsverhältnis als Gemeinschaftsverhältnis von der größeren Gemeinschaft des Betriebes umschlossen" wird.

Zwar ist auch der AG bei vorliegendem Einspruch zur vorläufigen Einstellung des AN in den Betrieb berechtigt, es handelt sich aber zunächst nicht um eine endgültige Maßnahme. Das so begründete AV ist auflösend bedingt [49]). Seine Wirksamkeit hängt davon ab, inwieweit die Einwendungen gegen die Einstellung seitens des Betriebsrats durch das Arbeitsgericht anerkannt werden. Ein sofort vollwirksames AV kann daher grundsätzlich nur unter Mitwirkung des Betriebsrats begründet werden. Neben die zweiseitigen Beziehungen des Arbeitsvertrages tritt schon vor Begründung des AV ein weiteres Element, das dem privatrechtlichen Vertrag fremd ist. Die Vereinbarung, die zur Entstehung eines AV führen soll, muß schon, ihrem Inhalte nach und auch in persönlicher Hinsicht, dem Gemeinschaftswesen des AV und den betrieblichen Erfordernissen entsprechen, wie dies aus den Gründen, die den Betriebsrat zur Verweigerung der Zustimmung berechtigten, hervorgeht (§ 61 Abs. 3 BetrVG).

Ebenso wie dem Interesse der Arbeitnehmerschaft an der Aufrechterhaltung der einheitlichen und in sich geschlossenen Arbeitsgemeinschaft im Betrieb Rechnung durch eine Mitbestimmung bei Einstellungen getragen wird, findet auch das Interesse daran, daß die Zusammensetzung dieser Gemeinschaft nicht willkürlich geändert wird, durch das Anhörungsrecht des Betriebsrats bei Kündigungen seine Berücksichtigung. Das Anhörungsrecht bei Kündigung ist eine Fortführung des dem Mitbestimmungsrecht bei Einstellungen zugrunde liegenden Gedankens, der Arbeitnehmerschaft bei Veränderungen in der Zusammensetzung der im Betrieb tätigen Menschen ein Mitwirkungsrecht zu geben.

Wenn auch davon auszugehen ist, daß es sich bei der Bestimmung des § 66 Abs. 1 BetrVG nur um ein Gebot und nicht um ein Verbot handelt, nachdem sich das B A G der wohl überwiegenden Meinung angeschlossen hat, daß die Anhörung des Betriebsrates keine Wirksamkeitsvoraussetzung für die Kündigung ist [50]), so widerspricht eine Kündigung ohne Anhörung des Betriebsrates doch in jedem Fall dem Prinzip der vertrauensvollen Zusammenarbeit zwischen AG und Betriebsrat zum Wohle des Betriebes. Wie vom B A G betont wird, handelt es sich bei der Bestimmung des § 66 aber nicht nur um eine betriebsverfassungsrechtliche Vorschrift „zugunsten des Betriebsrates, der bei der personenrechtlichen Zusammensetzung der Belegschaft mitwirken soll", sondern um eine Vorschrift, die auch

---

[49]) Monjau, a. a. O., S. 68; ähnlich Galperin, a. a. O., § 61 Anm. 19 f.; Meissinger, BetrVG, § 61 Anm. 6; Dietz, BetrVG, § 61 Anm. 21 ff.; Fitting, a. a. O., Betriebsverfassung XIV C, II 2.

[50]) BAG, 15. 9. 54, AP Nr. 1 zu § 66 BetrVG; dort auch ausführliche Zitate zu den widersprechenden Auffassungen über die Wirksamkeit einer Kündigung ohne vorherige Anhörung des Betriebsrates.

kündigungsschutzrechtlichen und damit individualrechtlichen Charakter hat. Setzt sich der AG über das Gebot der vertrauensvollen Zusammenarbeit hinweg, hat er daher nach Auffassung des B A G sozial ungerechtfertigt im Sinne des § 1 KSchG gehandelt, und seine Kündigung muß rechtsunwirksam sein. Gegen diese Rechtsprechung des B A G sind zwar erhebliche Bedenken geäußert worden [51]), sie kann aber, nachdem sie in mehreren Entscheidungen bestätigt wurde, als feststehend angesehen werden [52]). Obwohl somit der Betriebsrat einen Anspruch auf Anhörung im Falle einer Kündigung nicht hat, können sich, wenn auch nur mittelbar, wichtige Rechtswirkungen bei der Beendigung des AV eines im Betrieb beschäftigten AN allein aus dem Vorhandensein eines Betriebsrates in diesem Betrieb ergeben. Beziehungen zu dritten Personen, nämlich zu dem von allen AN gewählten Betriebsrat, spielen also auch bei der Entlassung eine wichtige Rolle.

Es sind also nicht nur tatsächliche, sondern bedeutende rechtliche Wirkungen, die durch die Betriebszugehörigkeit, ja schon durch die vorgesehene Betriebszugehörigkeit, zur Entstehung gelangen und den Gemeinschaftscharakter des AV betonen. Das Mitbestimmungs- und Mitwirkungsrecht des Betriebsrats äußert wichtige rechtliche Wirkungen auf das AV und damit auf das Individualarbeitsrecht. Da auch die Ausübung der Rechte aus der Betriebsverfassung auf die Teilhabe an der Betriebsgemeinschaft zurückgeht, wird deutlich, daß das AV erst durch die Verbindung mit dem Betriebsorganismus seine eigentliche Gestalt gewinnt.

### 2. Tarifvertragsrecht.

Für den Inhalt des AV gewinnen auch die Tarifverträge eine besondere Bedeutung. Die Rechtsnormen der Tarifverträge bestimmen nicht nur den Inhalt der AV, sondern regeln auch deren Abschluß und Beendigung. Sie greifen also weitgehend in die Gestaltung der

---

[51]) So Molitor, AR-Blattei Betriebsverfassung XIV C, Anm. zu Entscheidungen 2 und 3; Bötticher, BB 1954 S. 970; Herschel, JZ 1954 S. 762; Dietz, a. a. O., § 66 Anm. 11 b; — der Entscheidung stimmen zu Krüger, Betrieb 1955 S. 70; Hueck in Anm. zu BAG a. a. O.; Hueck-Nipperdey, Lehrb. II (6. Aufl.), S. 17 Anm. 8.

[52]) BAG, 15. 9. 54, AP Nr. 2 zu § 66 BetrVG (Urteil deckt sich mit der Entscheidung vom gleichen Tag, zitiert in Anm. 50); BAG, 27. 6. 55, AP Nr. 3 zu § 66 BetrVG; BAG, 9. 12. 55, AP Nr. 2 zu § 7 KSchG. —

AV ein, und zwar insbesondere auch dadurch, daß sie unmittelbar und zwingend auf die AV einwirken [53]). Tarifnormen verdrängen entgegenstehende Vereinbarungen, unabhängig davon, ob der Inhalt des Tarifvertrages bekannt war, vorausgesetzt, daß AN und AG Tarifpartner sind. Nicht nur tarifwidrige Vereinbarungen werden durch bestehende positive Tarifnormen ersetzt, soweit eine Sondervereinbarung nicht günstiger war (§§ 1, 4 Tarifvertragsgesetz), auch schon länger bestehende AV werden von dem Inhalt eines neuen Tarifvertrages erfaßt. Das gleiche gilt von den Normen der Betriebsvereinbarungen, vor denen allerdings der Tarifvertrag Vorrang hat, denn ihre Unmittelbarkeit wurde schon immer anerkannt und auch deren Unabdingbarkeit wird heute angenommen [54]).

Damit zeigt auch hier das kollektive Arbeitsrecht, welch großen Einfluß bei der Gestaltung des AV die rechtlichen Beziehungen zu Dritten gewinnen können, Beziehungen, die nicht einmal auf die betrieblichen Grenzen beschränkt bleiben.

Bei einer Betrachtung der umstrittenen Frage, ob die Voraussetzung für die Anwendbarkeit der kollektiven Normen das Bestehen eines Arbeitsvertrages ist, oder ob die Einordnung und Beschäftigung im Betrieb ausreicht, ist daran festzuhalten, daß bei fehlerhaften Arbeitsverträgen weitgehende Ausnahmen von der Annahme der Nichtigkeit gemacht werden, und selbst im Falle der Nichtigkeit des Arbeitsvertrages hierdurch die Gültigkeit des AV bis zu seiner Auflösung nicht berührt wird. Man wird daher sagen können, daß es grundsätzlich nicht so sehr auf einen wirksamen Arbeitsvertrag ankommt, vielmehr die Betriebszugehörigkeit, das AV als solches die Anwendung der kollektiven Normen rechtfertigt [55]). Hinzu kommt, daß das Tarifvertragsgesetz nicht mehr ausdrücklich von Arbeitsverträgen, wie noch die Tarifordnung, ausgeht, sondern in § 1 Abs. 1 von der Ordnung des Inhalts von AV spricht.

Es wird also das AV weitgehend von den Tarifnormen und Betriebsvereinbarungen, der Ordnung des Betriebes, unabhängig vom Arbeitsvertrag bestimmt, und es liegt daher nahe, die Grundlage der Rechte und Pflichten aus diesen Normen in der Betriebszugehörigkeit zu sehen.

---

[53]) Der Grundsatz der Unabdingbarkeit ist in § 4 TVG festgelegt.

[54]) Vgl. oben Kapitel 2, III 3 b Anm. 72.

[55]) Vgl. Potthoff, ArbR 1922 Sp. 277/8 und ArbRPrax. 1929 S. 516; Hueck-Nipperdey, Lehrb. II (1.—2. Aufl.), § 10; Staudinger-Nipperdey, a. a. O., § 611 Bem. 96; Hueck-Nipperdey, Tarifvertragsgesetz, § 4 Anm. 7; — für die Eingliederungslehre ist dieses Ergebnis selbstverständlich, Nikisch, ArbR (1951), S. 311; Maus, a. a. O., VIII C, § 4 TVG Anm. 11 ff.

### 3. Individualarbeitsrecht und Kollektivarbeitsrecht.

Wenn gerade in neuester Zeit immer wieder betont wird, daß ein „charakteristischer Zug des heutigen Arbeitsrechts die Wendung vom Individualrecht zum Kollektivrecht“ [56]) ist, so gewinnt diese Feststellung für die rechtliche Beurteilung des AV ganz besondere Bedeutung. Leider verbietet es sich, im Rahmen der vorliegenden Untersuchung näher darauf einzugehen, wie weit der Einfluß des kollektiven Arbeitsrechts auf die Rechtsstellung der abhängigen AN geht, es sei nur darauf hingewiesen, daß gerade die Entwicklung des kollektiven Arbeitsrechts erheblich dazu beigetragen hat, daß in der Betrachtung der rechtlichen Beziehungen zwischen AG und AN, und damit des AV ein erheblicher Wandel eingetreten ist. Berücksichtigt man, daß heute schon die Mehrzahl aller AV von Gesamtvereinbarungen erfaßt werden, so bedeutet dies im Ergebnis, daß sich die Aufgabe des Arbeitsvertrages im wesentlichen darauf beschränkt, ein AV zu begründen, während dessen Inhalt vorwiegend von kollektiven Normen bestimmt wird. Es darf aber nicht übersehen werden, daß zwischen kollektivem Arbeitsrecht als Teil des Gesamtarbeitsrechts und dem Individualarbeitsrecht eine enge Verknüpfung besteht [57]). Diese hat erstmals ihren Ausdruck in der bekannten Teilstreikentscheidung des RG [58]) gefunden und ist in neuester Zeit durch die Arbeitskampfentscheidung des Großen Senats des BAG [59]) weiterentwickelt worden.

Ebenso wie die Feststellung des RG, daß die Frage des Lohnanspruchs Arbeitswilliger nicht mit den von individualistischen Gedanken getragenen Vorschriften des BGB befriedigend gelöst werden könne, ist auch das vom BAG erzielte Ergebnis von grundsätzlicher Bedeutung nicht nur für das Verhältnis von Individualrecht und Kollektivrecht, sondern für die Beurteilung des Wesens des arbeitsrechtlichen Vertrages.

Das BAG nimmt an, daß dem legitimen gewerkschaftlichen Streik die Legitimität der „Gesamtaktion das entscheidende Gepräge“ gibt mit der Wirkung, daß weder die zum Streik auffordernde Gewerkschaft noch die AN, auch wenn sie ohne Kündigung die Arbeit niederlegen, vertragswidrig und rechtswidrig handeln. Infolgedessen habe der bestreikte AG nicht mehr das Recht zur außerordentlichen fristlosen Entlassung der einzelnen AN wegen Vertragsverletzung, ebenso scheide eine Schadensersatzpflicht der AN aus. Den Streik

---

[56]) Hueck in Hueck-Nipperdey, Lehrb. I (6. Aufl.), S. 28; Nipperdey, ebenda Bd. II S. 18 f.; Siebert, RdA 1956 S. 16.

[57]) Nipperdey, a. a. O., S. 15; Hueck, a. a. O., S. 29; Nikisch, RdA 1953 S. 81; Siebert in Festschrift f. Nipperdey, S. 119 ff. und RdA 1956 S. 16.

[58]) RG, 6. 2. 23, RGZ 106/272.

[59]) BAG, Großer Senat, 28. 1. 55, AP Nr. 1 zu § 9 GG „Arbeitskampf“.

bezeichnet das B A G als sozialadäquat und gibt ihm ausschließlich kollektivrechtlichen Charakter. Unter dem Gesichtspunkt der Kampfparität ist jedoch der AG nach Ansicht des B A G berechtigt, im Wege der kollektiven Aussperrung die AV der streikenden AN fristlos zu lösen.

Eine Kollektivmaßnahme führt also zur Auflösung des Einzelarbeitsvertrages, der Lohnanspruch entfällt, und § 615 BGB findet keine Anwendung. Zwar folgt aus der kollektivrechtlichen Auffassung von der Aussperrung, daß eine Wiedereinstellungspflicht bei Fehlen einer tariflichen Wiedereinstellungsklausel verneint wird, doch sind der freien Rechtsausübung des AG nach Ansicht des B A G dadurch Schranken gesetzt, daß er nicht offensichtlich mißbräuchlich „die Chancen der AN, wieder in den Betrieb zu kommen", vernichten darf [60]).

Aus der Verbindung von Individualrecht und Kollektivrecht, die, wie die Betrachtung des Betriebsverfassungsrechts zeigte, auch auf betrieblicher Ebene wichtige Rechtswirkungen auf das AV des im Betrieb beschäftigten AN äußert, ergibt sich also ein weiteres wichtiges Moment des besonderen Wesens des AV. Hervorzuheben ist dabei, daß das AV starken außerbetrieblichen Einflüssen unterliegt. Damit unterscheidet sich das AV und der arbeitsrechtliche Vertrag grundlegend von den übrigen Rechtsverhältnissen des bürgerlichen Rechts.

## VII. Arbeitsverhältnis und die sog. öffentlichrechtlichen Teile des Arbeitsrechts.

Eine besondere Betonung erfährt die Einordnung und Beschäftigung im Betrieb, ein vom Arbeitsvertrag unabhängiges AV, in der Arbeitsgerichtsbarkeit und der Sozialversicherung.

Gemäß § 2 Abs. 1 Ziff. 2 ArbGG v. 3. 9. 1953 gehören vor die Arbeitsgerichte alle Streitigkeiten aus dem AV. Dabei kommt es nur darauf an, daß der AN in einem Beschäftigungsverhältnis steht, in einen Betrieb eingegliedert worden ist. Ob überhaupt ein Arbeitsvertrag abgeschlossen wurde, bzw. ob ein solcher rechtswirksam ist, hat für die Frage der Zuständigkeit der Arbeitsgerichte keine Bedeutung [61]).

---

[60]) Die Entscheidung hat in der Lehre durchweg Zustimmung gefunden, vgl. Meissinger, NJW 1955 S. 972; Krüger, RdA 1955 S. 251 f.; Molitor, BB 1955 S. 454; Siebert, RdA 1956 S. 16; Nipperdey, a. a. O., S. 103 f.; ablehnend Frey, ArbuR 1955 S. 231.

[61]) Vgl. zum ArbGG von 1926: Dersch-Volkmar, ArbGG (1927), § 2 S. 126; Dersch, NZfA 1931 Sp. 155; Potthoff, ArbGer. 1932 Sp. 113 ff.; Baumbach-Teichmann, ArbGG, § 2 S. 18 f.; Hueck-Nipperdey, Lehrb. I (3.—5. Aufl.),

Das gleiche wird auch für das Arbeitsschutzrecht angenommen. Durch die Einordnung in den Betrieb und die damit entstehende enge Verbindung zu den übrigen Betriebsmitteln wird die Schutzbedürftigkeit der AN begründet. Die Stellung des AN im Betrieb, seine Zugehörigkeit zum Betriebsorganismus stellt den Tatbestand dar, an den das Arbeitsschutzrecht anknüpft. Die Pflichten des AG zum Schutze des AN kommen unabhängig von dem Vorhandensein eines Arbeitsvertrages durch die Eingliederung des AN in den Betrieb zur Entstehung [62]). Auch soweit die Schutznormen auf Gesamtvereinbarungen beruhen, kommen sie erst durch die Betriebszugehörigkeit des AN zur Auswirkung. Da sich die Art des Schutzes nach der Natur der Arbeitsleistung richtet, diese durch die Art des jeweiligen Betriebes bestimmt wird, bestimmt die Zugehörigkeit zu einem Betrieb auch Inhalt und Umfang des zu gewährleistenden Schutzes.

Die Betriebszugehörigkeit ist auch für das Sozialversicherungsrecht allein maßgebend. Der Versicherungstatbestand knüpft an die Tatsache der Beschäftigung an. Der Beginn der Versicherungspflicht wird ebenfalls nicht vom Abschluß eines Arbeitsvertrages bestimmt, aber auch nicht durch die tatsächliche Arbeitsleistung des AN, für die Sozialversicherung wird darauf abgestellt, ob der AN mit seiner Arbeitskraft der Verfügungsgewalt des AG untersteht [63]). Art und Umfang der Versicherung richten sich nach der Beschaffenheit des Betriebes. Das Reichsversicherungsamt ging bei der Prüfung der Frage, wer im Einzelfall als AG anzusehen ist, nur davon aus, wem die Tätigkeit des Beschäftigten wirtschaftlich zugute kommt, ohne zu berücksichtigen, zwischen welchen Personen ein Arbeitsvertrag geschlossen wurde. Es wurde also das Bestehen eines Beschäftigungsverhältnisses im Sinne der RVO auch in den Fällen des sog. mittelbaren AV angenommen, wenn also der Arbeitsvertrag zwischen dem AN und einer Zwischenperson abgeschlossen wird, ohne daß dieser ausdrücklich für einen Unternehmer auftritt, obwohl die Arbeit in

---

S. 114; RAG, 2. 7. 28, ARS 3/87. — Zum ArbGG 1953: Dietz-Nikisch, ArbGG § 2 Anm. 106 ff.; Dersch-Volkmar, ArbGG (6. Aufl.), § 2 Anm. 101 ff.

[62]) Hueck-Nippedey, a. a. O., S. 437 f.; Hueck, Grundriß, S. 139 ff.; Staudinger-Nipperdey, a. a. O., § 618 Bem. 67; Nikisch, Arbeitsrecht (1951), S. 425 f.; Maus, a. a. O., VII A S. 11 f. (AZO); Denecke, AZO, § 1 Anm. 7.

[63]) Vgl. Hueck-Nippedey, a. a. O., S. 114 Anm. 9; Molitor-Hueck-Riezler, Arbeitsvertrag, S. 39 f.; Dersch, ArbRPrax. 1930 S. 144 f.; Stier-Somlo, RVO, § 165 Anm. 20; RVO v. Mitgl. d. RVA Bd. II, § 165 Anm. 21 a; Schnorr, Die Sozialversicherung 1949, S. 338 f.; Lauterbach, Unfallversicherung, § 537 Anm. 10, 13; Brackmann, Handb. d. Sozialversicherung, Bd. II, S. 306, 469; Teutsch, Das Beschäftigungsverhältnis, S. 14, 33 ff.; — Preuß. OVG, 23. 10. 1905, Entsch. d. OVG Bd. 48 S. 344; Bayr. LVAmt, 29. 3. 49, Amts. Bl. bayr. Arb. Min. 1950 Teil B, S. 592; v. 22. 4. 49, ebenda S. 283.

dessen Betrieb geleistet werden soll[64]). Während man im Arbeitsrecht früher nur die Zwischenperson als AG betrachtete, ist man heute überwiegend auch für das Arbeitsrecht der Auffassung, „daß zwischen der beschafften Arbeitskraft und dem ihn Beschäftigenden ein unmittelbares AV mit allen den Folgen besteht, die sich sonst zwischen den Beteiligten nach der Vertragstheorie auf Grund eines Arbeitsvertrages ergeben, obwohl in diesem Fall ein unmittelbarer Arbeitsvertrag fehlt" [65]). Damit zeigt sich in einem weiteren Fall, daß es nicht die vertraglichen Beziehungen sind, auf die es für die Beurteilung des AV entscheidend ankommt.

Diese sogenannten „öffentlich-rechtlichen" Teile des Arbeitsrechts hatten besondere Bedeutung für die Spaltung des AV in ein Arbeitsvertragsverhältnis und ein faktisches AV, also für die Entwicklung der Lehre vom Beschäftigungsverhältnis erlangt. Während heute im Arbeitsrecht im wesentlichen von einer einheitlichen Betrachtung des AV ausgegangen wird, sind die unterschiedlichen Auffassungen zwischen dem AV, das Grundlage der Versicherungspflicht ist, und dem arbeitsrechtlichen AV nicht überwunden worden[66]). Die Schwierigkeiten ergeben sich aus der noch immer stark betonten vertraglichen Entstehungsgrundlage des AV, obwohl in vielen Fällen die praktischen Ergebnisse zeigen, daß dem Vertrag für die rechtliche Stellung des AN nur noch eine sehr beschränkte Bedeutung zukommt.

Ohne daß auf die Möglichkeit einer einheitlichen Betrachtungsweise des AV für die Sozialversicherung und das Arbeitsrecht im einzelnen eingegangen werden soll, ergibt sich schon, daß die Voraussetzungen, von denen die Eingliederungslehre ausgeht, grundsätzlich den tatsächlichen Gegebenheiten der Stellung des AN im Betrieb auch für die Sozialversicherung eher entsprechen als die Bemühungen der Vertragslehre, an der vertraglichen Entstehungsgrundlage des AV festzuhalten. Denn weitere wichtige Rechte des AN erwachsen aus der Zugehörigkeit zum Betrieb, werden durch sie gestaltet. Die Verpflichtung des AG entsteht im Arbeitsschutz- und Sozialrecht nur durch die Zuordnung des AN zu dem von ihm geleiteten Betrieb, er ist auf Grund seiner Stellung als Betriebsinhaber verpflichtet, der AN auf Grund seiner Organisationszugehörigkeit geschützt und erwirbt im Rahmen der Sozialversicherung eigene Rechte.

---

[64]) RVA in ANdRVA 1900, 830; 1901, 637; 1906, 513; 1909, 589; 1913, 841; Dersch, in Wege zur Soz. Vers. 1951 S. 205; ders. AR-Blattei, Arbeitsvertrag-AV III, II; ders. AVG, § 1 Anm. 15 c; Nikisch, ArbR I (2. Aufl.), S. 206.

[65]) Molitor, RdA 1955 S. 42; Hofrichter, Das mittelbare AV; Dietz, BetrVG, § 4 Anm. 27; Kauffmann, RdA 1951 S. 176; Nikisch, a. a. O.; Bobrowski, ArbR S. 28 f.; RGR-Kommentar, BGB, Vorbem. III vor § 611; Erman, BGB, § 611 Anm. 2 e; Maus, Das Arbeitsverhältnis, S. 201 f.

[66]) Um eine einheitliche Betrachtungsweise des AV im Arbeitsrecht und der Sozialversicherung sind in neuerer Zeit besonders bemüht: Schnorr, a. a. O.; Dersch, RdA 1952 S. 53 ff.

## VIII. Zusammenfassung.

Die bisherige Untersuchung des AV im Zusammenhang mit Einzelproblemen aus dem Recht der abhängigen Arbeit zeigt, daß das Zustandekommen und der Inhalt des AV wesentlich durch kollektivrechtliche Normen bestimmt wird, und daß die Zugehörigkeit des AN zum Betrieb dem AV eigene, starke rechtliche Wirkungen gibt, die nicht vertragsbestimmt sind.

Auf das AV wirken Tarifnormen und Betriebsvereinbarungen ein, durch die Löhne, Urlaub, Ruhegeld, Zulagen, Arbeitsbedingungen und auch betriebsverfassungsrechtliche oder soziale Fragen geregelt werden, sowie Bestimmungen der Schutz- und Sozialgesetze, das Betriebsverfassungsrecht u. a. m. Es handelt sich insbesondere um Elemente, die die Ordnung des Betriebes mitbestimmen. Wichtige Fragen aus dem Betriebsleben, wie die Behandlung der Kündigung, die Tragung des Betriebsrisikos, die Auswirkungen des fehlerhaften Vertrages auf den Bestand des AV werden aus der Zugehörigkeit des AN zum Betriebsorganismus heraus beantwortet und beurteilt. Die Dauer der Betriebszugehörigkeit und die Beziehungen zu Dritten können größere Wirkungen für die Stellung des AN im Betrieb haben als die vertraglichen Beziehungen zwischen AG und AN.

Sicherlich haben Einzelvereinbarungen auch weiterhin eine erhebliche Bedeutung. Soweit außerdem noch die Gestaltung des AV derartigen im Arbeitsvertrag getroffenen Vereinbarungen unterliegt, hängt auch deren Verwirklichung davon ab, daß der AN betriebszugehörig wird. Schutz und Fortgeltung auch dieser AV werden wesentlich vom Betrieb her bestimmt, sowie von der Ordnung des Betriebes und anderen vom Parteiwillen unabhängigen Faktoren beeinflußt. Die tatsächliche Behandlung des AV in Einzelfragen zeigt, daß eine eigene rechtliche Bedeutung des AV, die in der Betriebszugehörigkeit gründet, Anerkennung gefunden hat [67]).

---

[67]) Man kann mit Potthoff, der schon weit früher zu diesem Ergebnis kam, sagen, daß der Arbeitsvertrag von seiner überragenden Höhe verdrängt worden ist (Potthoff, NZfA 1931 Sp. 283 ff.).

5. Kapitel

# Die Rechtsstellung der Arbeitnehmer bei einem Wechsel des Betriebsinhabers.

Wie eingangs schon dargelegt, wird überwiegend davon ausgegangen, daß bei einer vereinbarten Betriebsnachfolge die Überleitung der AV auf den neuen Betriebsinhaber erforderlich ist, da man den Vorgang der Betriebsnachfolge zerlegt. Daher gewinnt eine Untersuchung, welche Behandlung die „Überleitung" der AV, also die „Übertragung" der Arbeitgeberstellung in Rechtslehre und Rechtsprechung erfahren hat, in zweifacher Hinsicht Bedeutung. Einmal ist es für die Beurteilung des Gesamtvorganges der Betriebsnachfolge wesentlich, festzustellen, wie die Durchführung des Betriebsinhaberwechsels in Bezug auf einen Teilausschnitt, nämlich die AV, rechtlich konstruiert wurde. Sodann handelt es sich um einen Einzelfall aus dem Recht der abhängigen Arbeit, der für die Beurteilung der Frage, welchen Einfluß vertragliche Beziehungen heute noch auf das AV ausüben, von Interesse ist. Eine Frage wiederum, von deren Beantwortung entscheidend abhängt, welche rechtliche Bedeutung dem auf Vertrag beruhenden Betriebsinhaberwechsel für den Betrieb und die in ihm bestehenden AV gegeben werden muß.

Im 19. Jahrhundert, und auch noch in der ersten Zeit nach der Einführung des BGB und des HGB, hatten im Falle einer Betriebsnachfolge — ein Begriff, der damals noch nicht geläufig war — nur handels- und unternehmensrechtliche Fragen interessiert, so die Frage der Haftung auf Grund der fortgeführten Firma [1]), während sich arbeitsrechtliche Probleme nicht oder nur hinsichtlich einer Haftung für Lohnzahlungen ergaben.

Erst seitdem man begann, den Arbeitsvertrag als den Vertrag, der abhängige Arbeit zum Gegenstand hat, herauszustellen, dessen Wesen sich nicht im *do ut des* der römischen *locatio conductio* erschöpft, und seine besondere Eigenart im Vergleich zu den Verträgen des Schuldrechts anerkannte, wurde der Wechsel des Betriebsinhabers einer gesonderten arbeitsrechtlichen Beurteilung unterzogen, und es wurden die rechtlichen Voraussetzungen für den Weiterbestand der AV im fortgeführten Betrieb untersucht [2]).

---

[1]) Mit dieser Frage befaßt sich bereits das RG in seinem Urteil vom 8. 7. 1880, RGZ Bd. 17/98, und es wurde schon das gleiche Ergebnis erzielt, das sich auf Grund später in § 25 HGB erfolgten gesetzlichen Regelung ergibt.

[2]) Vgl. die ersten Untersuchungen bei O. v. Gierke, Dt. PrivR III, S. 607; Vanselow, SchliW 1922 S. 95 ff.; Hueck, Handb. (1922), S. 67; Meissinger, NZfA 1924 Sp. 521 ff.

## I. Schuldrecht und Eintritt in die Arbeitsverhältnisse.

Man versuchte zunächst, dem neuen Betriebsinhaber die Rechtsstellung des AG in gleicher Weise zu verschaffen, wie bei einem Wechsel von Vertragspartnern im Falle der Übertragung eines Rechtsverhältnisses im Schuldrecht [3]). Da die im Schuldrecht herrschende Rechtslehre die Übertragbarkeit eines Schuldverhältnisses als Ganzes, als Organismus [4]) ablehnt und annimmt, daß nur durch die Abtretung aller Rechte und Übernahme aller Verpflichtungen ein Schuldverhältnis übertragen werden könne, und daß grundsätzlich damit auch der gleiche Erfolg wie bei einer Gesamtübertragung erzielt werde [5]), wurden diese Grundsätze auch auf die Übertragung eines AV im Rahmen einer Betriebsnachfolge angewandt.

Die Auffassung, daß der Eintritt in ein Schuldverhältnis auf eine Summe von einzelnen Abtretungen und Schuldübernahmen zurückgeht, stieß jedoch bei der Anwendung auf die AV im Falle der Betriebsnachfolge auf Schwierigkeiten, die sich bei den Rechtsgeschäften des Privatrechts nicht ergaben [6]).

Durch die Koppelung von Schuldübernahme und Forderungsübertragung wurde für den Eintritt des neuen Betriebsinhabers in das AV ein doppeltes Rechtsgeschäft erforderlich, nämlich die Einigung zwischen dem bisherigen und dem künftigen AG und die Zustimmung des AN, und man erkannte bald die große Härte, die darin lag, daß damit die Weiterbeschäftigung von u. U. langjährigen Mitarbeitern im alten Betrieb vom Willen des Betriebsnachfolgers abhängig wurde. Außerdem stand einer solchen Behandlung des Arbeitgeberwechsels die Vorschrift des § 613 Satz 2 BGB entgegen, die bestimmt, daß der Anspruch auf die Dienstleistung im Zweifel nicht übertragbar ist.

Nach dieser Vorschrift hätte bei einer Betriebsnachfolge die Übernahme der eingearbeiteten und betriebserfahrenen AN, die zur Aufrechterhaltung der Betriebstätigkeit und Weiterführung des Betriebs

---

[3]) Vgl. statt vieler: Demelius, JheringsJ Bd. 72 S. 241 ff.; Hueck-Nipperdey, Lehrb. I (3.—5. Aufl.), S. 290.

[4]) Eine derartige Möglichkeit nimmt gegen die h. M. an: Siber, JheringsJ. Bd. 70 S. 294 ff. Er will das Vertragsverhältnis selbst als übertragbar behandeln, und zwar entsprechend §§ 398, 414, 415 und 305 BGB, und verweist noch auf die §§ 571 und 69 VVG. Wie Siber auch v. Tuhr, allg. Teil I, S. 220 f.; ebenso wohl auch Hueck in Hueck-Nipperdey, a. a. O., S. 290 Anm. 2; in neuester Zeit auch Nikisch, a. a. O., S. 540, der nach dem Grundsatz der Vertragsfreiheit „eine gewillkürte Subjektsänderung auch bei ganzen Schuldverhältnissen für zulässig hält.

[5]) O. v. Gierke, Dt. PrivR. III, S. 185; Schollmeyer, BGB, § 398 Anm. 2; Demelius, a. a. O.; Staub-Koenig HGB, Anhang zu § 374 Anm. 2 a; Planck, BGB, Vorbem. 2 vor § 398; Staudinger-Nipperdey, BGB, § 613 Bem. 18; Enneccerus-Lehmann, II, § 78 III 2, § 87 I 1; u. a. m.

[6]) So wies Molitor, AN und Betrieb, S. 39, darauf hin, daß es fraglich sei, ob dann auch die Gestaltungsrechte übergehen; so auch Stemmer, Der Arbeitgeberwechsel und seine Rechtsfolgen, S. 37 ff.

erforderlich ist, nur dann möglich sein dürfen, wenn den AN rechtzeitig gekündigt wurde oder die AV einverständlich gelöst wurden, damit mit dem neuen AG neue Arbeitsverträge geschlossen werden konnten. Denn sonst bestand die Verpflichtung der AN, Arbeit zu leisten, gegenüber einem AG, der nicht mehr über eine Betriebsstätte verfügte, mithin in Annahmeverzug geraten mußte, während der neue Betriebsinhaber über Betriebsmittel verfügte, ohne gleichzeitig auch einen Anspruch auf die Arbeitsleistung der AN zu haben [7]).

Ein derartiger Zustand wurde als unbefriedigend empfunden. Denn abgesehen davon, daß sich schon daraus Schwierigkeiten ergeben mußten, daß eine außerordentliche Kündigung anläßlich des Betriebsinhaberwechsels nicht für zulässig gehalten wurde [8]) und es somit fraglich war, ob die meist unterschiedlichen Kündigungsfristen der AN eingehalten werden konnten, bestand infolge der Notwendigkeit, neue Verträge abzuschließen, die Gefahr, daß die alten Arbeitsbedingungen in Frage gestellt wurden. Besonders groß war vor allem aber auch die Gefahr für einzelne AN, den Arbeitsplatz zu verlieren, während man seit Einführung einer Betriebsverfassung bemüht war, die Bindung des AN an den Betrieb zu festigen.

Es zeigte sich, daß eine weitere Bestimmung des bürgerlichen Rechts nicht den besonderen Erfordernissen der AV, die im Betrieb erfüllt werden, gerecht wird. So hat § 613 Satz 2 BGB, ausgehend von persönlichen Beziehungen zwischen Dienstberechtigtem und Dienstverpflichtetem, zwar sicher bei Verträgen von selbständigen Personen — Rechtsanwälten u. ä. — oder bei Dienstverträgen, die ihrem Hauptinhalte nach nur auf die Person des AG abgestellt sind — Privatsekretärin, Hausangestellte u. ä. — seinen besonderen Sinn, nicht aber bei betrieblichen AV, bei denen es für den AN das Entscheidende ist, daß seine Arbeitskraft d i e s e m Betrieb zur Verfügung steht, und die Person des AG keine Rolle spielt. Hinzu kommt, daß die AV im wesentlichen durch die Betriebszugehörigkeit bestimmt und gestaltet werden, wogegen die individuelle Beziehung zu der Person des AG in den Hintergrund tritt. Wichtig für den AN ist, daß er seine Arbeit in dem bestimmten Betrieb erbringt, dem er einmal angehört [9]).

---

[7]) Konsequent forderten daher einen neuen Vertragsschluß: Kaskel, Arbeitsrecht, S. 111; Vanselow, a. a. O., S. 95 ff.; Meissinger, a. a. O., Sp. 521 ff.; Sigel, Der gewerbl. Arbeitsvertrag nach dem BGB, S. 84.

[8]) Vgl. Hueck-Nipperdey, a. a. O., S. 293; Staudinger-Nipperdey, BGB, § 626 Bem. 35; Hueck, BB 1951 S. 366; Nikisch, Arbeitsrecht (1951), S. 213 und die dort zitierten; Hueck, KSchG, § 1 Anm. 38 a; Herschel-Steinmann, KSchG, § 1 Anm. 42; ArbG. Regensburg, 10. 6. 53, AP 53 Nr. 242 mit zust. Anm. v. G. Hueck. — A. A. gegen eine h. M.: Meissinger, a. a. O., Sp. 523 f.; Vanselow, a. a. O., S. 96.

[9]) Auf dieses besondere Merkmal der betrieblichen AV weist Hueck, in

## II. Die Überleitung der Arbeitsverhältnisse nach Auffassung der herrschenden Lehre.

Sehr früh wurde daher die Auffassung vertreten, daß es sich bei der Vorschrift des § 613 Satz 2 BGB um eine solche dispositiven Charakters handele, indem man sich auf die Worte „im Zweifel" stützte und annahm, sie könne im Falle der Betriebsnachfolge abbedungen werden[10]). Nur wenige lehnten eine Übertragbarkeit des Anspruchs auf die Arbeitskraft der AN ab, und damit einen Eintritt des Betriebsnachfolgers in die AV[11]). Hiermit war aber nur ein Teil des Problems beseitigt, das sich auf Grund der schuldrechtlichen Betrachtungsweise des AV und des Arbeitgeberwechsels ergab, denn es bedurfte noch der Zustimmung des AN zu der Verfügung über den Anspruch über seine Arbeitskraft durch den bisherigen AG. Man sah jedoch bald in der Zustimmung durch den AN eine derartige Selbstverständlichkeit, daß sie als stillschweigend erklärt angenommen wurde, und man unterstellte, daß, da das AV auf die Tätigkeit im Betrieb abgestellt sei, diese Zustimmung auch grundsätzlich gewollt sei. Dem AG wurde so ein Recht zur Übertragung des Anspruchs auf die Arbeitskraft des AN eingeräumt, auf Grund der unterstellten Zustimmung des AN wurde die Anwendbarkeit des § 613 Satz 2 BGB ausgeschlossen[12]). Vielfach befaßt man

---

Hueck-Nipperdey, a. a. O., S. 292, im Zusammenhang mit der Betriebsnachfolge hin.

[10]) Oertmann, Dt. Arbeitsvertragsrecht, S. 120; Oppikhofer, Unternehmensrecht, S. 129; Titze, in Ehrensberg's Handbuch Bd. II, 2, S. 699; Hueck-Nipperdey, a. a. O., S. 292; Molitor, AN und Betrieb, S. 39; ders. NZfA 1931 Sp. 150; Dersch, ArbRPrax. 1930 S. 181; Maus, Das Arbeitsverhältnis, S. 202 f.; Rewolle, Betrieb 1950 S. 402; Staudinger-Nipperdey, BGB, § 613 Bem. 17; Hueck, Anm. zu LAG München, AP 50 Nr. 16; Schnorr v. Carolsfeld, ArbR, S. 299; Nikisch, ArbR I (2. Aufl.), S. 538.

[11]) Vgl. die oben Anm. 7 zitierten. — Von diesen wurden aber teilweise schon Ausnahmen zugelassen. So nahm Vanselow, a. a. O., an, bei niederen Diensten sei der Anspruch auf die Dienstleistung ausnahmsweise übertragbar. — Um am Prinzip des § 613 Satz 2 BGB festzuhalten, kam Kaskel, a. a. O., zu einer besonders eigenartigen Konstruktion. Die Mitteilung der Betriebsnachfolge sah Kaskel als Kündigung seitens des bisherigen AG an mit gleichzeitigem Anerbieten der Fortsetzung des AV namens des neuen AG. Bis zum Kündigungstermin sollte der bisherige AG, zu dem die vertraglichen Beziehungen weiterbestehen, die Leistung der Arbeit an den Betriebsnachfolger als den Vertreter in der Annahme verlangen können. Auf diese Weise wollte Kaskel die Schwierigkeiten, die durch die Kündigungsfristen entstehen, vermeiden. — Diese Konstruktion zeigt, wie wenig die bürgerlich-rechtliche Dogmatik der Natur des AV entspricht, da durch sie der Vorgang der Betriebsnachfolge nur unnötig kompliziert wird. Zudem ergibt sich auch, daß von Anfang an der Verbleib des AN im Betrieb als die angemessene Lösung bei der Betriebsnachfolge empfunden wurde.

[12]) So schon O. v. Gierke, Dt. PrivR III, S. 607 Anm. 57; vgl. auch Planck, BGB, § 613 Anm. 3; Staudinger-Nipperdey, a. a. O., § 613 Bem. 21; Ermann, BGB, § 613 Anm. 3 c; Düringer-Hachenburg, HGB, § 70 Anm. 13; Titze, in

sich in neuerer Zeit überhaupt nicht mehr mit diesen Fragen, sieht also in der Bestimmung des § 613 Satz 2 BGB kein Hindernis mehr für die Überleitung der AV, denn es wird nur noch das weitere Problem, nämlich der rechtliche Vorgang des Eintritts des neuen AG in das AV untersucht [13]).

Auch die andere Seite des doppelten Rechtsgeschäfts, von dem man für die Überleitung der AV bei der Betriebsnachfolge auf Grund einer ursprünglich überwiegend schuldrechtlichen Betrachtungsweise ausgegangen war, wurde weitgehend vereinfacht und auf den Verbleib der AN im fortgeführten Betrieb abgestellt.

So wird für die Vereinbarung zwischen dem alten Betriebsinhaber und dessen Nachfolger über die Überleitung der AV angenommen, daß im Zweifel der Eintritt des Betriebsnachfolgers in die AV gewollt sei, und zwar auch dann, wenn es an einer ausdrücklichen Übereinkunft fehlt. Ein entsprechender Wille wird grundsätzlich vermutet und sein Vorhandensein schon aus dem Eintritt des neuen Betriebsinhabers in den Betriebsorganismus gefolgert. Ein gegenteiliger Wille muß in eindeutiger Weise dem AN zu erkennen gegeben werden. Alle Unklarheiten sollen zu Lasten des Betriebsnachfolgers gehen. Es wird somit eine stillschweigende Überleitung der AV für ausreichend angesehen und die Übernahme aller AV für eine natürliche Folge des Betriebsinhaberwechsels gehalten [14]).

Wenn damit auch der Übergang der AV zu einer Selbstverständlichkeit wird, da an die entsprechenden Vereinbarungen, von denen

---

Ehrenberg's Handb. Bd. II 2, S. 699; Hueck-Nipperdey, a. a. O., S. 291 ff.; Hueck, BB 1951 S. 365; ders., Anm. zu LAG München, AP 50 Nr. 10; Molitor, AN und Betrieb, S. 39; Oppikhofer, Das Unternehmensrecht, S. 129; Maus, Das Arbeitsverhältnis, S. 202 f.; Stemmer, a. a. O., S. 15/16; Potthoff, ArbRPrax. 1928 S. 6; Demelius, a. a. O., S. 276; Beitzke, BB 1950 S. 761; Enneccerus-Lehmann, II, § 146 II, 3; Dietz, Anm. zu LAG Bremen, AP 52 Nr. 50; — Dersch, ArbRPrax. 1930 S. 181, machte die Einschränkung, die Zustimmung des AN könne nur dann angenommen werden, wenn dies nach der Verkehrsauffassung mit Rücksicht auf Treu und Glauben zu unterstellen sei, was immer der Fall sei, wenn das Weiterbestehen des AV im Interesse der AN liege.

[13]) Galperin, BArbBl. 1950 S. 64 u. BB 1952 S. 323; ders., BetrVG, § 1 Anm. 51 ff.; Beitzke, 1951 BB S. 420; Kauffmann, Betrieb 1950 S. 279; Denecke, BB 1950 S. 679; ders. Anm. zu LAG Kiel, AP 51 Nr. 153; Meissinger, Reliefbild, S. 124 f.; Herschel-Steinmann, KSchG, § 1 Anm. 32 a, Hueck, KSchG, § 1 Anm. 17, Maurer, AR-Blattei Betriebszugehörigkeit I, D.

[14]) Vgl. zum Text: Hueck-Nipperdey, a. a. O., S. 293 f. Staudinger-Nipperdey, BGB, § 613 Bem. 20 ff.; Hueck-Nipperdey-Dietz, AOG, § 14 Anm. 26; Galperin, BArbBl. 1950 S. 64 u. BB 1952 S. 323 f. u. BetrVG, § 1 Anm. 50 ff.; Kauffmann, Betrieb 1950 S. 289; Denecke Anm. zu LAG Kiel, AP 51 Nr. 153 u. BB 1950 S. 679; Beitzke, BB 1950 S. 761 u. BB 1951 S. 420; Maus, a. a. O., S. 202 f.; Citron-Hessel, Grundlagen des Einzelarbeitsrechts, S. 43; Herschel-Steinmann, a. a. O., § 1 Anm. 32 a; Rohlfing, KSchG, § 1 Anm. 12; Rewolle-Köst, Handk. z. ArbR, § 419 BGB Anm. 1 c; Meissinger, Reliefbild des Arbeitsrechts, S. 124 f.

man grundsätzlich nicht glaubt abgehen zu können, infolge weitgehender Unterstellung stillschweigender Abreden nur noch äußerst geringe Anforderungen gestellt werden, so soll die Überleitung der AV dennoch am ausdrücklichen Widerspruch scheitern. Andererseits sinkt die Willensäußerung des AN zur völligen Bedeutungslosigkeit herab, da man seine Zustimmung als selbstverständlich unterstellt, ja es wird sogar vereinzelt eine Überleitung des AV gegen den Willen des AN für zulässig gehalten [15]). Die eine Seite des Rechtsgeschäftes, von dem man für die Überleitung des AV ausgeht, bleibt im Ergebnis ohne rechtlichen Einfluß, während die andere Seite ihre Bedeutung in beschränktem Umfang behalten hat.

Infolgedessen wird die Erhaltung des Arbeitsplatzes für den AN, seine Weiterbeschäftigung im Betrieb, letztlich vom Willen des neuen Betriebsinhabers abhängig gemacht, während doch grundsätzlich die Regelung des KSchG gewährleisten soll, daß ein AN seinen Arbeitsplatz nur verlieren kann, wenn dringende betriebliche Erfordernisse oder Gründe in der Person oder dem Verhalten des AN einer Weiterbeschäftigung im Betrieb entgegenstehen, daß also nur objektive betriebliche Erwägungen eine Rolle spielen dürfen.

Andererseits führte schon die Unterstellung des stillschweigenden Einverständnisses des AN und des stillschweigenden Eintritts des Betriebsnachfolgers in das AV, ohne daß dies eine Veränderung erleidet, zu einem Abgehen von dem schuldrechtlichen Grundsatz, daß die Übertragung aller Rechte und Übernahme aller Verpflichtungen zum Eintritt in ein Rechtsverhältnis notwendig ist, denn das von der herrschenden Lehre erzielte Ergebnis bedeutet im Grunde nichts anderes als eine Überleitung des AV im ganzen [16]).

Mit Hilfe stillschweigender Vereinbarungen hat man die Schwierigkeiten, die sich aus einer vertraglichen Auffassung des AV ergaben, umgangen, um nach Möglichkeit den Verbleib der AN im Betrieb zu sichern, ohne daß dies allerdings in jeder Hinsicht gelungen ist. Da dies schon geschah, als im AV in erster Linie die Erfüllung der vertraglichen Verpflichtungen zwischen AG und AN gesehen wurde und dem Umstand, daß sich das AV innerhalb der Gemeinschaft im Betrieb verwirklichte, sowie der Stellung des AN zu der Gemeinschaft der anderen im Betrieb tätigen AN noch keine große Beachtung geschenkt wurde, müßte auf Grund der heutigen Erkenntnisse vom AV im Betrieb um so eher eine Lösung von der bisherigen, gekünstelten, allein auf den vertraglichen Beziehungen aufbauenden Konstruktion der Überleitung der AV, erfolgen können.

---

[15]) So ausdrücklich: Hueck-Nipperdey, a. a. O., S. 291/2; Staudinger-Nipperdey, a. a. O., § 613 Bem. 21; Ermann, BGB, § 613 Anm. 3 c; — a. A. jedoch Herschel-Steinmann, KSchG, § 1 Anm. 32 a; Galperin, BB 1952 S. 324; Denecke, BB 1950 S. 680; Meissinger, a. a. O.

[16]) So auch: Maus, Das Arbeitsverhältnis, S. 203; Denecke, Anm. zu LAG Kiel, AP 51 Nr. 153; Rewolle, Betrieb 1950 S. 402.

### III. Die Regelung der Betriebsnachfolge in Gesetzesentwürfen.

In Erkenntnis der Notwendigkeit, eine klare Regelung der Rechtsfolgen des Betriebsinhaberwechsels zu erhalten und weil man eine weitgehendere Sicherung des Arbeitsplatzes erreichen wollte, sah schon ein im Jahre 1923 vom Arbeitsrechtsausschuß ausgearbeiteter Entwurf eines allgemeinen Arbeitsvertragsgesetzes [17]) die Übertragung des AV im Falle einer Betriebsnachfolge vor. Wenn auch in § 23 des Entw. als Grundsatz die Regel aufgestellt wurde, daß im Zweifel der Anspruch auf die Arbeitsleistung unübertragbar und unvererblich sei, so ergibt sich doch aus den nachfolgenden Vorschriften, daß dies nicht für den Fall einer Betriebsnachfolge gelten sollte. Es wurde daher auch von Molitor hervorgehoben [18]), durch die Bestimmung des § 23 Entw. solle nur betont werden, daß „der Arbeitsvertrag im Zweifel nicht von dem Unternehmen getrennt werden kann, für das er abgeschlossen ist". Diese Absicht des Arbeitsrechtsausschusses ist allerdings im Gesetzesentwurf nicht ganz klar zum Ausdruck gekommen.

Sodann ging man in dem Entwurf nicht von dem Begriff des Betriebes aus, sondern nahm das „Unternehmen" zum Ausgangspunkt, wie sich schon aus der Überschrift zu den §§ 24 ff. Entw. — „Übergang des Unternehmens" — ergibt. Es wird nicht klar, ob damit generell alle Fälle eines Arbeitgeberwechsels anläßlich des Eintritts eines neuen AG in den Betrieb gemeint sind, oder ob bewußt der Begriff des Unternehmens im Gegensatz zu dem Begriff des Betriebes verwandt wurde. In letzterem Fall wäre durch die §§ 24 ff. Entw. nur dann ein Betriebsinhaberweschel erfaßt, wenn Betrieb und Unternehmen äußerlich zusammenfallen. Sofern aber mehrere selbständige Betriebe in einem Unternehmen vereinigt sind und nur ein Betrieb des Unternehmens veräußert wird, hätten nach dem Wortlaut der §§ 24 ff. diese Bestimmungen keine Anwendung finden können.

Man hatte auch noch nicht die umfassende Bedeutung des Begriffs der Betriebsnachfolge erkannt, denn es wurde noch zwischen dem auf Erbfolge beruhenden Übergang des Unternehmens (§ 24 Entw.) und der Veräußerung des Unternehmens (§ 25 Entw.) unterschieden [19]), während andere zu einem Unternehmerwechsel führende Gründe nicht erfaßt wurden. So insbesondere auch die Fälle einer tatsächlichen Nachfolge, wenn ein Rechtsgrund für die Weiterführung eines Unternehmens durch einen neuen Unternehmer nicht ersichtlich ist, wie dies in neuerer Zeit häufig der Fall war.

[17]) RArbBl. 1923, amtl. Teil S. 498 ff.

[18]) Molitor, Der Arbeitsvertrag und der Entw., S. 183.

[19]) Die ausdrückliche Regelung für den Fall der Vererbung war wohl deshalb erfolgt, weil man im Gegensatz zu der heute h. M. auch in diesem Fall teilweise eine Überleitung der AV früher ablehnte. — Vgl. Oertmann, Dt. Arbeitsrecht, S. 120, 211.

Bemerkenswert ist, daß die im Entwurf vorgesehene Regelung der Übertragung des AV im Falle des Übergangs des Unternehmens sichtlich noch völlig an die für den Eintritt in ein Schuldverhältnis für notwendig gehaltene Konstruktion der gleichzeitigen Abtretung aller Rechte und Übernahme aller Verpflichtungen anknüpft, wie der Wortlaut des § 25 Entw. zeigt.

„Wird ein Unternehmen veräußert oder aus einem anderen Rechtsgrund von einem Dritten fortgeführt, so sind Ansprüche auf Arbeitsleistung im Zweifel übertragbar und übertragen.

Mit den Ansprüchen gegen den Arbeitnehmer gehen auch die Verpflichtungen aus dem Arbeitsvertrag des früheren Arbeitgebers auf den neuen Arbeitgeber über. . ."

Es wurde also das doppelte Rechtsgeschäft für den Eintritt des neuen AG in die AV grundsätzlich beibehalten, wenn damit auch im Ergebnis eine Übernahme der Rechtsstellung des bisherigen AG im ganzen erfolgt wäre, das AV als Organismus übertragen wurde.

Dadurch, daß eine Übertragbarkeit aber nur „im Zweifel" angenommen wurde, wäre jedoch auch weiterhin für den neuen Unternehmer die Möglichkeit bestehen geblieben, daß dieser die Übernahme einzelner AN ausdrücklich ablehnen konnte. Es wurde also durch den Entwurf nur klargestellt, daß die Überleitung der Arbeitsverhältnisse im Falle der Betriebsnachfolge zulässig ist, und davon ausgegangen, daß eine Übertragung sogar gewollt ist. Eine gleiche Regelung war auch für die Erbfolge vorgesehen, da gem. § 24 Entw. in diesem Falle die Ansprüche auf die Arbeitsleistung nur im „Zweifel" übergehen sollten. Wäre der Entwurf Gesetz geworden, würde damit nur die von der Rechtslehre vertretene Ansicht bestätigt worden sein. Die Gefährdung des Arbeitsplatzes einzelner AN wäre bestehen geblieben, es wäre lediglich verhindert worden, daß im Falle der Weiterbeschäftigung diese zu anderen ungünstigen Bedingungen als vor dem Unternehmerwechsel erfolgen konnte.

Trotz der erheblichen Mängel hatte der Entwurf doch dazu beigetragen, die Lösung der mit dem Betriebsinhaberwechsel zusammenhängenden Probleme voranzutreiben.

Während aber in dem Entwurf noch an dem Eintritt in die AV im Wege der Abtretung und Schuldübernahme festgehalten wurde, ging man in der Rechtslehre im Ergebnis von dieser bei der Übertragung von Schuldverhältnissen angewandten Konstruktion ab. Denn nach der von ihr vertretenen Auffassung vollzieht sich der Eintritt des neuen Betriebsinhabers in die AV — wie oben dargelegt — infolge der weitgehenden Unterstellung des stillschweigenden Einverständnisses des AN und einer stillschweigenden Überleitung der Arbeitgeber-Stellung, ohne daß tatsächlich eine Zerlegung der AV erfolgt. Es handelt sich um nichts anderes als die Überleitung der AV im ganzen [20]).

So wich auch der geraume Zeit später (1938) vorgelegte neue Entwurf [21]) „eines Gesetzes über das Arbeitsverhältnis" in seinem § 90 schon dadurch von der im alten Entwurf vorgesehenen Regelung ab, daß bei einer Betriebsnachfolge statt einer Abtretung und Übertragung einzelner Rechten und Pflichten der Eintritt des neuen Unternehmers in die bestehenden AV erfolgen sollte. Der § 90 Entw. lautete:

> „Geht ein Betrieb als Ganzes, wenn auch unter Abstoßung einzelner Teile oder unter Aufgabe einzelner Betriebszweige in andere Hände über, so tritt der neue Unternehmer in die bestehenden Arbeitsverhältnisse ein. Eine abweichende Regelung durch Vereinbarung zwischen dem bisherigen und dem neuen Unternehmer ist nichtig."

Das AV sollte nicht mehr in einzelne Rechte und Pflichten aufgegliedert werden, sondern man wollte es dadurch überleiten, daß ein Eintritt des neuen Betriebsinhabers kraft Gesetzes vorgeschrieben wurde. Im Gegensatz zum ersten Entwurf bestand für den neuen Betriebsinhaber keine Möglichkeit, die Übernahme einzelner AN abzulehnen, eine abweichende Vereinbarung wurde sogar ausdrücklich für nichtig erklärt. Der neue AG konnte nur unter gleichen Voraussetzungen wie auch der alte AG den im Betrieb beschäftigten AN kündigen, da er mit der Übernahme des Betriebes in die Arbeitgeberstellung mit allen Rechten und Pflichten eintreten sollte.

Einen weiteren Fortschritt brachte der Entwurf auch dadurch, daß Ausgangspunkt der vorgesehenen gesetzlichen Regelung der Betrieb war und alle Fälle der Betriebsnachfolge lückenlos erfaßt wurden. Entgegen der im ersten Entwurf vorgesehenen Regelung stellte man nicht auf den Rechtsgrund, der zum Betriebsinhaberwechsel führt, ab. Man ging von dem in Rechtslehre und Rechtsprechung entwickelten umfassenden Begriff der Betriebsnachfolge aus.

Auch dieser zweite Entwurf, der die bedeutsame Fortentwicklung in der Auffassung von der Durchführung des Betriebsinhaberwechsels zeigt, ist nicht Gesetz geworden. Daher hat die h. L. bis heute daran festgehalten, daß der neue Betriebsinhaber bei ausdrücklichem Widerspruch die Übernahme einzelner AN ablehnen oder neue Arbeitsverträge mit neuen Bedingungen abschließen kann.

---

[20]) Daß im Falle der Betriebsnachfolge eine Überleitung der AV im ganzen erfolgt, wird ausdrücklich anerkannt von: Maus, Das Arbeitsverhältnis, S. 203; Rewolle, Betrieb 1950 S. 402; Denecke, Anm. zu LAG Kiel, AP 51 Nr. 153; RGR-Kommentar, BGB, § 613 Anm. 2; Staudinger-Nipperdey, BGB, § 613 Bem. 23.

[21]) Veröffentlicht: in Arbeitsberichte der Akademie für Deutsches Recht Nr. 8.

## IV. Die Bedeutung der §§ 419 BGB und 25 HGB für die Betriebsnachfolge.

Vielfach wird angenommen, daß bei der Übernahme eines kaufmännischen Unternehmens unter Firmenfortführung, oder falls sich die Betriebsübernahme gleichzeitig als Vermögensübernahme darstellt, der Eintritt des Erwerbers in die AV zwingend erfolgen müsse [22]). Abgesehen davon, daß § 25 HGB die Möglichkeit einer abweichenden Vereinbarung durch Eintragung in das Handelsregister zuläßt, spricht aber schon der Sinn der Vorschriften gegen eine Anwendbarkeit auf die AV.

Die Vorschrift des § 25 HGB ist darauf zurückzuführen, daß im kaufmännischen Leben stets an die Firma angeknüpft wird, und sie wurde daher auch im Interesse eines gutgläubigen Geschäftsverkehrs mit der Firma geschaffen [23]). Eine ähnliche Zweckbestimmung weist § 419 BGB auf, der nur im Fall einer Gesamtvermögensübernahme Anwendung findet, und zwar im Interesse des Gläubigerschutzes. Wenn das Vermögen als solches erhalten bleibt, soll der Gläubiger weiter Befriedigung finden können [24]). Hauptanwendungsfälle sind ebenso wie bei § 25 HGB Geschäftsübernahmen, auch Hofesübernahmen u. ä. [25]).

Aufgabe dieser Bestimmungen ist also, Verkehrsschutz zu bieten, was sich schon aus ihrer Entstehungsgeschichte ergibt. Sie sind demnach für außerhalb des Betriebes stehende Kreise bestimmt und können daher auf die AV im Betrieb keine Anwendung finden. Sie erfassen auch lediglich Vermögensrechte, nicht aber auch Anwartschaften, gemeinschaftsmäßige Beziehungen, wie sie aus einem AV erwachsen, und sind schon deshalb nicht geeignet, den Eintritt eines Betriebsnachfolgers in die AV des Betriebes zu bewirken. Sodann ist in § 25 HGB und § 419 BGB nur von Einzelansprüchen die Rede, nicht aber von dem Eintritt in ein ganzes Rechtsverhältnis. Daß ein solches Ergebnis auch nicht erzielt werden soll, ergibt sich auch daraus, daß nur eine Haftung des Geschäfts- bzw. Vermögensübernehmers begründet wird, ein Gesamtschuldverhältnis entsteht.

Die Anwendbarkeit von § 25 HGB und § 419 BGB auf die Betriebsnachfolge muß daher abgelehnt werden, da der Inhalt dieser Vor-

---

[22]) So Hueck-Nipperdey, a. a. O., S. 294; Dersch, ArbRPrax. 1930, S. 181; Staudinger-Nipperdey, a. a. O., § 613 Bem. 22; Denecke, BB 1950 S. 679; Rewolle, Betrieb 1950 S. 402; Ermann, BGB, § 613 Anm. 3 c. RAG, 16. 3. 32, JW 1933 S. 1550; v. 30. 9. 36, JW 1937 S. 1171; LAG München, 20. 12. 49, BB 1951 S. 418; LAG Hannover, 1. 8. 49, ARSt. III Ziff. 426; LAG Hamm, 29. 4. 50, AP 50 Nr. 247; LAG Stuttgart, 4. 4. 51, AP 51 Nr. 274.

[23]) Mit § 25 HGB wurde der schon vorher bestehende Grundsatz Gesetz, daß im Erwerb eines Handelsgeschäftes mit Firma ein Angebot liege, für die Forderungen gegen den früheren Inhaber einzustehen. — RG in RGZ Bd. 2/49 (55) v. 8. 7. 80 und RG in RGZ Bd. 17/96 v. 20. 4. 87.

[24]) RG, 21 1. 18, RGZ Bd. 92/77 (86).

[25]) RG, 9. 7. 27, RGZ Bd. 118/17; RG, 26. 9. 30, RGZ Bd. 130/34.

schriften nicht diesem besonderen arbeitsrechtlichen Vorgang entspricht [26]). Soweit teilweise aus ihnen die Annahme einer zwingend vorgeschriebenen Übernahme der AV hergeleitet wird, zeigt dies die starken Bemühungen den Verbleib aller AN im Betrieb zu sichern, allen AN den Arbeitsplatz im Falle einer Betriebsnachfolge zu erhalten.

Bei einer Betrachtung der §§ 25 HGB und 419 BGB ergibt sich, daß das Schuldrecht den Besonderheiten der in einem Betrieb bestehenden AV nicht gerecht wird, denn der Gesetzgeber hat zwar in den Fällen der Geschäfts- und Vermögensübernahme an die Sicherung vermögensrechtlicher Ansprüche gedacht, den vielfältigen Beziehungen, die sich aus dem AV ergeben, der Stellung der AN im Betrieb und der Sicherung ihres Arbeitsplatzes im Falle der Betriebsnachfolge wurde keine Beachtung geschenkt, wenn man von Lohnansprüchen für die Vergangenheit absieht. Doch werden auch lediglich diese durch § 25 HGB und § 419 BGB miterfaßt, also nur ein Einzelanspruch aus dem AV und nicht das ganze AV [27]).

## V. Neue Wege bei der Betrachtung der Betriebsnachfolge.

Mit Hilfe gesetzlicher Bestimmungen läßt sich also eine Überleitung aller AV, auf den neuen Betriebsinhaber, auch gegen seinen Willen nicht begründen. Eine weitere Sicherung der Arbeitsplätze der im Betrieb beschäftigten AN im Falle der Betriebsnachfolge kann dann aber auf Grund der bisher dargestellten Lehre nicht erzielt werden, hält man daran fest, daß es notwendig sei, jedes einzelne AV bei einem Betriebsinhaberwechsel im Einverständnis — wenn auch stillschweigendem — des neuen Betriebsinhabers auf diesen überzuleiten. Es genügt auch nicht, die Anforderungen an die Vereinbarungen bezüglich der Überleitung der AV noch weiter herabzusetzen, so etwa den Verbleib der AN im Betrieb „prima facie" als Rechtsfolge des Inhaberwechsels anzusehen [28]), wenn man letztlich den Willen des neuen Betriebsinhabers für entscheidend hält.

---

[26]) So Oppikhofer, in Festschr. f. A. Schultze v. 19. 3. 36, S. 216 Anm. 17; Molitor, NZfA 1931 Sp. 115 f.; ders. Anm. zu LAG Stuttgart, AP 51 Nr. 274, und AR-Blattei Arbeitspflicht I, C III; wohl auch Kaufmann, Betrieb 1950 S. 289; Rewolle-Köst, a. a. O., § 25 HGB Anm. 1; RGR-Kommentar, BGB, § 613 Anm. 2; Maurer, a. a. O.

LAG Heidelberg, 28. 4. 50, AR-Blattei, Betriebsinhaberwechsel Entscheidungen 2; LAG Kiel, 19. 10. 51, AP 51 Nr. 153; LAG Hamm, 29. 4. 50, AP 50 Nr. 247.

[27]) Folgerichtig wendet Schnorr v. Carolsfeld diese Bestimmungen auch nur auf Lohnansprüche an, vgl. Arbeitsrecht, S. 300; ebenso: RGR-Kommentar, a. a. O.; Enneccerus-Lehmann, II, § 146 II, 3; BAG, 26. 5. 55, AP Nr. 1 zu § 613 BGB; LAG Stuttgart, 31. 10. 53, Betrieb 1954 S. 436.

[28]) Denecke, Anm. zu LAG Kiel, AP 51 Nr. 153.

Allerdings zeigt es sich immer wieder, daß man bemüht ist, die Betriebsnachfolge und ihre Durchführung als möglichst gechlossenen Vorgang aufzufassen, indem man die Bedeutung der Vereinbarungen zwischen altem und neuem Betriebsinhaber über die Überleitung der AV hinter dem Eintritt des neuen Betriebsinhabers in die Betriebsorganisation auf Grund der Betriebsnachfolge zurücktreten läßt.

Wenn also die heute noch überwiegende Lehre auch weiterhin der Auffassung ist, daß bei einer Betriebsnachfolge zu dem Eintritt des neuen Betriebsinhabers in den Betrieb noch eine Überleitung der AV treten müsse, so ist gemessen an dem tatsächlich von ihr erzielten Ergebnis der Schritt zu einer Betrachtungsweise der Betriebsnachfolge, bei der sich der Betriebsinhaberwechsel als ein Organwechsel darstellt, so daß der neue Betriebsinhaber zwangsläufig AG aller im Betrieb beschäftigten AN wird, nicht mehr sehr weit. Dieser Rechtsfolge kommt die h. L. unter erheblicher Beschränkung des Einflusses vertraglicher Beziehungen schon sehr nahe.

Verschiedentlich ist auch versucht worden, eine andere rechtliche Beurteilung des Betriebsinhaberwechsels zu erzielen, um die sich im wesentlichen aus der Annahme einer vertraglichen Entstehungsgrundlage des AV ergebenden Schwierigkeiten auszuräumen.

### 1. Die Auffassung Molitor's.

So nimmt Molitor auf Grund seiner Untersuchungen über die Ursache der Abhängigkeit der AN an, daß die Arbeitsverträge „eben, weil sie den AN verpflichten, sich in den Betrieb einordnen zu lassen, von vorneherein schon auf den jeweiligen Inhaber des Betriebes abgestellt" seien. Die vollzogene Einordnung soll nicht durch den Wechsel des Betriebsinhabers ihr Ende finden können, sondern nur durch die Ausordnung aus dem Betrieb [29]).

Die Bezogenheit der Arbeitsverträge auf den jeweiligen Betriebsinhaber wird von Molitor für zulässig gehalten, da nach seiner Ansicht die modernen Rechte, insbesondere auch das Deutsche Recht, gestatten, daß die Personen eines Schuldverhältnisses durch die wechselnden Umstände jeweils bestimmt werden und nicht von vorneherein feststehen müssen [30]). Ohne daß auf diese Begründung

[29]) Molitor, AN und Betrieb, S. 39 ff.; ders. Anm. zu LAG Stuttgart, AP 51 Nr. 274 u. Anm. zu LAG Bremen, AP 51 Nr. 110/11; ders. AR-Blattei, Arbeitspflicht I, C III; Rewolle, Betrieb 1950 S. 402, schließt sich der Ansicht Molitor's an.

[30]) Hiermit knüpft Molitor an O. v. Gierke, Dt. PrivR III, S. 58 f., an, der den Gedanken einer verschiedenartigen Subjektsbildung für das Schuldverhältnis entwickelte, die sog. Zustandsobligation. Der jeweilige Vermögensherr soll Gläubiger sein können. Als gesetzl. Beispiel weist er auf § 571 BGB hin.

hier näher eingegangen werden soll, zeigt es sich, daß auf diese Weise von einer Unterstellung ausgegangen wird, nämlich der, daß der Arbeitsvertrag grundsätzlich mit einer derartigen Maßgabe abgeschlossen wird. Bemerkenswert ist aber bei dieser von Molitor vertretenen Auffassung, daß der Betriebsnachfolger durch die Fortführung der Organisation des Betriebes AG werden soll, ohne daß es noch einer Übertragung des gesamten AV oder einzelner sich aus ihm ergebenden Rechte und Pflichten bedarf. Ein besonderer Rechtsakt wird nicht für erforderlich gehalten, da Molitor es für ausreichend hält, daß „der Betreffende den Willen hat, den Betrieb als solchen zu übernehmen" [31]).

Zwar betont Molitor, daß diese von ihm vertretene Auffassung nichts mit „dem Abschluß der Arbeitsverträge zugunsten des jeweiligen Betriebsinhabers", wie dies von der h. L. angenommen wird, zu tun habe [32]), da hierbei nur Einzelansprüche erworben würden, führt dann aber weiter aus, es sei auch „sehr wohl denkbar, daß der Arbeitsvertrag von vorneherein in der Weise abgeschlossen wird, daß der jeweilige Inhaber des Betriebes aus ihm berechtigt und verpflichtet sein soll". Ob dies der Fall ist, soll nach Ansicht Molitor's „Tatfrage im einzelnen Fall sein" [33]).

Es fehlt an einer klaren Trennung zwischen der eigenen Ansicht Molitor's und derjenigen der h. L. Er scheint der Auffassung zu sein, daß es auch in den Fällen, in denen die Arbeitsverträge nicht mit der von ihm angenommenen Unterstellung abgeschlossen sind, zur Übernahme der AV schon ausreicht, daß der Nachfolger des Betriebsinhabers den Willen hat, den Betrieb als solchen zu übernehmen. Abgesehen davon, daß es auch weiterhin bei einer Unterstellung bleibt, selbst wenn man annimmt, der Arbeitsvertrag werde in dem von Molitor vertretenen Sinn auf den jeweiligen Betriebsinhaber abgestellt, wird das von ihm erzielte Ergebnis von der gegebenen Begründung nicht hinreichend gestützt. Die Auffassung, daß der Wille zur Weiterbeschäftigung aller AN schon in der Absicht, den Betrieb im ganzen zu übernehmen, gesehen werden kann, wird leider nicht näher begründet. Außerdem muß beachtet werden, daß, solange von einer Unterstellung ausgegangen wird, schon deshalb eine klare Lösung nicht zu erzielen ist, weil durchaus auch von einem Betriebsinhaber mit dem eintretenden AN etwas anderes vereinbart worden sein könnte. Zudem erwägt Molitor noch, ob den Beteiligten ein Kündigungsrecht aus wichtigem Grund

[31]) Molitor, AN und Betrieb, S. 42; ebenso Rewolle, a. a. O.

[32]) Molitor, a. a. O., S. 40.

[33]) Molitor, a. a. O., S. 41; diese Nebeneinanderstellung der eigenen und der h. L. kommt auch in der Anm. zu LAG Stuttgart, AP 51 Nr. 274 zum Ausdruck. Unklar sind in dieser Beziehung die Ausführungen von Rewolle, a. a. O.

zugestanden werden könne[34]). Dessen Zulassung würde praktisch nichts anderes bedeuten, als daß der neue Betriebsinhaber alsdann auf diese Weise die Weiterbeschäftigung einzelner AN ablehnen kann.

Bedeutsam an der Auffassung Molitor's ist, daß er das Schwergewicht des AV auf die Verbundenheit zum Betrieb legt, und daß er bei der Durchführung der Betriebsübernahme einschließlich des Eintritts des neuen Betriebsinhabers in die im Betrieb bestehenden AV einen einzigen, einheitlichen Willensentschluß für erforderlich hält. Nach der Ansicht Molitor's bleibt daher der Betrieb als Arbeitsorganismus beim Wechsel des Betriebsinhabers unberührt, und einer Übertragung der einzelnen AV bedarf es nicht, der Eintritt des neuen AG in die AV wird durch die Übernahme des Betriebes bewirkt.

### 2. Die Auffassung von Dietz.

Einen anderen Weg ist Dietz gegangen, der sich hierbei an Nipperdey[35]) anlehnt. Aus der Entwicklung, die die Lehre von der Übertragung des AV im Zusammenhang mit dem Eintritt eines neuen Betriebsinhabers in den Betrieb genommen hat, schließt er, daß man heute die Überleitung der AV nicht mehr als Ausfluß irgendwelcher Verträge, sondern als einen solchen objektiven Rechts ansehen müsse. Er nimmt an, daß der Erwerber des Betriebes mit dem Betriebsübergang in die AV eintritt. Er lehnt sich dabei auch an den § 90 des Entwurfes eines Gesetzes über das AV an und sieht entsprechend der Weiterentwicklung im Arbeitsrecht in dieser Bestimmung des Entwurfs einen heute anwendbaren Rechtsgrundsatz[36]). Dieser Auffassung stimmt auch Maus voll zu.

Dietz begründet seine Auffassung damit, daß im modernen Arbeitsrecht die Bedeutung der Eingliederung des AN in die betriebliche Gemeinschaft immer größer geworden sei. Sodann hebt er den weitgehenden Einfluß des Betriebsverfassungsrechts auf die Gestaltung des AV hervor. Er erkennt, daß zur Erhaltung des Schutzes, der die Betriebsverfassung gewährleistet, die Sicherung des Arbeitsplatzes erforderlich ist und sieht in der Zulassung der willkürlichen Gestaltung eine Gefährdung des Schutzes.

---

[34]) Molitor, AN und Betrieb, a. a. O. und AR-Blattei, a. a. O.

[35]) Nipperdey in Staudinger-Nipperdey, BGB, § 613 Bem. 23.

[36]) Dietz, BetrVG, § 1 Anm. 69 u. Anm. zu LAG Bremen, AP 52 Nr. 50 S. 263 f.; so im Anschluß an Dietz auch Maus, Handb. d. ArbR (2. Aufl.), VI A S. 6 ff. (insb. Anm. 12); Nipperdey a. a. O., hatte diese Auffassung ohne nähere Begründung vertreten und sich hierbei auf die Grundgedanken des AOG gestützt. Vgl. auch die Begründung zu § 90 Entw., in Arbeitsberichte d. Akad. f. Dt. Recht, Nr. 8 S. 90 f.

Während Molitor davon ausgeht, daß, falls der Übergang des AV im Einzelfall nicht den Interessen der Beteiligten entspricht, dies für den einen oder den anderen der Beteiligten einen Kündigungsgrund bilden könne [37]), nimmt Dietz an, daß nur beim Vorliegen „entsprechender Umstände" eine Kündigung, u. U. dann auch eine fristlose Kündigung durch den Erwerber des Betriebes zulässig sein könne [38]). Dietz will offenbar die Kündigung durch den Erwerber nur im Rahmen des Kündigungsschutzrechtes zulassen. So ausdrücklich auch Schnorr v. Carolsfeld, der betont, daß der neue Betriebsinhaber, wenn er einen AN nicht übernehmen will, nach den gewöhnlichen Vorschriften kündigen müsse, ohne daß der Betriebsinhaberwechsel einen Kündigungsgrund im Sinne des KSchG darstelle [39]).

Einem derartigen Ergebnis kann nur zugestimmt werden, denn es wird so die Sicherung der Arbeitsplätze aller im Betrieb beschäftigten AN unter gleichbleibenden Bedingungen auch im Falle der vereinbarten Betriebsnachfolge erreicht. Allerdings zeigt sich, daß Schnorr v. Carolsfeld andererseits von der h. L. ausgeht, indem er annimmt, falls die Übernahme eines AN nicht gewünscht werde, müsse dies dem AN deutlich vom Erwerber des Betriebes zum Ausdruck gebracht werden [40]), um dann an einer weiteren Stelle in seinem Lehrbuch die oben erwähnte Ansicht zu vertreten. Es bleibt daher unklar, ob er tatsächlich von der h. L. abweichen will.

Soweit Dietz noch betont, auch von seinem Standpunkt bleibe entscheidend für die Frage, ob der Betrieb fortgesetzt werde, daß die Belegschaft als solche identisch bleibe, sei das aber der Fall, gingen alle AV über [41]), ist dies ein Zirkelschluß. Die Identität der Belegschaft gibt selbstverständlich nach durchgeführtem Betriebsinhaberwechsel ein bedeutsames Merkmal für die Identität des Betriebes. Die Tatsache des Verbleibs der Belegschaft kann aber nicht zur Begründung des Eintritts des Betriebsnachfolgers in die AV herangezogen werden, da dieser schon vorher erfolgt sein mußte, denn sonst könnte von einem Verbleib der Belegschaft nicht gesprochen werden. Hierfür schafft ja erst der Eintritt in die AV die Grundlage. Bei einer Untersuchung der Betriebsnachfolge muß die Frage nach dem Eintritt in die AV schon früher gestellt werden, und zwar dahingehend, ob im Falle eines Betriebsinhaberwechsels der neue Betriebsinhaber zur Weiterführung der AV verpflichtet sei.

---

[37]) Molitor, AR-Blattei a. a. O.

[38]) Dietz, BetrVG, § 1 Anm.. 69 und Anm. zu LAG Bremen, a. a. O.

[39]) Schnorr v. Carolsfeld, ArbR, S. 300.

[40]) Schnorr v. Carolsfeld, a. a. O., S. 299. Hier werden auch die Hauptvertreter der h. L. zitiert, ebenso werden Angaben aus der Rechtsprechung gemacht, so daß kein Zweifel daran bestehen kann, daß sich Schnorr v. Carolsfeld an die h. L. anlehnt.

[41]) Vgl. Dietz, Anm. zu LAG Bremen, a. a. O., S. 264 unter 3.

Der Auffassung von Dietz liegt die Erkenntnis zugrunde, daß die bisherigen Ergebnisse bei der Behandlung der Betriebsnachfolge nicht mehr befriedigen können, da sie dem modernen AV nicht mehr gerecht werden, indem nicht im ausreichenden Maße der Gesichtspunkt der Sicherung des Arbeitsplatzes berücksichtigt wird. Dadurch, daß er grundsätzlich den Verbleib der AN im Betrieb bei einem Betriebsinhaberwechsel sichern will, bricht er mit der h. L. und erzielt ihr gegenüber einen erheblichen Fortschritt. Da Dietz davon ausgeht, daß die AV ipso jure mit dem Erwerb des Betriebes auf den Erwerber übergehen, beschränkt er im Ergebnis die Bedeutung des Betriebsinhaberwechsels im Gegensatz zu h. L. auf einem Personenaustausch an einer wichtigen Stelle im Betrieb. Ein gewisser Widerspruch in der von Dietz vertretenen Auffassung scheint allerdings darin zu liegen, daß er allein im Vertrag die Entstehungsgrundlage des AV sieht, und der Einordnung des AN in den Betrieb für die Entstehung des AV keinen Einfluß gibt [42]). Offenbar um die sich hieraus ergebenden Schwierigkeiten zu vermeiden, nimmt Dietz an, daß es sich bei § 90 Entw. um einen schon heute schon anwendbaren Rechtsgrundsatz handele.

### 3. Die Auffassung Nikisch's.

Bei der Einschränkung der Auswirkungen der Betriebsnachfolge auf die im Betrieb beschäftigten AN geht Nikisch am weitesten. Er kommt auf Grund der von ihm vertretenen Eingliederungstheorie am ehesten zu einem von der h. L. abweichenden Ergebnis [43]).

Bei den ersten Untersuchungen der Rechtswirkungen der Betriebsnachfolge ging Nikisch vor allem von seiner in neuester Zeit vertretenen Auffassung aus, daß das AV als die Rechtsstellung des AN im Betrieb zu betrachten sei [44]). Da der Wechsel des Betriebsinhabers die Betriebsidentität nicht berührt, folgert er, daß auch die Rechtsstellung des AN im Betrieb durch den Wechsel des Inhabers nicht betroffen wird. „Solange deshalb der AN dem Betrieb angehört, steht er auch in einem AV in diesem Betrieb, und er hört nicht auf, dem Betrieb anzugehören, wenn dessen Inhaber wechselt. Die Rechte, die dem AG aus dem AV zustehen, und die

---

[42]) Vgl. Dietz, in Hueck-Nipperdey-Dietz, AOG § 1 Anm. 17; NJW 1952 S. 494 f.; BetrVG, § 4 Anm. 22.

[43]) Nikisch, Arbeitsrecht (1. Aufl.), S. 193 f., 2. Aufl. S. 539 ff.; ders. AR-Blattei, Betriebsinhaberwechsel, Einfluß auf das AV; ders. Anm. zu LAG Heidelberg, AR-Blattei, Entscheidungen 2 und 3; ders. Anm. zu LAG Hamm, AP 50 Nr. 247; ders. Anm. zu LAG Mannheim, AP 52 Nr. 228.

[44]) Nikisch, Arbeitsrecht (1. Aufl.), S. 79 f.; AR-Blattei, Betriebsinhaberwechsel, unter D I; zu der von Nikisch vertretenen Auffassung vom AV vgl. weiter: Arbeitsvertrag und Arbeitsverhältnis; Arbeitsrecht, (2. Aufl.), S. 133 ff.

Pflichten, die ihm daraus erwachsen, können infolgedessen nur Rechte und Pflichten des neuen Inhabers sein, er ist jetzt der AG und demnach an die Stelle des bisherigen AG getreten. Das AV ist, wenn man es so ausdrücken will, zusammen mit dem Betrieb auf ihn übergegangen" [45]).

Gestützt auf die Eingliederungslehre Siebert's ist schon früher auch Oppikhofer zu diesem Ergebnis gekommen [46]). Er nahm ausgehend vom AOG an, daß eine Abtretung und Übernahme von Rechten und Pflichten zum Zwecke der Überleitung der AV im Falle des Betriebsinhaberwechsels mit dem Wesen des AV auf der Grundlage dieses Gesetzes nicht vereinbar sei.

Der Eintritt in die bestehenden AV erfolgt bei dieser Betrachtungsweise, ohne daß es einer besonderen Vereinbarung bedarf, und Nikisch verzichtet damit auf einen besonderen Übertragungsakt. Es entfallen so auch alle Unterstellungen, die Annahme eines Eintritts in die AV kraft Gesetzes ist nicht erforderlich. Soweit dennoch neue Verträge geschlossen werden, sollen diese keine neuen AV begründen. Eine Beendigung des AV wird, wenn es der neue Betriebsinhaber nicht fortsetzen will, nur unter Einhaltung der Kündigungsschutzbestimmungen zugelassen. Dieser Auffassung Nikisch's haben sich in letzter Zeit Hörnig [47]) und Olbersdorf [48]) in vollem Umfang angeschlossen. Letzterer stützt sich hierbei noch zusätzlich auf den Grundsatz des „sozialen Rechtsstaates".

Allerdings begründet Nikisch in seinen neuesten Untersuchungen dieses Ergebnis im wesentlichen nur noch damit, daß er ebenso wie Dietz eine Parallele zum Miet- und Pachtrecht zieht, und eine analoge Anwendung des § 571 BGB auf die vereinbarte Betriebsnachfolge fordert [49]), ohne eine Erklärung dafür zu geben, warum er die oben wiedergegebene Begründung hinter einer neuen Begründung zurücktreten läßt.

Eine Untersuchung der von Nikisch gegebenen Begründungen zeigt, daß es nicht eine Frage sein kann, ob die eine oder die andere Begründung das Ergebnis besser trägt, sondern daß erst beide Begründungen in Verbindung miteinander seine Auffassung stützen können. Soweit er unter Berufung auf die von ihm ver-

---

[45]) Nikisch, Anm. zu LAG Heidelberg, a. a. O.; ebenso AR-Blattei, Betriebsinhaberwechsel, unter D II; Arbeitsrecht (1. Aufl.), S. 193 f. und Anm. zu LAG Hamm, a. a. O.

[46]) Oppikover, in Festschrift für A. Schultze, S. 215 ff.

[47]) Hörnig, ArbuR 1954 S. 272 f., RdA 1955 S. 134 unter II, 2 und ArbuR 1955 S. 184 f.

[48]) Olbersdorf, ArbuR 1955 S. 137.

[49]) Nikisch, ArbR I (2. Aufl.), S. 542 ff.; ders. AR-Blattei, Betriebsinhaberwechsel, Entscheidungen 4, Anm. zu BAG, 26. 5. 55; ders. Anm. zu LAG Mannheim, AP 52 Nr. 228; vgl. auch Dietz, Anm. zu LAG Bremen, AP 52 Nr. 50 und Maus, a. a. O., VI A S. 9 Anm. 12.

tretene Eingliederungslehre betont, das AV sei als die Rechtsstellung des AN im Betrieb zu betrachten und diese könne daher nicht durch einen Betriebsinhaberwechsel berührt werden, besagt dies, daß Nikisch seine Ansicht auf die wesentlich veränderte Struktur des AV zurückführt, also darauf, daß sich das AV über ein zweiseitiges Rechtsverhältnis hinaus zu einem Gemeinschaftsverhältnis entwickelt hat, das wesentlich durch die Betriebszugehörigkeit bestimmt wird. Die Weiterentwicklung des Arbeitsrechts ist daher für Nikisch maßgebend gewesen, wenn er annimmt, eine Weiterbeschäftigung aller AN durch den neuen Betriebsinhaber könne im Falle des vereinbarten Betriebsinhaberwechsels verlangt werden.

Aus der von Nikisch gezogenen Parallele zum Mietrecht und der Feststellung, daß die Verfasser des Bürgerlichen Gesetzbuches den AN nicht schlechter gestellt haben würden als den Mieter, wenn sie den Betrieb bereits so gesehen hätten, wie wir heute [50]), ergibt sich sodann, daß er sich neuerdings auch auf die selbständige rechtliche Bedeutung des Betriebes für die Rechtsstellung der an ihm teilhabenden Menschen für seine Ansicht im Falle des Betriebsinhaberwechsels stützt.

Nun handelt es sich aber bei § 571 BGB um eine Regelung für einen Einzelfall, für einen engen Tatbestand, und es ist daher bedenklich, wenn Nikisch das von ihm erzielte Ergebnis in erster Linie auf eine analoge Anwendung dieser Vorschrift stützen will. Im Gegensatz zum Mietverhältnis handelt es sich beim AV um ein Gemeinschaftsverhältnis, und es ist zweifelhaft, ob die Interessenlage bei der Übertragung eines Grundstücks dieselbe ist wie bei der Betriebsnachfolge. Der Mieter hat, wenn auch keinen dinglichen Anspruch, so doch ein diesem vergleichbares Recht an der Mietsache, während das AV nur eine Teilhabe am Arbeitsorganismus Betrieb sein kann, nicht aber am Betrieb selbst. So hat auch Dietz [51]) zur Stützung seiner Ansicht nur insoweit auf § 571 BGB hingewiesen, als er damit dartun wollte, daß der Eintritt in ein Rechtsverhältnis ohne ausdrückliche Vereinbarung ein Vorgang ist, der nicht nur der Gesamtrechtsnachfolge vorbehalten ist.

Soweit auch Nikisch zu dem Ergebnis kommt, der neue Betriebsinhaber sei bei einer vereinbarten Betriebsnachfolge zur Weiterbeschäftigung aller AN unter gleichen Bedingungen verpflichtet, ist dem zuzustimmen, allerdings mit der Einschränkung, daß sich die Begründung hierfür nur auf die Bedeutung der Betriebszugehörigkeit und der Selbständigkeit des Betriebes im Arbeitsrecht stützen kann. Denn auch die Eingliederungslehre kann nicht uneingeschränkt für dieses Ergebnis herangezogen werden, da sie bis heute nicht in vollem Umfange Anerkennung gefunden hat. Von Bedeutung ist, daß

[50]) Nikisch, ArbR I (2. Aufl.), S. 543.
[51]) Vgl. Dietz, a. a. O.

auch N i k i s c h das eigentliche Wesen der Betriebsnachfolge nur noch in einem Personenwechsel sieht und dem damit verbundenen Eintritt eines neuen Betriebsinhabers in den Betriebsorganismus, wobei die AV als derart mit dem Betrieb verbunden betrachtet werden, daß es einer ausdrücklichen Überleitung nicht mehr bedarf.

Es hat sich also schon in beachtlichem Umfang in der Rechtslehre die Auffassung verbreitet, daß der Schutz des Arbeitsplatzes auch im Falle des Betriebsinhaberwechsels gewährleistet sein müsse.

## VI. Die Betriebsnachfolge in der Rechtsprechung.

Während in der Lehre eine Reihe Vorstöße gegen die bisherige Betrachtungsweise der Betriebsnachfolge unternommen wurde, hält die Rechtsprechung grundsätzlich an der Auffassung fest, nach der das AV beim Betriebsinhaberwechsel in einzelne Rechte und Pflichten zerlegt wird. Man geht von der Notwendigkeit eines vereinbarten Eintritts in die AV aus. Jedoch bietet auch die Rechtsprechung viele Anhaltspunkte dafür, daß irgendwelchen Vereinbarungen nur wenig Einfluß gegeben wird, und die Gerichte bemüht sind, den Verbleib der AN im Betrieb zu den bisherigen Bedingungen zu sichern. Bei einer Beurteilung der ergangenen Entscheidungen darf nicht übersehen werden, daß es den Gerichten weniger auf eine Weiterentwicklung der wissenschaftlichen Erkenntnisse ankommen kann, als im Einzelfall tragbare Entscheidungen zu finden, die der Interessenlage der Beteiligten gerecht werden. Sie können aber wegweisend für eine wissenschaftliche Untersuchung sein.

### 1. Die Rechtsprechung des Reichsarbeitsgerichts.

Das R A G hat sich wiederholt für die Möglichkeit eines Arbeitgeber-Wechsels bei der Behandlung der Betriebsnachfolge ausgesprochen und sah daher in der Vorschrift des § 613 Satz 2 BGB grundsätzlich kein Hindernis für die Annahme einer Weitergeltung der AV im fortgeführten Betrieb. Verlangt wurde aber eine Vereinbarung und der Eintritt des Betriebsnachfolgers in die AV. Das R A G stellte es dabei in das Ermessen des neuen Betriebsinhabers, ob die Überleitung der AV durch Abschluß eines neuen Vertrags erfolgen sollte oder durch Eintritt in die Verträge, wobei ebenso wie in der Lehre der Unterstellung stillschweigend getroffener Abreden weiter Raum gegeben wurde. Die Weiterbeschäftigung des AN im Betrieb wurde von dem Willen des Betriebsnachfolgers abhängig gemacht, nach Möglichkeit jedoch ein solcher Wille angenommen. Zwar wurde auch vom R A G die große Bedeutung des Betriebs als arbeitsrechtlicher Organismus betont, sowie die enge Verbundenheit der AN mit dem bestimmten Betrieb [52]) und die Gemeinschaftsnatur des AV, es hat aber dennoch daran festgehalten, daß zum Eintritt des neuen Betriebsinhabers in die AV ein Vertrag nötig sei, weil ein solcher Eintritt vom Gesetz nicht vorgesehen sei [53]). Dabei wurde andererseits durch das R A G auch anerkannt, daß sich die rechtlichen Beziehungen zwischen AG und AN nicht nur nach den Bestimmungen des BGB richten, sondern auch nach diesem Gesetz noch fremden sozialen Rechtsgedanken [54]).

## 2. Die Rechtsprechung nach 1945.

Wenn auch die Rechtsprechung nach 1945 nicht zu einer wesentlich abweichenden Auffassung kommt, zeichnet sich doch deutlich das Bestreben ab, in der Annahme des Verbleibs des AN im Betrieb Erleichterungen zu schaffen.

Die Rechtsprechung hat an dem Grundsatz festgehalten, daß der § 613 Satz 2 BGB einer Überleitung der AV im Falle der Betriebsnachfolge nicht im Wege steht, so noch in neuester Zeit das B A G [55]). In der Mehrzahl der Entscheidungen kommt dies allerdings nur noch darin zum Ausdruck, daß auf diese Bestimmung nicht mehr einge-

---

[52]) So RAG, 20. 6. 28, ARS 3/116 (120 f.), „Der AN steht dem Betrieb nicht mehr als ein im übrigen unbeteiligtes Individuum, das nur seine Arbeitskraft zur Verfügung zu stellen hat, gegenüber, er geht vielmehr eine Verbundenheit mit dem bestimmten Betrieb, in den er eintritt, ein".

[53]) Zum Betriebsinhaberwechsel vgl. u. a.: R A G , 8. 2. 28, ArbRPrax. 1928, S. 108; v. 1. 3. 28, ARS 5/327; v. 16. 1. 29, ARS 5/347; v. 5. 11. 30, ARS 10/296, „man wird zugestehen können, daß in der Annahme eines stillschweigenden Vertragsschlusses eine weitergehende Auslegung Platz greifen kann"; v. 1. 10. 30, ARS 11/208, „der Übernehmer ist nicht gezwungen, die bisherigen AN bei der Weiterverfolgung des bisherigen Betriebszwecks zu übernehmen"; v. 1. 6. 35, ARS 26/52; v. 19. 1. 38, ARS 32/95; v. 2. 12. 41, ARS 43/282. — Die Ausführungen im Urteil des RAG, 3. 7. 29, ARS 6/331, zeigen, wie weitgehend auch das RAG darauf abstellt, ob jemand die Stellung eines Betriebsinhabers einnimmt, „endlich entfällt mit der Annahme eines neuen selbständigen Betriebes der Beklagten zugleich auch der Rechtsgrund, aus dem allein nach Maßgabe des sonstigen Parteivorbringens die Kläger die Befugnis ableiten konnten, Ansprüche aus angeblich ungerechtfertigter Entlassung gerade gegen die Beklagte zu erheben".

[54]) Vgl. RAG, 25. 1. 30, ARS 8/244.

[55]) BAG, 26. 5. 55, AP Nr. 1 zu § 613 BGB.

gangen wird, sondern lediglich die Frage des Eintritts in die AV geprüft wird. Soweit auf die Vorschrift des § 613 Satz 2 BGB eingegangen wird, wird angenommen, sie entspreche nicht mehr dem Rechtscharakter des AV, und es wird ebenso wie teilweise in der Rechtslehre sogar eine Überleitung des AV gegen den Willen des AN für zulässig gehalten [56]). Vielfach berufen sich die Gerichte dabei auf die Betriebsgebundenheit der AV [57]).

Nur in wenigen Entscheidungen wird bei der Betriebsnachfolge ausdrücklich davon ausgegangen, daß die Überleitung der AV zumindest stillschweigende Vereinbarungen bezüglich der Rechte und Verpflichtungen erfordere [58]). Meist wird auf diese Zerlegung der AV nicht mehr eingegangen, sondern lediglich von einer Überleitung des AV als solchem, oder einem Eintritt in die AV gesprochen, wenn der Betrieb unverändert fortgeführt wird [59]). Man neigt also auch in der Rechtsprechung dazu, den Eintritt in die AV als einen einheitlichen Vorgang aufzufassen und nicht mehr als ein doppeltes Rechtsgeschäft.

---

[56]) LAG, Heidelberg, 31. 5. 50, AR-Blattei, Betriebsinhaberwechsel Entscheidungen 1; v. 13. 4. 51, a. a. O., Entscheidungen 3; v. 28. 4. 50, AR-Blattei, Betriebsinhaberwechsel, Entscheidungen 2; LAG Düsseldorf, 20. 1. 54, Betrieb 1954, 236.

Verfehlt ist es jedoch, wenn LAG Heidelberg, 13. 4. 51 a. a. O., zur weiteren Stützung seiner Ansicht, daß eine Überleitung der AV auch gegen den Willen der AN eintreten müsse, anführt, auch allgemeine sozialrechtliche Gesichtspunkte sprächen dafür, da sonst der AN der Arbeitslosenunterstützung zur Last falle.

Soweit feststellbar, hält lediglich ein Urteil an § 613 BGB fest, und zwar LAG München, 1. 2. 49, AP 50 Nr. 10. Es soll immer einer neuen Vereinbarung bedürfen und die stillschweigende Fortsetzung der AV hieran nichts ändern. „Immer muß es sich um neue Vertragsunterlagen, wenn auch regelmäßig in Form schlüssiger Handlungen, handeln". Das LAG glaubt auch bei Nichtexistieren des § 613 auf Grund des personenrechtlichen Charakters des AV zu dem gleichen Ergebnis kommen zu müssen. Dabei wird übersehen, daß der personenrechtliche Charakter sich nicht in erster Linie auf die Beziehungen zwischen AG und AN erstreckt, sondern das Gemeinschaftsverhältnis kennzeichnen soll. Bei der Entscheidung ist allerdings zu beachten, daß, wie der Sachverhalt ergibt, die Leitung eines Orchesters gewechselt hatte, und hier evtl. persönliche Beziehungen der Mitglieder zur Leitung ausschlaggebend für das Zustandekommen der AV gewesen waren. — Vgl. auch die kritische Anm. v. Hueck.

[57]) So LAG Frankfurt 22. 5. 51, AP 51 Nr. 259; LAG Bremen, 7. 9. 49, AP 50 Nr. 16.

[58]) So noch LAG Hamm, 29. 4. 50, AP 50 Nr. 247; LAG Frankfurt, 2. 12. 47, WA 1948, Nr. 71; v. 22. 5. 51, AP 51 Nr. 259.

[59]) Vgl. LAG Stuttgart, 4. 4. 51, AP 51 Nr. 274; v. 20. 7. 51, BB 1951 S. 955; v. 31. 10. 53, Betrieb 1954 S. 436; LAG Bremen, 12. 7. 50, AP 51 Nr. 110; v. 13. 9. 50, AP 51 Nr. 111; v. 4. 4. 51, AP 52 Nr. 50; LAG Hamburg, 29. 10. 52, Arbeit und Recht 1953, S. 64; LAG Hannover, 28. 4. 50, ARSt. V Ziff. 13; LAG Heidelberg, 31. 5. 50, a. a. O.; v. 13. 4. 51, a. a. O.; v. 28. 4. 50, a. a. O.; LAG Kiel, 18. 11. 48, ARSt. II Ziff. 654; v. 19. 10. 51, AP 51 Nr. 153; LAG Düsseldorf, 28. 1. 54 Betrieb 1954 S. 236.

Das wird noch dadurch unterstrichen, daß teilweise für den Eintritt in die AV nicht einmal eine Vereinbarung gefordert wird, vielmehr die Fortführung der Betriebsgemeinschaft als ausreichend angesehen wird, ohne daß es einer besonderen Vereinbarung über die Überleitung der AV bedarf [60]). Auch wird der Grund für die Überleitung der AV in dem Eintritt des neuen Betriebsinhabers in den betrieblichen Organismus gesehen, der Fortsetzung der alten organisatorischen Gemeinschaft durch den Betriebsnachfolger, und die Betriebsnachfolge wird als arbeitsrechtliches Rechtsinstitut gekennzeichnet, das auf der Anerkennung des Betriebes als einem vom Personenwechsel unabhängigen, organisierten Arbeitsverband aufbaut [61]). Das BAG läßt die Frage, ob die arbeitsrechtliche Betriebsübernahme in mehrere rechtsgeschäftliche Akte aufgegliedert wird oder ob ein einheitlicher Rechtsakt der Betriebsübernahme vorliegt, dahingestellt, da eine ausdrückliche Stellungnahme für die Entscheidung nicht erforderlich war [62]).

Trotz der Hervorhebung der Betriebsgemeinschaft für den Fortbestand des Betriebes hält die Rechtsprechung es jedoch nicht für ausreichend, daß der Betriebsnachfolger in den Betriebsorganismus eingegliedert wird. Er muß zudem noch die Weiterbeschäftigung der AN wollen, obwohl die AV erst den Betriebsorganismus ausmachen, wenn auch ebenso wie in der h. L. in weitestem Maße von Unterstellungen Gebrauch gemacht wird. So wird sogar verlangt, daß der neue Betriebsinhaber für eine hinreichende Klarstellung der Verhältnisse Sorge trägt. Andernfalls wird unterstellt, daß eine Weiterführung aller AV unter den alten Bedingungen gewollt ist. Alle Zweifel gehen zu Lasten des neuen Betriebsinhabers [63]).

Zwar nähert sich die Rechtsprechung sehr einer einheitlichen Betrachtung der Betriebsnachfolge, indem sie in erster Linie auf die Tatsache des Personenwechsels abstellt, doch bleibt grundsätzlich die den Betrieb zerlegende Betrachtungsweise erhalten, da immer noch einer Vereinbarung über den Eintritt in die AV neben dem Perso-

---

[60]) Vgl. LAG Kiel, 19. 10. 51, AP 51 Nr. 153; LAG Bremen, 12. 7. 50, AP 51 Nr. 110; LAG Hamburg, 29. 10. 52, ArbuR 1953, S. 64; — vgl. auch die Rechtsprechung zum Heimkehrerrecht, nach der auch die ruhenden AV auf den Betriebsnachfolger übergehen, von denen er nicht einmal Kenntnis hat, mithin eine Vereinbarung nicht vorliegen kann: LAG Frankfurt, 20. 10. 49, AP 50 Nr. 144; OAG Neustadt, 14. 10. 49, WA 1949 S. 188; LAG Bremen, 30. 5. 51, AP 51 Nr. 260; LAG Frankfurt, 22. 5. 51, AP 51 Nr. 259; LAG Hannover, 24. 1. 49, Betrieb 1949 S. 132.

[61]) Vgl. LAG Bremen, 12. 7. 50, AP 51 Nr. 110; v. 4. 4. 51, AP 52 Nr. 50; LAG Stuttgart, 4. 4. 51, AP 51 Nr. 274; LAG Frankfurt, 15. 3. 51, AP 51 Nr. 152.

[62]) BAG, a. a. O.

[63]) LAG Stuttgart, 4. 4. 51, AP 51 Nr. 274; LAG Kiel, 19. 10. 51, AP 51 Nr. 153; LAG Bremen, 12. 7. 51, AP 51 Nr. 110; v. 13. 9. 50, AP 51 Nr. 111; v. 4. 4. 51, AP 52 Nr. 50.

nenwechsel Raum gelassen wird. Denn es wird wiederholt betont, daß bei ausdrücklichem Widerspruch des Betriebsnachfolgers die Weiterbeschäftigung des betroffenen AN nicht in Frage kommen könne [64]).

Es wird in den Entscheidungen der LAG betont, ein anderes Ergebnis könne in Ermanglung einer gesetzlichen Regelung nicht erzielt werden [65]). Daher ist ein Urteil des L A G Mannheim von besonders großer Bedeutung, da dieses Gericht von den bisherigen Auffassungen abweicht und den Standpunkt vertritt, auch eine Betriebsnachfolge könne die AV im Betrieb nicht beenden [66]).

Die Auffassung der h. L. ist nach Ansicht des Gerichts unhaltbar und ein Ergebnis, wie es bisher möglich war, daß nämlich im Zuge einer Betriebsnachfolge AN willkürlich um ihren Arbeitsplatz gebracht werden können, hält das Gericht nicht mehr für tragbar. Die richtige Erkenntnis, daß das AV mehr betriebs- als vertragsgebunden ist, wird zum Ausgangspunkt der Entscheidung des L A G Mannheim gemacht, und es wird in diesem Zusammenhang auf die besondere Bedeutung, die dem Betrieb in vielfacher Hinsicht zugestanden wurde, hingewiesen. Er wird als eigene „Rechtssphäre" gekennzeichnet. Sodann wird betont, daß die Entwicklung des AV weit über die rein vertraglichen Beziehungen hinausgewachsen ist.

Damit ist das L A G Mannheim zu einem entscheidenden Ausgangspunkt für die Betriebsnachfolge vorgestoßen, der zwar auch in einer Reihe der vorerwähnten Entscheidungen für die Beurteilung der Betriebsnachfolge mit herangezogen wurde, letztlich aber nicht zu einer Lösung von der herrschenden Auffassung geführt hat.

Allerdings ist der weitere Weg, den das L A G Mannheim geht, nicht in jeder Beziehung überzeugend. Es wird zunächst angenommen, daß der neue Betriebsinhaber durch „Übernahme des wesentlichen Bestandes an betriebsgebundenen AV" bei der Betriebsnachfolge einen Rechtsschein setzt, so daß er sich so behandeln lassen muß, „als ob er alle AV und die mit dem Betrieb verbundenen Verpflichtungen übernommen hätte". Da hierbei vorausgesetzt wird, daß ein wesentlicher Teil der AN übernommen wurde, und da es für den Rechtsschein, wie das L A G ausführt, auf den objektiv gesetzten Tatbestand ankommt, muß ein ausdrücklicher Widerspruch hinreichend sein, um auch weiterhin den Verbleib der AN im Betrieb aus-

---

[64]) Vgl. LAG Stuttgart, a. a. O.; LAG Heidelberg, 28. 4. 50, BB 1950, S. 422; LAG Hamm, 29. 4. 50, AP 51 Nr. 247; LAG Bremen, v. 12. 7. 50, AP 51 Nr. 110; v. 4. 4. 51, AP 52 Nr. 50; v. 4. 7. 51, Betrieb 1951 S. 800; LAG Düsseldorf, 20. 1. 54, Betrieb 1954, S. 236.

[65]) LAG Bremen, 4. 4. 51, AP 52 Nr. 50; v. 12. 7. 50, AP 51 Nr. 110; LAG Stuttgart, a. a. O.

[66]) LAG Mannheim, 30. 11. 51, AP 52 Nr. 228 und die Erläuterung von dem Vorsitzenden der entscheidenden Kammer, als Anm. in BB 1952 S. 258.

zuschließen. Damit führt diese Betrachtungsweise im Grunde genommen nicht weiter als die bisherige.

Dies erkennt das L A G auch und wendet noch den „Rechtssatz des Übergangs des AV, wie ihn die Rechtsordnung bei der privatrechtlichen Gesamtnachfolge und der Staatennachfolge kennt, analog bei der Veräußerung von Betrieben" an. Es wird weiter hervorgehoben, daß durch die Gewährung eines Rechtsanspruchs des AN im Einzelfall nicht mehr getan werde, als die Willkür von Erwerber und Veräußerer des Betriebes auszuschließen, „also im Prinzip dasselbe, was durch das moderne Kündigungsschutzrecht verhindert" werde. Eine Rechtfertigung seines Standpunktes, nämlich der grundsätzlichen Einräumung eines Rechtsanspruches im Wege der Analogie, sieht das L A G noch darin, daß „das BGB und das HGB den Gläubigern weitgehend Schutz durch eine gesetzliche Fiktion gewährt" (§§ 25 HGB, 419 BGB). Für unsere Rechtsordnung soll nach Ansicht des L A G schon das gelten, was seinerzeit § 90 des Entw. eines Gesetzes über das Arbeitsverhältnis vorsah.

Was die Anwendung des Rechtsscheins anbetrifft, so führt dies zu einer gewissen Vereinfachung der bisherigen Betrachtungsweise. Der weitere Weg über die Analogie zur Gesamtnachfolge gibt zu rechtlichen Bedenken Anlaß, da die Voraussetzungen, die zur Betriebsnachfolge führen, denen der Gesamtnachfolge nicht ähnlich sind, der Tatbestand der Gesamtnachfolge, der zu einem gesetzlichen Übergang des AV führt, nicht mit dem Betriebsinhaberwechsel, der auf eine rechtsgeschäftliche Veräußerung, Verpachtung u. ä. des Betriebes zurückgeht, gleichgestellt werden kann. Was die Analogie zu den Rechtsgedanken der §§ 25 HGB und 419 BGB anbetrifft, so ist eine solche schon aus den gleichen Gründen, aus denen eine direkte Anwendung dieser Bestimmung auf die Betriebsnachfolge verneint wurde, abzulehnen [67]).

Wenn auch das L A G in seiner Entscheidung davon ausgeht, daß die Grundsätze des Vertragsrechts nicht mehr zur Beurteilung der Betriebsnachfolge herangezogen werden sollen, und die vom Vertrag unabhängige, betriebsgebundene Bedeutung der AV hervorhebt [67a]), so hat sich leider das L A G nicht dazu entschließen können, allein aus diesen Erkenntnissen heraus seine Ansicht zu begründen. Es hält an einer rein vertraglichen Entstehungsgrundlage des AV fest — die Anwendung der Gedanken der Eingliederungslehre wird in den Entscheidungsgründen abgelehnt — und mußte daher zu den erwähnten Konstruktionen greifen, um das gewünschte Ergebnis zu erzielen.

Das Urteil des L A G Mannheim ist aber in jedem Fall von großer

---

[67]) Vgl. oben S. 123 f.

[67a]) Diese Auffassung des LAG wird vom Kammervorsitzenden in der Anm., BB 1952, S. 159, noch ausdrücklich bestätigt.

Bedeutung, da es klar zum Ausdruck bringt, daß die bisher herrschende Betrachtungsweise der Betriebsnachfolge dem modernen AV und seiner Beziehung zum Betrieb widerspricht, und weil es aufzeigt, daß die bisherigen Versuche, die Weiterbeschäftigung der AN zu sichern, nicht ausreichen. Andererseits beweist das Urteil, daß allein die Anerkennung der Betriebsverbundenheit der AV nicht genügt, wenn im übrigen dem Vertrag der Vorrang im AV gegeben wird, um die Schwierigkeit in der Übernahme der AN zu beseitigen.

## VII. Kritische Stellungnahme.

Bei einer kritischen Betrachtung der von Rechtslehre und Rechtsprechung vertretenen Auffassung ergibt sich eine Reihe weiterer Gesichtspunkte dafür, daß es unerläßlich ist, die Betriebsnachfolge und den damit verbundenen Eintritt des neuen Betriebsinhabers in der rechtlichen Durchführung noch weiter zu vereinfachen und den Arbeitsplatz der im Betrieb beschäftigten AN auch im Falle eines Betriebsinhaberwechsels zu sichern.

In der Lehre wird verschiedentlich mit Recht darauf hingewiesen, daß bei der Konstruktion des Eintritts eines neuen Betriebsinhabers in die AV im Wege der Einzelübertragung von Rechten und Verpflichtungen keine vollständige Überleitung der AV erfolgen könne. Da die AV fortwährenden Veränderungen unterworfen sind, ergeben sich stets neue Rechtslagen und hieraus resultierend neue Rechte und Pflichten, die nicht im voraus übertragen werden können, denn sie sind nicht voraussehbar und entstehen erst in der Person des Vertragspartners. Hinzu kommt noch, daß Gestaltungsrechte, wie etwa das Kündigungsrecht nicht übertragbar sind [68]). Dem Nachfolger in der Stellung des Betriebsinhabers kann daher auf diese Weise die Rechtsstellung eines AG nicht in vollem Umfang verschafft werden.

Zwar erscheint der Eintritt in die AV infolge der großen Konzessionen, die in Form von weitgehenden Unterstellungen gemacht wurden, mehr und mehr als eine einheitliche Übernahme des AV als Ganzes, doch kann dies nicht darüber hinwegtäuschen, daß die Grundlage des Eintritts in die AV für die überwiegende Lehre und die Rechtsprechung die Übertragung von Rechten und die Übernahme von Verpflichtungen ist, wenn diese Momente auch stark in

[68]) So Molitor, AN und Betrieb, S. 39; Rewolle, Betrieb 1950 S. 402; Nikisch, Arbeitsrecht (2. Aufl.), S. 540; Hörnig, ArbuR 1954 S. 272; Maus, Handb. d. ArbR (2. Aufl.), IV A S. 8.

den Hintergrund getreten sind. Somit bleibt es auch heute noch zweifelhaft, ob auf diese Weise ein AV vollständig übergeleitet werden kann, wenn sich auch in tatsächlicher Hinsicht hieraus keine Schwierigkeiten ergeben, da im Ergebnis unterstellt wird, daß der neue Betriebsinhaber die Rechtsstellung des AG in vollem Umfang erhält.

Wohl in Erkenntnis der Schwierigkeit, die AV vollständig überzuleiten und, um bei einer Beendigung der alten Verträge unter gleichzeitigem Abschluß neuer Verträge mit dem Erwerber des Betriebes die AN der wichtigsten Rechte nicht verlustig gehen zu lassen, ist man in Rechtslehre und Rechtsprechung dazu übergegangen, anzunehmen, daß zurückgelegte Wartezeiten, Anwartschaften und die sich hieraus ergebenden Rechte durch den Betriebsinhaberwechsel nicht berührt werden, unabhängig davon, aus welchem Rechtsgrund die Weiterbeschäftigung erfolgt [69]).

Vor allem zeigt auch die praktische prozessuale Behandlung der Betriebsnachfolge vor den Arbeitsgerichten, daß die herrschende Auffassung von der Durchführung des Betriebsinhaberwechsels nicht befriedigt und mit der heutigen Betrachtung des AV und des Betriebes nicht in Einklang gebracht werden kann.

Da die Arbeitsgerichte sich mit den aus der Betriebsnachfolge entspringenden Einzelfragen, so ob im Einzelfall ein AN übernommen wurde oder nicht, erst dann befassen, wenn der Betriebsinhaberwechsel bereits durchgeführt worden ist, prüfen sie zunächst, ob die Voraussetzungen einer Betriebsnachfolge gegeben sind, ob die Identität des Betriebes erhalten geblieben ist. Das Unbefriedigende des von der herrschenden Ansicht erzielten Ergebnisses tritt hierbei besonders zutage. Denn obwohl einerseits als Voraussetzung dafür, daß der Betrieb als solcher bestehen bleibt, der Fortbestand der alten Betriebsgemeinschaft und die Weiterbeschäftigung des Großteils der bisherigen AN gefordert wird [70]), wird dennoch u. U. einem einzelnen AN trotz Vorliegen dieser Voraussetzungen ein Recht auf Weiterarbeit auf seinem Arbeitsplatz unter Berufung auf die eingetretene Betriebsnachfolge versagt, ohne daß von den sonst das AV beherrschenden rein betrieblichen Erwägungen ausgegangen wird. Es leuchtet aber nicht ein, daß bei der für den Bestand des Betriebes

---

[69]) Vgl. Hueck-Nipperdey-Dietz, AOG, § 56 Anm. 5 a; Herschel-Steinmann, KSchG, § 1 Anm. 32 a; Hueck, KSchG, § 1 Anm. 17; Monjau-Heimeier, KSchG, § 1 Anm. 4; Dersch, Die Urlaubsgesetze, Bem. 274 ff.; Galperin, BB 1952 S. 324 unter IV 4; Denecke, BB 1950 S. 879; Kauffmann, Betrieb 1950 S. 279; u. a. m. — Vgl. zur Rechtspr. oben S. 19 Anm. 9, S. 22 Anm. 19.

[70]) RAG, 13. 3. 29, ARS 5/347; RAG, 1. 10. 30, ARS 11/208; RAG, 1. 6. 35, ARS 26/52, LAG Bremen, 7. 9. 49, AP 50 Nr. 16 S. 89; LAG Kiel, 19. 10. 50, AP 51 Nr. 153; LAG Stuttgart, 4. 4. 51, AP 51 Nr. 274; LAG Bremen, 4. 4. 51, AP 52 Nr. 50 S. 260; LAG Frankfurt, 15. 3. 51, AP 51 Nr. 152. — Vgl. auch die Ausführung oben S. 16 f. und Zitate in Anm. 6.

allgemein anerkannten Bedeutung der Arbeitsgemeinschaft die Rechte der AN im Einzelfall durch die Betriebsnachfolge geschmälert werden können, während die große Mehrzahl der AV weiterbesteht, ohne eine wesentliche Veränderung durch den Wechsel in der Person des Betriebsinhabers zu erleiden — in keinem Fall in bezug auf die Wartezeiten und Anwartschaften —, ja weiterbestehen muß, damit der Bestand des Betriebes erhalten bleibt. Dieses Ergebnis der Betriebsnachfolge widerspricht auch dem arbeitsrechtlichen Grundsatz der Gleichbehandlung aller Betriebsangehörigen, ohne daß allerdings hieraus ein Rechtsanspruch des AN gegen den neuen Betriebsinhaber hergeleitet werden kann, solange eine Vereinbarung über den Eintritt in die AV für erforderlich gehalten wird.

Wenn dem entgegengehalten wird, eine derartige Schlußfolgerung sei nicht zutreffend, denn der AN, dessen Weiterbeschäftigung unterbleibt, behalte seine Ansprüche gegen den bisherigen Betriebsinhaber, so ist dies nur teilweise richtig. Die herrschende Meinung nimmt zwar an, das AV bestehe mit dem alten Betriebsinhaber weiter, obwohl er nicht mehr über eine Betriebsstätte verfügt, es wird aber niemand behaupten können, daß ein solches AV noch mit den gleichen Wirkungen ausgestattet sei wie bisher, denn die in der Betriebszugehörigkeit wurzelnden Rechte gehen verloren. Außerdem muß nach Ablauf der Kündigungsfristen ein derartiges AV kündbar werden, ohne daß die Kündigungsgründe sich noch auf betriebliche Erwägungen beschränken könnten, denn das AV hat seinen wesentlichen Inhalt verloren, da die Erbringung der Arbeitsleistung in dem Betrieb, in den der AN eingeordnet war, nicht mehr möglich ist [71]).

Somit wird tatsächlich eine willkürliche Schlechterstellung einzelner AN im Falle der Betriebsnachfolge entgegen den sonstigen Grundsätzen des Arbeitsrechts zugelassen.

Eine weitere Unbilligkeit ergibt sich aus der Ansicht der herrschenden Meinung dadurch, daß bei der Betriebsnachfolge eine Willensäußerung der AN nicht für notwendig erachtet wird, denn seine Zustimmung zum Arbeitgeberwechsel wird unterstellt, der Wechsel auch gegen seinen Willen für zulässig gehalten, während der neue Betriebsinhaber das Recht haben soll, ohne nähere Begründung die Weiterbeschäftigung von Arbeitnehmern zu verweigern. Wenn dabei darauf hingewiesen wurde, daß die AN grundsätzlich auf eine Weiterbeschäftigung Wert legen, mithin die Unterstellung der Zustim-

[71]) Vgl. hierzu Dietz, Anm. zu LAG Bremen, AP 52 Nr. 50 S. 264. — So wird auch von der h. A. eine Kündigung ausdrücklich zugelassen, wenn sich der alte AG um die Weiterbeschäftigung bemüht hat, vgl. Hueck, KSchG, § 1 Anm. 38 a; Herschel-Steinmann, a. a. O., § 1 Anm. 42; — a. A. Schnorr v. Carolsfeld, a. a. O., S. 300; Nikisch, ArbR I (2. Aufl.), S. 546; Maus, a. a. O., VI A S. 11.

mung in seinem eigenen wohlverstandenen Interesse liege [72]), so ist dies sicherlich richtig. Das kann aber nicht darüber hinwegtäuschen, daß hierin eine erhebliche Benachteiligung der AN liegt, denn wenn auch betont wird, umgekehrt habe der neue Betriebsinhaber ebenfalls ein erhebliches Interesse daran, sich die alten eingearbeiteten AN zu erhalten, und eine Weiterbeschäftigung unterbleibe nur selten aus reiner Willkür [73]), so ist hieraus nicht die gleiche Folgerung gezogen worden wie für die AN. Wenn aus dem Gesichtspunkt der Vertragsfreiheit eine Einschränkung des Weigerungsrechts des neuen Betriebsinhabers nicht zugelassen wird [74]), andererseits jedoch keine Bedenken bestehen, die Zustimmung der AN grundsätzlich zu unterstellen, so liegt in einem solchen Ergebnis eine einseitige Bevorzugung der Arbeitgeberseite.

Tatsächlich ist auch verschiedentlich schon eine Betriebsnachfolge mit einer Überleitung aller AV angenommen worden, ohne daß ein vereinbarter Eintritt des neuen Betriebsinhabers in die alten AV vorlag, da vielfach eine Überleitung der AV nicht erfolgen konnte. Es handelt sich um Fälle aus der Nachkriegszeit, in denen ein Betrieb übernommen und weitergeführt wurde, ohne daß noch ein früherer Betriebsinhaber existierte, so daß auch eine stillschweigende Vereinbarung über den Eintritt in die AV nicht unterstellt werden konnte [75]).

Ein ähnlicher Vorgang konnte im Zusammenhang mit dem Zusammenbruch des deutschen Reiches und der Gründung neuer Länder sowie der Errichtung neuer Körperschaften beobachtet werden. Wenn auch die Länder und Körperschaften nicht als Rechtsnachfolger des Reiches anzusehen waren, so wurde doch unter dem Gesichtspunkt der Funktionsnachfolge angenommen, daß diese in alle Beamtenverhältnisse und alle AV eintraten, die für die übernommenen Aufgabengebiete bestanden. Dieser Eintritt wurde aus der Identität und Kontinuität der fortbestehenden Verwaltung hergeleitet. Man stützte sich hierbei auch auf den arbeitsrechtlichen Begriff der Betriebsnachfolge [76]). Hier fehlte es ebenfalls an einer vereinbarten Überleitung der AV.

---

[72]) So ausdrücklich: Hueck-Nipperdey, a. a. O., S. 292; Stemmer, a. a. O., S. 15/6; Maus, Das Arbeitsverhältnis, S. 203; LAG Heidelberg, 13. 4. 51, AR-Blattei. Betriebsinhaberwechsel Entscheidungen 3; BAG, 26. 5. 55, AP Nr. 1 zu § 613 BGB.

[73]) So Stemmer, a. a. O., S. 37; Hueck-Nipperdey, a. a. O., S. 291 f.; Denecke, BB 1950 S. 680; BAG, a. a. O.

[74]) Den Grundsatz der Vertragsfreiheit heben hervor: Galperin, BB 1952 S. 324; Rohlfing, KSchG, § 1 Anm. 12; Leydhecker, BlfStR 1950 S. 123; — LAG Bremen, 4. 4. 51, AP 52 Nr. 50.

[75]) Vgl. oben S. 48 und die in Anm. 93 zitierte Rechtspr.

[76]) Vgl. zum Text: Däubler, NJW 1954 S. 5 ff. und die dort zitierten; Reinhardt, NJW 1952 S. 441; Enneccerus-Nipperdey, 2. Halbband, § 142, V. BGH, 9. 7. 53, NJW 1953 S. 1588; LAG Heidelberg, 31. 5. 50, AP 51 Nr. 81

Bemerkenswert ist weiterhin, daß selbst die bisher überwiegend vertretene Auffassung nicht umhin kann, anzuerkennen, daß zunächst einmal rechtliche Beziehungen des neuen Betriebsinhabers zu allen AN des Betriebes entstehen. Denn da davon ausgegangen wird, daß der Wille des Betriebsnachfolgers für die Übernahme der AV entscheidend ist, dieser Wille als natürliche Rechtsfolge des Betriebsinhaberwechsels vermutet wird und Zweifel zu Lasten des Betriebsnachfolgers gehen sollen, bürdet man dem Nachfolger in der Stellung des Betriebsinhabers die Verpflichtung auf, sich auch gegenüber den AN zu erklären, die er nicht weiter beschäftigen will. Es wird damit anerkannt, daß allein durch die Tatsache des Eintritts des Betriebsnachfolgers in den Betriebsorganismus an die Stelle des alten Betriebsinhabers, durch die organisatorische Betriebszugehörigkeit des neuen Betriebsinhabers Rechtsbeziehungen zu allen AN geschaffen werden, die allerdings, falls sie nicht weiterbestehen sollen, nach Ansicht der herrschenden Lehre und Rechtsprechung im gleichen Zeitpunkt, in dem der Betrieb übernommen wurde, schon wieder gelöst werden können, denn die Klarstellung, welche AN weiterbeschäftigt werden, muß spätestens bei der endgültigen Betriebsübernahme erfolgen.

## VIII. Betriebsinhaberwechsel und Kündigungsschutz.

Die Lösungsmöglichkeit des neuen Betriebsinhabers von den AN, deren AV er nicht übernehmen will, den Regeln des Kündigungsschutzrechtes zu unterstellen, bedeutet nach der bisherigen Entwicklung, die die Betrachtungsweise des Betriebsinhaberwechsels genommen hat, nur einen folgerichtigen und natürlichen Schritt weiter. Das führte allerdings dazu, daß der neue Betriebsinhaber allein durch den Eintritt in den betrieblichen Organismus, die Betriebsorganisation, gleichzeitig auch in die Stellung eines AG einrückt, und zwar mit gleichen Rechten und Pflichten, wie sie der bisherige Betriebsinhaber hatte. Es fragt sich daher, ob eine solche Lösung schon in einer auslegenden Anwendung der bestehenden Kündigungsschutzvorschriften gefunden werden kann.

### 1. Allgemeiner Kündigungsschutz.

Dadurch, daß nach der h. M. der neue Betriebsinhaber einen oder mehrere AN im Zuge der Betriebsnachfolge ohne weiteres aus der

---

mit Anm. v. Reinhardt; LAG Frankfurt, 18. 8. 49 AP 50 Nr. 109 mit Anm. v. Reinhardt; v. 20. 10. 49, AP 50 Nr. 144 mit Anm. v. Neumann-Duesburg; v. 22. 5. 51, AP 51 Nr. 259; OAG Rheinland-Pfalz, 14. 10. 49, AP 51 Nr. 109 mit zust. Anm. v. Peters.

bestehenden Betriebsgemeinschaft ausschließen kann, indem er, ohne eine nähere Begründung geben zu müssen, die Weiterbeschäftigung ablehnt, wird der durch das KSchG und auch das BetrVG geschaffene Schutz des Arbeitsplatzes für diesen Fall praktisch wieder ausgeschaltet. Eine Beeinträchtigung der Rechtsstellung der AN liegt auch schon darin, daß nach der heute h. M. ein neuer Betriebsinhaber in der Lage ist, eine Weiterbeschäftigung davon abhängig zu machen, daß sich die AN mit neuen ungünstigeren Bedingungen einverstanden erklären, ohne daß eine Änderungskündigung erforderlich wird [77]). Während sonst nur betriebliche Erfordernisse oder Gründe in der Person oder dem Verhalten des AN es rechtfertigen können, daß ein AN seinen Arbeitsplatz verliert, sollen diese Gesichtspunkte im Falle der Betriebsnachfolge keine Rolle spielen. Denn wenn auch der Wechsel des Betriebsinhabers dem bisherigen Betriebsinhaber keinen wichtigen Grund zur Kündigung gibt, falls sein Nachfolger die Weiterbeschäftigung eines AN verweigert, so verliert dieser AN, folgt man der h. M., dennoch seinen Arbeitsplatz und damit alle die Rechte, die er auf Grund seiner längeren Betriebszugehörigkeit erworben hat.

Ob aber § 1 KSchG, der den AN nach mehr als 6monatiger Zugehörigkeit zu einem Betrieb vor dem Verlust des Arbeitsplatzes durch eine willkürliche Kündigung schützt, ausgehend vom Grundsatz des sozialen Rechtsstaates einen allgemeinen Rechtsgedanken enthält, der in ausdehnender Auslegung auch auf die Fälle der Betriebsnachfolge unmittelbar Anwendung finden kann, ist fraglich. In einem anderen Fall hat das BAG schon einmal eine Ausdehnung des § 1 KSchG vorgenommen, und zwar in den sog. Kettenvertragsurteilen [78]). Das BAG hat angenommen, daß kein innerer Grund dafür ersichtlich sei, daß der Verfassungsgrundsatz der Sozialstaatlichkeit, wie er im KSchG verwirklicht ist, an der demgegenüber zufälligen rechtlichen Gestaltung des AV scheitern sollte, so daß § 1 KSchG auch im Falle der aneinandergereihten befristeten Verträge anwendbar sei, obwohl nur der tatsächliche Regelfall der Kündigung erwähnt werde. Das BAG geht also davon aus, daß § 1 KSchG „von dem Grundsatz des sozialen Staates aus gesehen einen allgemeinen Rechtsgedanken enthält".

Es mag dahingestellt bleiben, ob die vom BAG vorgenommene Fortbildung des geltenden Rechts unbedenklich ist [79]), denn eine ähn-

---

[77]) Auch die Änderungskündigung unterliegt dem Schutz des § 1 KSchG: vgl. Herschel-Steinmann, KSchG, § 1 Anm. 13; Nikisch, a. a. O., S. 524; Hueck, KSchG, § 1 Anm. 30; RAG, 19. 5. 28, ARS 3/24; LAG Bremen, 10. 3. 54, AP 54 Nr. 123.

[78]) BAG, 21. 10. 54, AP Nr. 7 zu § 1 KSchG und Urteil vom gleichen Tage AP Nr. 1 zu § 620 BGB, „Befristeter Arbeitsvertrag"; BAG, 26. 11. 55, AP Nr. 14 zu § 1 KSchG.

[79]) Vgl. aus der Lehre zur Respr. des BAG, Hueck Anm. zu BAG a. a. O.;

liche erweiterte unmittelbare Anwendung des § 1 KSchG auch auf die Betriebsnachfolge dürfte selbst bei stärkster Betonung des Verfassungsgrundsatzes der Sozialstaatlichkeit nicht möglich sein. Wechselt der Betriebsinhaber, so handelt es sich nicht darum, daß ähnlich wie bei dem Abschluß von mehrfach befristeten Arbeitsverträgen bewußt dem AN der Kündigungsschutz genommen werden soll, sondern es handelt sich um einen den Betrieb selbst nicht berührenden natürlichen Vorgang, der es mit sich bringt, daß der neue Betriebsinhaber die Stellung des AG der im Betrieb beschäftigten AN übernimmt, soll der Betrieb weiterbestehen. Durch das KSchG ist aber nicht eine allgemeine gesetzliche Anerkennung eines Rechtes des AN auf seinen Arbeitsplatz erfolgt, sondern das KSchG stellt nur die Verwirklichung des Grundsatzes der Sozialstaatlichkeit für einen bestimmten Fall dar, also nur die Sicherung des Arbeitsplatzes unter bestimmten Voraussetzungen, nämlich gegen die sozial ungerechtfertigte Kündigung [80]). Sofern daher durch aneinandergereihte befristete Arbeitsverträge dem AN dieser Schutz genommen werden soll, kann es gerechtfertigt sein, in diesen Fällen das KSchG anzuwenden und die Rechtsnorm des § 1 im sozialstaatlichen Sinn auszulegen.

Im Falle der Betriebsnachfolge bleibt aber, folgt man der h. M., dem AN der Schutz aus § 1 KSchG theoretisch erhalten, da der alte Betriebsinhaber weiterhin nur im Rahmen dieser Bestimmung zur Kündigung berechtigt bleibt. Wenn auch das praktische Ergebnis anders aussieht, da man annimmt, eine Kündigung sei schon dann betriebsbedingt, wenn sich der AG ernsthaft um die Übernahme des AN durch den neuen Betriebsinhaber bemüht hat [81]), so kann dies allein die unmittelbare Anwendung des dem § 1 KSchG zugrunde liegenden allgemeinen Rechtsgedankens — den Schutz des Arbeitsplatzes zu gewährleisten — auf die Betriebsnachfolge nicht rechtfertigen [82]). Die Auffassung der h. M., im Falle des Betriebsinhaberwechsels sei ein vereinbarter Eintritt in die AV erforderlich, bringt es daher im Ergebnis mit sich, daß dieser Schutz beim Betriebsinhaberwechsel dadurch ausgehöhlt wird, daß, obwohl die Kündigungsschutzbestimmungen des § 1 KSchG anwendbar bleiben, der Arbeitsplatz bei Verweigerung der Weiterbeschäftigung dennoch verloren geht.

---

Molitor, AR-Blattei, Kettenvertrag Entsch. 1; Fitting, BArbBl. 1955 S. 172, 5; Krüger. NJW 1955 S. 1049 ff. u. RdA 1955 S. 248.

[80]) So Hueck, BB 1951 S. 366; Schnorr v. Carolsfeld, a. a. O., S. 22; Denecke, BB 1950 S. 679; Galperin, BB 1952 S. 324.

[81]) Hueck, KSchG, § 1 Anm. 38 a; Herschel-Steinmann, a. a. O., § 1 Anm. 42.

[82]) Maus, Handb. d. ArbR (2. Aufl.), VI A S. 8 f. beruft sich allerdings zur Stützung seiner Ansicht auf § 1 KSchG; ebenso Dietz, BetrVG § 1 Anm. 69.

Allerdings gibt die Auffassung der h. M., daß eine Kündigung als „betriebsbedingt" anzusehen sei, wenn sich der alte AG erfolglos um die Übernahme eines AN bemüht habe, zu erheblichen Bedenken Anlaß. Eine Kündigung wird bei einer Betriebsnachfolge im allgemeinen nur dadurch veranlaßt, daß es dem bisherigen Betriebsinhaber nicht gelungen ist, eine Weiterführung des Betriebs unter Weiterbeschäftigung aller AN durch den neuen Betriebsinhaber zu erreichen. Sie erfolgt also nicht auf Grund dringender betrieblicher Erfordernisse, sondern bedingt durch persönliche Gründe, die bei dem bisherigen Betriebsinhaber liegen. Wenn dieser den Betrieb nicht mehr weiterführen will, und die Übertragung des Betriebes nur möglich ist, indem einzelnen AN, deren Weiterbeschäftigung durch den künftigen Betriebsinhaber abgelehnt wird, so kann dies keine betriebsbedingte Kündigung im Sinne des § 1 KSchG sein [83]).

Da der alte Betriebsinhaber nicht mehr über die Betriebsstätte verfügt, und somit eine Weiterbeschäftigung der AN, die nicht übernommen wurden, nicht erfolgen kann, muß, folgt man der h. M., eine Auflösung des AV dieser AN jedoch erfolgen, auch wenn man die Kündigung der nicht übernommenen AN zutreffend als aus betrieblichen Gründen nicht gerechtfertigt ansieht. Es wird so lediglich die Lösung der AV erschwert, die nach Auffassung der h. M. zwischen dem bisherigen Betriebsinhaber und den nicht übernommenen AN weiterbestehen, und das könnte nur dazu beitragen, daß sich der Betriebsinhaber, der seinen Betrieb abgeben will, vermehrt bemüht, daß alle AN übernommen werden. Eine Lösung der mit der Betriebsnachfolge zusammenhängenden Probleme kann auf diese Weise aber nicht erzielt werden, hält man daran fest, daß ein vereinbarter Eintritt in jedes AV erfolgen muß.

### 2. Besonderer Kündigungsschutz.

In diesem Zusammenhang darf nicht unbeachtet bleiben, daß in Einzelfällen bereits auf Grund von Sonderregelungen von der h. M. abgewichen wird, so für die Heimkehrer, die Schwerbeschädigten und die Betriebsratsmitglieder.

Da sich der Anspruch des Heimkehrers auf Weiterbeschäftigung in dem Betrieb, in dem er früher tätig war, richtet [84]) und lediglich in betrieblichen Gründen seine Schranken findet, unabhängig von den Wünschen des Betriebsinhabers, ist in Auslegung der gesetzlichen Bestimmungen des HkG allgemein anerkannt worden, daß

[83]) So auch Schnorr v. Carolsfeld, ArbR, S. 300; Nikisch, ArbR I (2. Aufl.), S. 546; Maus, a. a. O.; ebenso offenbar auch LAG Heidelberg, 13. 4. 51, AR-Blattei Betriebsinhaberwechsel Entsch. 3; ArbG Husum, 14. 8. 52, ARSt. IX Ziff. 549.

[84]) Vgl. die bei Nikisch, a. a. O., S. 561 zitierten.

eine Weiterbeschäftigung auch dann erfolgen muß, wenn inzwischen ein Wechsel in der Person des Betriebsinhabers eingetreten ist [85]. Der neue Betriebsinhaber muß also den Anspruch des Heimkehrers auf Weiterbeschäftigung im alten Betrieb erfüllen, auch wenn er nicht alle AN übernommen hat, und ohne daß es eines ausdrücklichen Eintritts in das ruhende AV des Heimkehrers bedarf. Wenn das AV infolge des fremden Gewahrsams erloschen war, ist ein Eintritt nicht einmal möglich, da das alte AV erst mit der Rückmeldung zur Wiederaufnahme der Arbeit rückwirkend wieder auflebt (§ 7 HkG). Ja selbst eine durch den neuen Betriebsinhaber erklärte Ablehnung der Übernahme derartiger AN kann auf Grund der von Lehre und Rechtsprechung vorgenommenen Auslegung des § 7 HkG an diesem Ergebnis nichts ändern. Die für das Kündigungsschutzrecht herausgearbeiteten Grundsätze finden damit im Heimkehrerrecht in erweitertem Umfang Anwendung, denn in bezug auf die AV der Heimkehrer tritt der neue Betriebsinhaber kraft der Übernahme des Betriebes in die ruhenden Rechtsbeziehungen ein und muß auch, falls die AV erloschen sind, die Ansprüche des heimgekehrten AN erfüllen, ohne daß bei der Betriebsübernahme eine Vereinbarung hierüber getroffen wurde.

Ähnliche Ergebnisse werden zum Teil auch bei den Personengruppen, die einen besonderen Kündigungsschutz genießen, und zwar den Schwerbeschädigten und Betriebsratsmitgliedern, im Falle der Betriebsnachfolge erzielt. Dies hat seinen Grund darin, daß der Gesetzgeber für die Schwerbeschädigten in § 18 SBG angeordnet hat, daß die Hauptfürsorgestelle die Zustimmung „bei Kündigungen in Betrieben" zu erteilen hat, „die nicht nur vorübergehend eingestellt oder aufgelöst werden". Die Kündigung von Betriebsratsmitgliedern ist gem. § 13 Abs. 2 KSchG zulässig, wenn „der Betrieb stillgelegt" wird. Zwar ist bei Vorliegen eines wichtigen Grundes in beiden Fällen eine fristlose Kündigung möglich, es ist jedoch unbestritten, daß der Betriebsinhaberwechsel einen solchen Grund nicht darstellt [86]. Da weiterhin allgemein anerkannt wird, daß allein der Wechsel des Betriebsinhabers eine Stillegung des Betriebes nicht herbeiführen kann [87], gerät hier die herrschende Lehre mit der von ihr vertretenen

[85] Groß, AR-Blattei, Heimkehrer aus dem Wehrdienst, Wiedereingliederung in das Arbeitsleben, C IV 3; Kauffmann, a. a. O., S. 289; Denecke, a. a. O., S. 680; Reinhardt, AP 51 Nr. 259 Anm.; Rewolle-Köst, Handk. z. ArbR, § 7 HkG Anm. 2 S. 327; Siebert, Handwörterbuch d. Sozialwissenschaft, „Arbeitsvertrag" S. 389.

LAG Frankfurt, 20. 10. 49, AP 50 Nr. 144 mit zust. Anm. v. Neumann-Duesberg; OAG Neustadt, 14. 10. 49, WA 1949 S. 188; LAG Bremen, 30. 5. 51, AP 51 Nr. 260; LAG Frankfurt, 22. 5. 51, AP 51 Nr. 259; LAG Hannover, 24. 1. 49, Betrieb 1949 S. 132.

[86] Vgl. oben S. 116 Anm. 8.

[87] Vgl. oben S. 17 und die Zitate in Anm. 7.

Ansicht, daß der neue Betriebsinhaber nicht verpflichtet ist, alle AN zu übernehmen, in erhebliche Schwierigkeiten, denn auf Grund der gesetzlichen Bestimmungen der §§ 18 SBG und 13 KSchG dürfte für den neuen Betriebsinhaber in diesen Fällen keine Möglichkeit bestehen, die Übernahme schwerbeschädigter AN und Betriebsratsmitglieder abzulehnen, da eine Kündigung nicht zulässig ist.

Für die schwerbeschädigten AN ist denn auch in der Rechtslehre angenommen worden, daß der neue Betriebsinhaber verpflichtet sei, sie weiterzubeschäftigen. Dieses Ergebnis wird damit begründet, daß dem AG die Verpflichtung zur Beschäftigung der Schwerbeschädigten nur in seiner Eigenschaft als Träger des Betriebes auferlegt wird, da ja auch die Verpflichtung des AG nach der Zahl der Arbeitsplätze im Betrieb berechnet wird und weil der Kündigungsschutz des SBG dem Schwerbeschädigten den Arbeitsplatz erhalten soll [88]). Man kommt also im Ergebnis für die Schwerbeschädigten zu einem Eintritt in deren AV kraft der Betriebsnachfolge.

Die Frage, ob auch die Betriebsratsmitglieder beim Betriebsinhaberwechsel weiterbeschäftigt werden müssen, wird unterschiedlich beurteilt. Da der Gesetzgeber die Betriebsratsmitglieder zur Sicherung ihrer Unabhängigkeit und zugleich auch zur Verhinderung ihrer willkürlichen Ausschaltung offensichtlich dadurch besonders gegen einen Verlust des Arbeitsplatzes schützen wollte, daß er mit Ausnahme der Kündigung aus einem wichtigen Grund lediglich im Falle der Betriebsstillegung eine Kündigung zuläßt, muß aber davon ausgegangen werden, daß bei einem Betriebsinhaberwechsel eine Weiterbeschäftigung der Betriebsratsmitglieder nicht verweigert werden kann [89]).

Nach der gegenteiligen Ansicht soll das Amt des einzelnen Betriebsratsmitgliedes erlöschen, wenn, wie von der h. M. für zulässig gehalten wird, die Übernahme dieses AN abgelehnt wurde, weil

[88]) Vgl. Monjau, SBG, § 18 Anm. 2; Wilrodt-Götzen, SBG, § 18 Anm. 12; Sellmann-Evermann, SBG, § 18 Anm. 11; Gröninger, SBG, § 18 Anm. 3; so auch schon Stemmer, a. a. O. S. 37. — A. A. Zigan, SBG, § 18 Anm. 12, der im Gegensatz zur h. M. in der Veräußerung des Betriebes eine Betriebsaufgabe sieht.

[89]) Rohwer-Kahlmann, KSchG, § 13 Erl. 3, insb. Anm. 25; Maus, Handb. d. ArbR (2. Aufl.), VI A S. 11; ders. ebenda 1. Aufl., VI C 2, „Kündigungsschutz der Betriebsratsmitglieder", S. 21 ff. insb. Anm. 69; Groß bei Maus, a. a. O., XII, Betriebsrat; Dietz, BetrVG, § 22 Anm. 30; Nikisch, a. a. O., S. 546; Stemmer, a. a. O., S. 36, vertrat diesen Standpunkt schon zur Zeit des BRG; Hueck, KSchG, § 13 Anm. 21/22 scheint ebenfalls der Ansicht zuzuneigen, daß der neue Betriebsinhaber die Betriebsratsmitglieder übernehmen muß, während Herschel-Steinmann, KSchG, § 13 Anm. 13 bei der Auslegung des Betriebsstillegungsbegriffes in § 13 nicht von dem Betrieb im objektiven Sinne ausgeht, sondern darunter die Aufgabe des Betriebes durch den derzeitigen AG verstehen will, um eine Kündigung des Betriebsratsmitgliedes im Falle der Betriebsnachfolge rechtfertigen zu können.

er alsdann aus dem Betrieb ausscheide [90]). Abgesehen davon, daß in § 24 BetrVG für das Erlöschen des Betriebsratsamtes lediglich die Beendigung des AV erwähnt wird, das aber auch nach Auffassung der h. M. weiterbesteht, kann das Amt des Betriebsrates nicht allein durch den Wechsel des Betriebsinhabers erlöschen [91]). Denn von einem Ausscheiden aus dem Betrieb und einer damit verbundenen Amtsniederlegung kann doch nur dann gesprochen werden, wenn dies aus freiem Willensentschluß des Betriebsratsmitgliedes erfolgt oder auf Grund einer Vereinbarung mit dem Betriebsinhaber. Beides liegt aber im Falle der Betriebsnachfolge nicht vor. Nachdem für die Fortsetzung des Betriebes die Weiterbeschäftigung der Belegschaft oder zumindest des überwiegenden Teils derselben verlangt wird, da die Identität des Betriebes vom Weiterbestand der Betriebsgemeinschaft abhängt, muß auch aus diesem Grunde angenommen werden, daß den neuen Betriebsinhaber eine Pflicht zur Weiterbeschäftigung und Übernahme der Betriebsratsmitglieder trifft, selbst wenn man mit der h. M. der Auffassung ist, grundsätzlich sei der Wille des neuen Betriebsinhabers entscheidend [92]). Hinzu kommt noch, daß der Betriebsrat als Repräsentant der Arbeitnehmerschaft und Organ der Betriebsgemeinschaft eine unabhängige, besonders eng an den Betrieb gebundene Stellung einnimmt.

Man kommt also schon heute auf Grund arbeitsrechtlicher Sonderregelungen, die dem Schutz bstimmter Arbeitnehmergruppen dienen, zu dem Ergebnis, daß der neue Betriebsinhaber auf Grund seiner Stellung Rechte der AN gegen sich gelten lassen muß, gleich ob eine vertragliche Vereinbarung vorliegt, und damit in arbeitsrechtlicher Sicht die Stellung eines Repräsentanten des Betriebes einnimmt. Damit wird die von verschiedenen Vertretern der Rechtslehre [93]) vorgeschlagene Regelung der Betriebsnachfolge schon jetzt in Einzelfällen erreicht.

[90]) Galperin, BetrVG, § 22 Anm. 10 ff.; so im Ergebnis auch Monjau-Heimeier, KSchG, § 13 Anm. 3 und Bührig-Wittholz-Paulsen, KSchG, § 13 Anm. 11, denn sie machen die Weiterbeschäftigung der Betriebsratsmitglieder von dem ausdrücklichen Eintritt des neuen Betriebsinhabers in deren AV abhängig. — So früher auch Hueck-Nipperdey-Dietz, AOG, § 14 Anm. 26, sowie RAG, 1. 10. 30, ARS 11/208 und v. 5. 11. 30, ARS 10/298. Das RAG macht eine Ausnahme, falls es sich bei der Ablehnung der Weiterbeschäftigung um eine Maßregelung oder Umgehung des Kündigungsschutzes handelt. Sofern nur der Wille des neuen Betriebsinhabers entscheidend sein soll, läßt sich eine Rechtfertigung für diese Ausnahmen nicht erkennen. — Wie das RAG auch LAG Bremen, 4. 4. 51, AP 52 Nr. 50.

[91]) Dietz, a. a. O.

[92]) Rohwer-Kahlmann, a. a. O.

[93]) Vgl. die Ansichten von Molitor, Dietz, Nikisch u. a., Kapitel 5, V.

Es zeigt sich ein weiteres Mal, wie unbefriedigend im Ergebnis eine rechtliche Konstruktion der Betriebsnachfolge ist, die eine Überleitung jedes einzelnen AV verlangt, wenn die Anwendung von gesetzlichen Bestimmungen, die den Schutz des Arbeitsplatzes gewährleisten sollen, entweder, wie im Falle des § 1 KSchG, bei der Betriebsnachfolge größte Schwierigkeiten bereitet oder im Falle von Sonderregelungen sogar zur Durchbrechung des Grundsatzes der h. M., letztlich sei für die Weiterbeschäftigung im fortgeführten Betrieb der Wille des neuen Betriebsinhabers maßgebend, führen muß.

## IX. Zusammenfassung.

Wenn auch die Entwicklung des Rechts der abhängigen Arbeit von dem Gedanken des Schutzes des AN, der Sicherung seines Arbeitsplatzes getragen wurde, und grundsätzlich die Rechtserheblichkeit der Betriebszugehörigkeit und der längeren Tätigkeit im Betrieb Anerkennung gefunden hat, so wird dennoch die Betriebsnachfolge eine rechtliche Beurteilung finden, die diesen Grundsätzen widerspricht, solange die organische Einheit des Betriebes nicht auch bei einem Betriebsinhaberwechsel bestehen bleibt, und an der Ansicht, daß eine Überleitung aller einzelnen AV notwendig sei, festgehalten wird, und damit in jedem Falle der Betriebsnachfolge eine Zerlegung des Betriebsorganismus erfolgt. Die Frage nach der Grund lage eines Rechtsanspruchs der AN auf Übernahme gegen den neuen Betriebsinhaber und die Feststellung, daß es einen solchen nicht geben könne [94]), verliert ihre Bedeutung, wenn man in dem Betriebsinhaberwechsel nur noch einen Organwechsel sieht, den Weiterbestand der AV im fortgeführten Betrieb allein aus dem Eintritt des neuen Betriebsinhabers in den Betriebsorganismus herleitet.

Doch muß die h. M. aber notwendigerweise bei dem Versuch, dieses Ergebnis zu erzielen, ohne gesetzliche Hilfe scheitern, wenn sie weiterhin daran festhält, dem Arbeitsvertrag für die Begründung und den Bestand des AV den Vorrang zu geben und damit die Notwendigkeit eines vereinbarten Eintritts in die AV verlangen muß. Dabei ist das vertragliche System schon häufig durchbrochen worden, und es ist davon auszugehen, daß sich die Entwicklung des modernen AV weitgehend *praeter legem* vollzogen hat, teilweise sogar unter Umgehung gesetzlicher Bestimmungen (so z. B. im Fall des § 613 BGB). So hat man auch im Falle der Betriebsnachfolge auf dem Umweg über immer weitergehende Konzessionen versucht, das gewünschte Ergebnis zu erreichen, nämlich den Arbeitsplatz des AN

[94]) Das Fehlen eines Rechtsanspruches betont vor allem Galperin BArbBl. 1950 S. 64 und BB 1952 S. 324.

im fortgeführten Betrieb zu sichern. Die vertraglichen Rechtsregeln wurden auf diese Weise praktisch in weitem Maße ausgeschaltet und damit der besonderen rechtlichen Stellung der AN, die auf ihrer persönlichen Abhängigkeit beruht, Rechnung getragen, ohne daß jedoch ein Ergebnis erzielt wurde, das der Schutzbedürftigkeit der AN in jedem Fall gerecht wurde [95]), indem es den Schutz des Arbeitsplatzes auch im Falle des Betriebsinhaberwechsels gewährleistet, ein Ergebnis, das, wie überwiegend angenommen wird, in der Erhaltung des Arbeitsplatzes aller AN unter den gleichen Bedingungen bestehen muß [96]).

Der schon in umfangreichem Maße durchgeführte Schutz des Arbeitsplatzes würde hierdurch nur vervollkommnet, eine Lücke geschlossen, die durch das KSchG und das BetrVG offen gelassen worden ist, ohne daß im Vergleich zu den bisher schon bestehenden gesetzlichen Regelungen eine wesentliche Beschränkung der Befugnisse des Betriebsinhabers erfolgte. Im Gegenteil entspräche dies einer sich heute immer stärker abzeichnenden Tendenz, dem Arbeitsplatz und der Arbeitskraft der AN immer weitgehenderen Schutz zu gewähren. Es sei in diesem Zusammenhang darauf hingewiesen, daß man vielfach schon dazu übergegangen ist, die Arbeitskraft als ein sonstiges absolutes Recht im Sinne des § 823 Abs. I BGB und auch den Arbeitsplatz als geschütztes Rechtsgut im Sinne dieser Vorschrift anzuerkennen [97]). Es mag dahingestellt bleiben, ob diese Auffassungen schon heute berechtigt sind, jedenfalls kennzeichnen diese Ansichten den Weg, den eine moderne Arbeitsrechtslehre in Verfolg des Grundsatzes der Sozialstaatlichkeit geht.

---

[95]) Die besondere Schutzbedürftigkeit als Grundgedanken des Arbeitsrechts wird allgemein anerkannt. Das Arbeitsrecht ist „zunächst einmal Arbeitnehmerschutzrecht", Hueck in Hueck-Nipperdey, Lehrb. I (6. Aufl.) S. 25; vgl. auch Nipperdey, ebenda II S. 20 f.; Dersch, Festschrift f. Herschel, S. 74; Schelp, ebenda S. 96; Herschel, BArbBl. 1955 S. 571 ff. (Fachteil Arbeitsschutz).

[96]) So insb. Hueck BB 1951 S. 366; Denecke, BB 1950 S. 680; ders. Anm. zu LAG Kiel, AP 51 Nr. 153; Dietz, BetrVG, § 1 Anm. 69 und Anm. zu LAG Bremen AP 52 Nr. 50; Staudinger-Nipperdey, BGB, § 613 Bem. 23; Schnorr v. Carolsfeld, ArbR, S. 299; so natürlich auch diejenigen, die zu einem derartigen Ergebnis schon jetzt kommen, wie Nikisch, Molitor u. a. — A. A. Galperin, RdA 1955 S. 187, der in der bisher überwiegend vertretenen Auffassung einen „auf dem Boden der Tatsachen bleibenden Interessenausgleich" sieht.

[97]) Die Arbeitskraft als sonstiges Recht wird anerkannt von: Schnorr v. Carolsfeld, a. a. O., S. 21; Herschel, BArbBl. 1955 S. 580; ArbG Wilhelmshaven, 4. 2. 55, AP Nr. 1 zu § 823 mit zust. Anm. v. Schnorr v. Carolsfeld. — Der Arbeistplatz als geschütztes Rechtsgut wird anerkannt von: Hedemann, RdA 1953 S. 121 ff. im Anschluß an seine früheren Ausführungen bei Potthoff, Die sozialen Probleme des Betriebes, S. 17 ff.; Hueck-Nipperdey, Lehrb. II (6. Aufl.), S. 124, im Anschluß an Herschel, RdA 1953 S. 42. — Ablehnend Nikisch, ArbR I (2. Aufl.), S. 219; Bötticher, RdA 1955 S. 323; Maus, Handb. des ArbR (2. Aufl.), I S. 38.

6. Kapitel

# Der Betriebsinhaberwechsel in der Sicht des modernen Arbeitsverhältnisses.

Greift man auf die gesamte Entwicklung des AV zurück, seitdem es sich aus einer rein obligationenmäßigen Betrachtungsweise gelöst hat, und berücksichtigt man die Ergebnisse, die in vielen Einzelfällen des Betriebs- und Arbeitslebens gefunden wurden, und die Gewichtigkeit, die der betriebliche Organismus gewonnen hat, demgegenüber die Person des Betriebsinhabers in arbeitsrechtlicher Hinsicht nur noch eine Bedeutung als besonderer Funktionsträger des Betriebes hat, so zeigt sich, daß die Stellung des AN im Betrieb in ihrer Betriebsverbundenheit rechtlich anerkannt worden ist und ihre Grenzen in erster Linie in den betrieblichen Erfordernissen findet.

Wenn dennoch nicht allgemein auch die letzte Konsequenz aus dieser Erkenntnis gezogen wurde — denn um eine solche handelt es sich, sieht man in der Betriebsnachfolge nur noch einen Personenwechsel in der Betriebsorganisation, zu dem ein ausdrücklicher Eintritt in die AV nicht mehr erforderlich ist — und damit die betriebliche Gebundenheit des AV endgültig anerkannt und nicht nur zu ihrer Charakterisierung herangezogen wurde, so liegt das wohl daran, daß es nicht gelungen ist, in der rechtlichen Beurteilung des AV zu einer einheitlichen Betrachtung zu kommen.

## I. Zusammenfassung der bisherigen Untersuchungen.

Da im wesentlichen immer wieder darüber gestritten wird, ob die Einordnung in den Betrieb oder der Arbeitsvertrag Grundlage des AV ist, fragt es sich, ob diese Gegenüberstellung, die sich aus dem Entweder-Oder nicht zu lösen vermochte, der einzige Weg ist, das AV zu erkennen.

Wie die vielen Probleme, die das Betriebsleben ergibt, gezeigt haben, hat man nicht daran vorbeigehen können, daß die durch die Betriebszugehörigkeit geschaffenen starken Bindungen, die erst das AV gestalten, einen Interessenausgleich fordern, bei dem nicht ein Vertrag, sondern die Organisationsform des Betriebes und die Stellung des AN in ihm, sowie seine Beziehungen zur Arbeitsgemeinschaft, die entscheidenden Gesichtspunkte sind. Teilweise hat sich auch eine für das Recht der abhängigen Arbeit geschaffene gesetzliche Regelung von den bisherigen auf dem Vertragsrecht aufbauenden Auffassungen entfernt, wie das Kündigungsrecht oder das Heimkehrerrecht, vielfach wurde das AV unter Umgehung oder auch gegen privatrechtliche Vorschriften bewertet, und es wurde zugegeben, daß einzelne Probleme nicht mit Hilfe des Privatrechts gelöst werden können, wie etwa die Frage nach der Verteilung des Betriebsrisikos.

Wenn im Ergebnis bei Einzelfragen des Betriebslebens immer wieder versucht wurde, den Anschein zu erwecken, als könne man diesen unter Festhalten an den allgemeinen Vertragsgrundsätzen gerecht werden, so hat sich doch gezeigt, daß die Gliedstellung des AN in der Betriebsgemeinschaft und die rechtlich bedeutsame Tatsache der Betriebszugehörigkeit die tragenden Gesichtspunkte bei der rechtlichen Beurteilung der Einzelfragen waren. Daher sind in der praktischen Anwendung die Unterschiede zwischen der Vertragslehre und der Lehre, die auf der Eingliederung des AN in den Betrieb das AV aufbaut, nicht sehr groß. Damit hat sich eine wesentliche Annäherung der beiden Auffassungen vollzogen, wobei sich allerdings die Ansicht derjenigen, die in der Zugehörigkeit des AN zum Betrieb das entscheidende Moment des AV sahen, mehr und mehr durchgesetzt hat.

Seitdem Potthoff die Eigenschaft des AV als sozialrechtliches Organisationsverhältnis herausstellte, hat sich eine Betrachtungsweise, die dem AV eine von Einzelpersonen weitgehend unabhängige Bedeutung gibt, immer größere Anerkennung verschafft. Gleichzeitig mit der Entwicklung, die den Betrieb zum sozialen Organisationsinbegriff werden ließ, hat das AV in fortschreitendem Maße seine Grundlage im Betriebsorganismus und in den Beziehungen zur Betriebsgemeinschaft gefunden. Das kommt vor allem im Recht der AN auf Mitgestaltung der betrieblichen Ordnung zum Ausdruck. Dieser Entwicklung ist, wenn auch teilweise nur im tatsächlichen Ergebnis, in Lehre und Rechtsprechung und auch der arbeitsrechtlichen Gesetzgebung Rechnung getragen worden.

Mit der einsetzenden Schutz- und Sozialgesetzgebung begannen außervertragliche Einflüsse in immer größerem Umfang in die Gestaltung der AV einzugreifen, der Weg, den das AV seit dieser Zeit nahm, entfremdete es von dem System der schuldrechtlichen Rechtsverhältnisse des Privatrechts. Das AV wurde zu einem eigenartigen Rechtsverhältnis, dem eine Sonderstellung gegeben werden muß, das seinen eigenen rechtlichen Regeln unterworfen ist.

Entsprechend der Bedeutung, die der Betrieb im Sozial-, Arbeits- und Wirtschaftsleben als Organisationseinheit gewann, ist die Eigenständigkeit des AV gewachsen. Soweit es zu seiner Entstehung des Vertrages bedarf, besteht keine Veranlassung, von den Regeln des Dienstvertrages abzuweichen; Grundlage und Gestaltung jedoch erhält das AV erst durch die Zugehörigkeit des AN zu einem bestimmten Betrieb. Dies vermag am besten die Behandlung des AV bei verschiedentlich auftauchenden Einzelfragen zu zeigen. Während im praktischen Ergebnis weitgehend der Eigenart des AV Rechnung getragen wurde, haben sich doch insbesondere bei der Betriebsnachfolge immer wieder Tatbestände ergeben, die sich mit dem Wesen des AV nicht vereinbaren lassen. Im wesentlichen ist es der Begriff des AV als eines Vertragsverhältnisses gewesen, der eine befriedigende Lösung verhinderte, obwohl die Entwicklung, die das Recht der abhängigen Arbeit genommen hat, sowie die Behandlung arbeitsrechtlicher Probleme durch die Vertragslehre gezeigt haben, daß dieser Begriff seine ursprüngliche Bedeutung verloren hat. Dennoch sträubt sich die Vertragslehre dagegen, in dem AV in erster Linie ein Betriebszugehörigkeitsverhältnis zu sehen. Wie Schnorr[1]) hervorhebt, ist es aber bedenklich, sich eng an diesen Begriff zu klammern, ohne den ihm zugrunde liegenden Zweck, nämlich den „gerechten Interessenausgleich" zu erkennen. Mit der Anerkennung des Unterschiedes zwischen der Arbeitskraft und einer Sache und der Erkenntnis, daß beide nicht in gleicher Weise behandelt werden können, setzte eine Änderung unserer sozialen Anschauungen und damit auch der rechtlichen Betrachtungsweise im Arbeitsrecht ein. Ebenso unterliegt auch die Auffassung über die Bedeutung der gesetzlichen Regelung im Arbeitsrecht einem Wandel.

Unzweifelhaft hat das BGB, soweit es die Regelung der Rechtsgeschäfte vorsieht, die AV der abhängigen AN nicht erfaßt, nicht erfassen können, da die heutige Auffassung von Betrieb und AV erst auf eine längere Entwicklung zurückgeht, auf Grund deren die AN zu Gliedern des Betriebsorganismus wurden, dem sie ihre Arbeitskraft zur Verfügung stellen.

## II. Entstehung und Beendigung des Arbeitsverhältnisses.

Auf Grund des Ergebnisses der bisherigen Untersuchung von Einzelfällen aus dem Arbeitsleben während der Dauer des AV, die zum Ziele hatten, festzustellen, welchen Einfluß der Einzelarbeitsvertrag heute noch auf die Gestaltung der rechtlichen Stellung der AN hat, ist davon auszugehen, daß sich die praktische Bedeutung des Arbeitsvertrages auf die unmittelbare Verpflichtung zur Arbeitsleistung und zur Einstellung durch den AG, also auf die Entstehung des AV beschränkt, während das AV selbst seine entscheidende Gestaltung durch die Zugehörigkeit des AN zu einem bestimmten Betriebsorganismus erhält. Erst die Gliedstellung in der Betriebsgemeinschaft, die Einstellung in den Betrieb läßt den Großteil der Rechte und

[1]) Schnorr, Die Sozialversicherung 1949, S. 322 ff., bes. S. 323.

Pflichten von AG und AN, die überwiegend kollektivrechtlich geordnet werden, entstehen. Aber auch diejenigen, die in Einzelfällen durch den Arbeitsvertrag eine nähere Ausgestaltung erfahren, sind in ihrer Entstehung durch die Zugehörigkeit zum Betrieb bedingt.

Hinzu kommt, daß der Betrieb nicht lediglich der Mittelpunkt ist, um den sich die einzelnen AV gruppieren, sondern daß der Betrieb, wie eingangs dargelegt wurde, die Bedeutung eines selbständigen sozialrechtlichen Organismus erlangt hat, an dem die betriebszugehörigen AN teilhaben, so daß sich das AV als eine „Teilhabe am Arbeitsorganismus Betrieb" [2]) darstellt. Durch die Entwicklung des Betriebes zu einem rechtlich anerkannten lebendigen Organismus ist eine Objektivierung der auf ihn bezogenen arbeitsrechtlichen Rechtsverhältnisse der AV eingetreten. Das AV kann nicht mehr allein auf der Grundlage des Vertragsrecht beurteilt werden, sondern der Betrieb hat unmittelbaren rechtlichen Einfluß auf das Schicksal des AV gewonnen und überragt in seiner Bedeutung die vertraglichen Beziehungen, die zur Entstehung des AV beigetragen haben. Das Arbeitsrecht hat sich als Sonderrecht der abhängige Arbeit leistenden Personen zu einem besonderen Rechtsgebiet entwickelt, das neben dem öffentlichen, vor allem auch neben dem Privatrecht steht, und besonderen Regeln unterworfen ist, wenn es auch verschiedentlich mit diesen beiden Teilen unserer Rechtsordnung verknüpft ist [3]). Es handelt sich um eine Entwicklung, die auf die Abhängigkeit und Schutzbedürftigkeit der AN zurückgeht.

---

[2]) Herschel, ArbuR 1954 S. 326; ders. in Festschrift f. Nippergey, S. 63; und früher schon DAR 1937 S. 310.

Auch in den Fällen, in denen ein AN, wie die Hausgehilfin, die Privatsekretärin, der Privatchauffeur, nicht in einen Betrieb eintritt, gewinnt die Verwirklichung der Gemeinschaft, die Aufnahme der Zusammenarbeit entscheidenden Einfluß auf das AV. Daher ergibt sich keine grundsätzlich unterschiedliche Behandlung des AV, wenn auch gerade für das betriebliche AV die Bedeutung der Person des AG am geringsten ist.

[3]) Vgl. die wegweisenden Ausführungen von Bührig, ArbuR 1955 S. 225 (228) und ArbuR 1953 S. 2; siehe auch Herschel, Entwicklungstendenzen des Arbeitsrechts, RdA 1956 S. 161 ff. und Sieg, VersR 1953 S. 350. — Wenn Bötticher, RdA 1955 S. 322, aus dogmatischen Gründen der Auffassung ist, das Arbeitsrecht bleibe „dem allgemeinen Vertragsrecht verpflichtet", wenn es auch in „seinen einzelnen Ausprägungen eine ,Welt für sich'" sei, so bedeutet dies eine Überbewertung dogmatischer Grundsätze. Man muß im Gegenteil aus dogmatischen Erwägungen die Konsequenzen daraus ziehen, daß, wie Bötticher zutreffend feststellt, das Arbeitsrecht „in seinen einzelnen Ausprägungen eine Welt für sich" ist, eine Feststellung, die durch die hier angestellten Untersuchungen bestätigt worden ist. Auch nicht im „Interesse der Einfachheit" ist das Festhalten am allgemeinen Vertragsrecht für das Arbeitsrecht dienlich, denn, wie sich gezeigt hat, ergeben sich hieraus im Einzelfall des Arbeitslebens die größten Schwierigkeiten. Wie sich rückschauend zeigt, ist die Entwicklung des Arbeitsrechts einen Weg gegangen, der zur Eigenständigkeit führen muß. Man sollte daher hieraus auch die Konsequenzen ziehen.

Wenn auch damit der von der Eingliederungslehre beschrittene Weg der Eigenart der AV am ehesten zu entsprechen scheint, ergeben sich auch weiterhin Bedenken, dieser Lehre im vollen Umfang zu folgen, die jedoch von wesentlicher Bedeutung für die Beurteilung des Wesens des AV sind und damit auch für die Behandlung der Betriebsnachfolge.

Grundsätzlich führt die Eingliederungslehre ebenso wie die Vertragslehre die Entstehung des AV auf einen bestimmten Zeitpunkt zurück. Während die Vertragslehre vom vereinbarten Zeitpunkt ausgeht, stellt die Eingliederungslehre auf die Einordnung in den Betrieb oder die Aufnahme der Zusammenarbeit von AG und AN ab. Betrachtet man nur den Einfluß, den in bestimmten Zeiträumen die Betriebszugehörigkeit des AN auf sein AV ausübt, so zeigt sich, daß das AV verschiedene Entwicklungsstadien durchläuft und daher die Entstehung eines vollwirksamen AV nicht auf einen bestimmten Zeitpunkt festgelegt werden kann. So besteht ein erheblicher Unterschied zwischen dem AV eines AN, der noch keine sechs Monate in einem Betrieb verbracht hat, und dem AV des AN, der bereits über diesen Zeitraum hinaus beschäftigt wird. Der letztere fällt bereits unter den Schutz des KSchG, hat schon die Wartezeit für den Urlaubsanspruch erfüllt und wird nach Ablauf eines Jahres wählbar für den Betriebsrat (§ 7 BetrVG). Mit der Einstellung in den Betrieb befindet sich das AV noch in einem Anfangsstadium. Aber selbst der Zeitpunkt, wann die Entstehung des AV als personenrechtlichem Gemeinschaftsverhältnis einsetzt, kann zeitmäßig nicht scharf abgegrenzt werden [4]), wie dies von der Eingliederungslehre und auch von der Vertragslehre versucht wird.

Das wird auch im praktischen Ergebnis von den Vertretern beider Lehren anerkannt. So hat die Eingliederungslehre nur für den Normalfall angenommen, daß die Einordnung in den Betrieb und damit die Entstehung des AV gleichzeitig mit der Arbeitsaufnahme erfolge. In der Regel soll schon die Möglichkeit der jederzeitigen Verwendung des AN, seine Arbeitsbereitschaft ausreichen [5]). Dies geschah zunächst aus der Erkenntnis heraus, daß die Verhältnisse im Einzelfall verschieden liegen können. Sodann wird damit aber auch anerkannt, daß die Entstehung des AV nicht allgemein normiert werden kann, und weiterhin, daß ein AV schon entsteht und rechtliche Wirkungen äußert, bevor sich der Eintritt in die Betriebsorganisation tatsächlich dadurch vollzieht, daß der AN seinen Arbeitsplatz ein-

[4]) Dies betont Herschel schon in SozPrax. 1942 Sp. 157 und erneut wieder in RdA 1956 S. 165.

[5]) Nikisch, ArbR I (2. Aufl.), S. 163 ff., „Genug, daß der AG jederzeit in der Lage ist, von seiner Arbeitskraft Gebrauch zu machen" (S. 164); ders. Arbeitsvertrag und AV, S. 80 f.; vgl. auch Siebert, DAR 1937 S. 307; Schnorr, Die Sozialversicherung S. 324; Maus, Handb. d. ArbR (2. Aufl.), II S. 12.

nimmt und die Mitarbeit in der Gemeinschaft aufnimmt [6]). Dies wird noch dadurch unterstrichen, daß selbst die Vertreter der Eingliederungslehre, wenn auch nach anfänglichen Schwanken, die Auffassung vertreten, auch die Erkrankung eines künftigen AN verhindere die Entstehung des AV nicht, vorausgesetzt, daß mit der Aufnahme der Arbeit in absehbarer Zeit gerechnet werden könne [7]).

Jedoch kann ein solches AV nicht die rechtlichen Wirkungen äußern wie dasjenige des AN, der tatsächlich in den Betrieb bereits eingetreten ist und die Arbeit aufgenommen hat, denn erst dann untersteht das AV völlig der betrieblichen Ordnung. Die Mängel einer Betrachtungsweise, die die Entstehung des AV auf einen bestimmten Zeitpunkt festlegen will, werden daher auch sichtbar, wenn man der Vertragslehre folgt. Denn nach der vertraglichen Auffassung muß das AV selbst dann entstehen, wenn der AN bereits ein anderes AV eingegangen ist, der AN die Aufnahme der Arbeit oder der AG die Einstellung verweigert, also aus irgend einem Grunde der Antritt der Stellung durch den AN nicht erfolgen kann. Mit Recht sind hiergegen Bedenken erhoben worden, denn in einem Fall, in dem ein AN tatsächlich nicht in das Kräftegefüge des Betriebes einbezogen wird, ja u. U. nicht einbezogen werden kann, entstehen sicherlich nicht die vollen rechtlichen Wirkungen eines AV. So können nicht die Fristen aus dem KSchG in Lauf gesetzt werden, die Rechte aus der Betriebsverfassung oder die Pflicht zur Gewährung von Urlaub begründet werden, da dies voraussetzt, daß der AN betriebszugehörig geworden ist [8]), es muß also die Bindung an den Betrieb

[6]) So führt auch Nikisch, ArbR I (2. Aufl.), S. 149 Anm. 51 aus: „Damit soll nicht geleugnet werden, daß schon der Abschluß des Arbeitsvertrages die Parteien zu einer gewissen Rücksichtnahme im Hinblick auf das künftige Gemeinschaftsverhältnis verpflichtet".

[7]) So Siebert, AkadZSchr. 1936 S. 94 und DAR 1937 S. 308; Maus, Handb. d. ArbR (1. Aufl.), IV 1 a S. 30, § 1 KSchG; Schnorr, Die Sozialversicherung 1949 S. 324; Nikisch, ArbR (1. Aufl.), S. 93; ebenso natürlich die Vertragslehre, vgl. statt vieler Hueck, RdA 1955 S. 326. — Nikisch hat jedoch früher bei vorübergehender Erkrankung die Entstehung eines AV abgelehnt und hielt damit streng an der Eingliederung als Voraussetzung für die Begründung des AV fest (Arbeitsvertrag und AV, S. 76 f.). Wenn N. auch neuerdings wieder die Entstehung eines AV ablehnt [ArbR I (2. Aufl.), S. 502, im Gegensatz zu der in der 1. Aufl. S. 93 vertretenen Auffassung], so nimmt er aber im Gegensatz zur ersten Auffassung an, daß der erkrankte AN jedenfalls einen Lohnanspruch hat. Damit wird aber praktisch zugegeben, daß für die Entstehung des AV nicht auf einen bestimmten Zeitpunkt abgestellt werden kann.

[8]) Dies wird auch dadurch anerkannt, daß bei der Prüfung der Frage, von welchem Zeitpunkt für die Berechnung der Beschäftigungsdauer gem. § 1 KSchG auszugehen ist, auf den tatsächlichen Beginn der Beschäftigung, auf das Zurverfügungstehen des AN abgestellt wird, vgl. Hueck, KSchG, § 1 Anm. 11, 18; Monjau-Heimeier, KSchG, § 1 Anm. 4; Rohlfing, KSchG, § 1 Anm. 9; Nikisch, ArbR I (2. Aufl.), S. 616; so auch Hueck-Nipperdey-Dietz, AOG, § 56 Anm. 5 a; — eine Ausnahme wird lediglich für den An-

wenigstens so stark sein, daß die Möglichkeit besteht, die Verfügungsmacht über die Arbeitskraft des AN auszuüben. Es kann zwar schon ein Lohnanspruch entstehen, nicht aber auch schon ein vollwirksames AV.

Deshalb kann auch die Festlegung auf einen bestimmten Zeitpunkt nicht richtig sein, weil das AV, schon bevor der AN seinen Arbeitsplatz in der Betriebsorganisation einnimmt, sei es dadurch, daß er tatsächlich die Arbeit aufnimmt, sei es dadurch, daß seine Arbeitsbereitschaft gegeben ist, beginnt, die ersten, wenn auch noch schwachen Wirkungen, zu entfalten.

Bereits mit Abschluß des Arbeitsvertrages tritt der AN in die ersten Beziehungen zur Betriebsgemeinschaft, wie sich aus dem Mitbestimmungsrecht des Betriebsrats bei geplanten Einstellungen ergibt (§ 61 BetrVG). Mit diesem Zeitpunkt entsteht auch schon eine Verpflichtung des AN, und zwar insoweit, als er den Interessen seines künftigen AG nicht mehr entgegenhandeln darf. Diese tritt besonders dann in Erscheinung, wenn der AN schon in bestimmte betriebliche Vorgänge eingeweiht wurde. Es kann sogar mit Vertragsschluß eine Geheimhaltungspflicht bestehen, wenn dem AN Einblick in gewisse Betriebsgeheimnisse gegeben wurde [9]). Ebenso entsteht mit dem Tage des Vertragschlusses eine Schutzpflicht des AG gegenüber dem künftigen AN, die sich besonders dann bemerkbar macht, wenn der AN seinen bisherigen Arbeitsplatz aufgeben muß, um in den neuen Betrieb eintreten zu können [10]).

Es ist auch in der Eingliederungslehre nicht übersehen worden, daß das AV bereits mit dem Abschluß des Arbeitsvertrages im Entstehen begriffen ist, denn man hat, um an der Einordnung als Entstehungsgrundlage des AV festhalten zu können, damit zu helfen gesucht, daß die bis zur Einordnung entstehenden Beziehungen als ein „Vorarbeitsverhältnis" oder als die „Vorwirkung des AV" gekennzeichnet wurden [11]). Neuerdings spricht Nikisch von einem

---

nahmeverzug zugelassen; dann ist aber davon auszugehen, daß der AN im beiderseitigen Einverständnis im vereinbarten Zeitpunkt schon dem Betrieb angehören sollte; — für das Urlaubsrecht vgl. Dersch, Die Urlaubsgesetze, Bem. 275; — für das Wahlrecht gem. § 6 BetrVG wird allgemein verlangt, daß der AN betriebszugehörig geworden ist.

[9]) Vgl. Nipperdey, DAR 1937 S. 146 unter IV c; Dietz in Hueck-Nipperdey-Dietz, AOG, § 1 Anm. 17; Nikisch, a. a. O., S. 392.

[10]) Vgl. Herschel, SozPrax. 1938, Sp. 294; Nipperdey, a. a. O., S. 146; Dersch, RdA 1949 S. 329; Palme, BlfStR 1955 S. 332; RAG, 29. 1. 36, ARS 27/46.

[11]) Vgl. Siebert, DAR 1937, S. 309, „daraus folgt praktisch, daß dieses Vorarbeitsverhältnis weitgehend — nicht vollständig — von dem Recht des AV beherrscht wird"; a. a. O., S. 45 spricht Siebert von einer „Angliederung", die schon durch den Vertragsschluß bewirkt wird; Nikisch, Arbeitsvertrag und AV S. 75, „Dagegen zeigt sich die Vorwirkung des AV gerade auf spezifisch personenrechtlichem Gebiete"; Maus, Der Arbeits-

„AV außerhalb oder während des Erfüllungszustandes" [12]). Gleiches gilt auch für die Vertragslehre, die in den Fällen, in denen der Vertragsschluß nicht mit dem vereinbarten Zeitpunkt der Arbeitsaufnahme zusammenfällt, ein „aufschiebend befristetes AV" annimmt und damit grundsätzlich die Entstehung einer Gemeinschaft schon in diesem Zeitpunkt anerkennt [13]).

Man hat also praktisch der Tatsache, daß das AV als Gemeinschaftsverhältnis nicht schlagartig entstehen kann, Rechnung getragen, wenn man auch an der Entstehung des AV in einem bestimmten Zeitpunkt dem vereinbarten Termin oder der Einordnung festgehalten hat.

Für die Beurteilung des AV ist noch eine Betrachtung des Endstadiums des AV von Bedeutung, denn auch die Beendigung des AV läßt sich nicht auf einen bestimmten Zeitpunkt festlegen.

Geht man von dem Begriff der Eingliederung als Grundlage des AV aus, so müßte angenommen werden, daß die Eingliederungslehre mit dem Zeitpunkt der Ausgliederung die Beendigung des AV zusammenfallen läßt. Ein derartiges Ergebnis wurde wohl zunächst von S i e b e r t angenommen, da er anfangs auch im Falle der unsittlichen, willkürlichen oder sozialwidrigen Kündigung das AV endigen ließ, also die tatsächliche Beendigung mit der rechtlichen gleichsetzte [14]). Später folgerte dann S i e b e r t aus der Nichtigkeit der sittenwidrigen Kündigung, daß das AV durch sie nicht gelöst werde, und betonte, im Gegensatz zu dem Fall der rechtswidrig verweigerten Einstellung äußere das „einmal begründete AV stärkere Bindungen als die Verpflichtung zu seiner Begründung" [15]). Auch N i k i s c h nimmt nicht eine völlige Beendigung des AV an, denn er geht davon aus, daß sich das AV bis zur ordnungsmäßigen Aufhebung des Arbeitsvertrages nicht mehr im Zustand der Erfüllung befinde [16]). Ebenfalls nach Auffassung der Eingliederungslehre be-

vertrag, S. 94, „hier beginnt die Wirksamkeit der durch das AV bezweckten Pflichten schon mit Abschluß des Vertrages".

[12]) Nikisch, ArbR I (2. Aufl.), S. 148.

[13]) Nipperdey, a. a. O., „Ebenso klar ist aber, daß sich schon mit dem Vertragsschluß wichtige Wirkungen ergeben. Gerade der gemeinschaftsmäßige Charakter des Arbeitsvertrages zeigt sich darin, daß das im E n t s t e h e n b e g r i f f e n e A V auf der Grundlage eines Treueverhältnisses gesehen werden muß"; vgl. auch Mansfeld, DAR 1936, S. 122 f., „diese Vereinbarung über die künftige Begründung eines AV muß in das AV selbst eingegliedert werden"; vgl. Hueck, RdA 1955 S. 328 „vor allem ist es m. E. nicht richtig, daß vor Antritt der Arbeit überhaupt noch kein Gemeinschaftsverhältnis bestände".

[14]) Vgl. Siebert, Dt. Recht 1935, S. 566 ff. und Arbeitsverhältnis, S. 114; so heute noch Beine, ArbBlbrZ 1947, S. 411 und Maus, Das Arbeitsverhältnis, S. 301 ff.

[15]) Siehe Siebert, DAR 1937, S. 308 Anm. 17.

[16]) Vgl. Nikisch, ArbR I (2. Aufl.), S. 561.

darf es somit zur Beendigung des AV der einverständlichen Lösung, während bei rechtswidriger Ausgliederung des AN aus dem Betrieb das AV bestehenbleibt, wenn auch mit schwächeren Wirkungen. Es kommt also nicht allein auf ein „Ausgliedern" an.

Bei einer Betrachtung des Kündigungsschutzrechtes zeigt sich, daß die früher schon von Nipperdey vertretene Ansicht, die „pflichtwidrige Lösung" könne das Gemeinschaftsverhältnis nicht beenden [17]), durch das KSchG ganz allgemein für die unberechtigte Kündigung eines AV Anerkennung gefunden hat (vgl. §§ 1, 7, 11 KSchG). Das AV kann trotz Kündigung und tatsächlichem Ausscheiden aus dem Betrieb fortdauern, da nur die sozial gerechtfertigte Kündigung wirksam ist.

Selbst wenn die Kündigung anerkannt wird, oder das Ausscheiden aus dem Betrieb zwischen AN und dem Betriebsinhaber vereinbart wurde, äußert das AV noch Wirkungen, denn der AN unterliegt noch den Bestimmungen über das Konkurrenzverbot, eventuell vereinbarten Wettbewerbsbeschränkungen. Auch ohne diese kann die Offenbarung und Verwertung eines Betriebsgeheimnisses, wenn auch nur unter ganz besonderen Umständen, ein Verstoß gegen die guten Sitten sein [18]). So gehen zwar die Pflichten des ausgeschiedenen AN nicht so weit wie während der Dauer seiner Beschäftigung, sie beweisen jedoch, daß die Beziehungen des AV keinesfalls unmittelbar mit dem Austritt aus dem Betrieb enden.

Dies zeigt sich besonders dann, wenn der AN nach dem Ausscheiden aus dem Betrieb ein Ruhegeld bezieht. Die einmal mit dem AV eingegangene Bindung an den Betrieb erzeugt dann noch stärkere Wirkungen, denn es entsteht kein neues Rechtsverhältnis, sondern es handelt sich bei dem Pensionsverhältnis um ein „restliches" AV [19]), und es bestehen in gewissem Umfang noch Treuepflichten weiter. Dies ergibt sich schon daraus, daß nicht den AG eine einseitige Pflicht zur Leistung von Ruhegehalt trifft, daß vielmehr auch für den Ruhegehaltsempfänger bestimmte Verpflichtungen bestehen. Bei Verstößen gegen die Betriebsinteressen kann das Pensionsverhältnis ausnahmsweise gekündigt werden, u. U. muß sich der Pensionär in Notlagen des Betriebes eine Kürzung seines Ruhegeldes gefallen lassen. Bei den Leistungen des AG handelt es sich um zu-

[17]) Nipperdey, DAR 1937, S. 147; so auch Herschel, DAR 1937 S. 313.

[18]) BGH, 16. 11. 54, AP Nr. 1 zu § 60 HGB; — allgemein wird in der Lehre auch angenommen, die Schweigepflicht als Ausfluß der Treupflicht des AN überdauere das AV, lediglich der Umfang wird unterschiedlich beurteilt, vgl. Dietz, Festschrift für Hedemann, S. 330; Staudinger-Nipperdey, BGB, § 611 Bem. 164; Schlegelberger, HGB, § 59 Bem. 41; Herschel, SozPrax. 1938, Sp. 294; Nikisch, a. a. O., S. 392.

[19]) Hueck-Nipperdey, Lehrb. I (3.—5. Aufl.), S. 214; ähnlich Schnorr v. Carolsfeld, ArbR, S. 169; Nikisch, a. a. O., S. 479 nimmt zwar nur eine Nachwirkung des AV an, das kommt aber im Ergebnis auf dasselbe heraus.

sätzliche Leistungen als Auswirkung seiner Fürsorgepflicht. Auch der Pensionär ist als noch zum Betrieb gehörig anzusehen. Durch das Ausscheiden des pensionierten AN ist dessen AV nicht beendet, sondern dieses AV wird lediglich zurückgebildet, indem auf Seiten des AN die Verpflichtung, die Arbeitskraft zur Verfügung zu stellen, entfällt und auf Seiten des AG die Lohnzahlungspflicht [20]).

Daß das AV unabhängig von einer tatsächlichen Zugehörigkeit zum Betrieb noch Wirkungen entfalten kann, zeigen auch die AV der Heimkehrer, die nur durch die Einberufung der AN in ihrer Wirksamkeit beschränkt wurden, dennoch aber weiterbestanden, obwohl die Betriebszugehörigkeit beendet worden war. So blieb beispielsweise während der Zeit der Abwesenheit des AN die Pflicht zur Wahrung der gegenseitigen Interessen bestehen [21]).

### III. Das Arbeitsverhältnis ein dynamisches Rechtsverhältnis.

Entstehung, Weiterentwicklung und Ende des AV können sonach nicht in bestimmte Grenzen eingeschachtelt werden, vielmehr läuft das AV, beginnend mit dem Abschluß des Arbeitsvertrages, verschiedene Stadien durch. Von diesem Zeitpunkt an entsteht bereits das AV, der Arbeitsvertrag setzt die erste Ursache. Sobald der erste Kontakt zur Betriebsgemeinschaft durch die Mitbestimmung des Betriebsrats bei der Einstellung hergestellt ist, auch die Normen der Tarifverträge wirken bereits auf das entstehende AV ein, entwickelt sich das AV weiter, wird das vollwirksame AV durch das tatsächliche weitere Verhalten der Beteiligten geschaffen, zu denen nicht nur die beiden Vertragspartner gehören. Hierbei spielt der Eintritt in den Betrieb, die Einordnung in die Betriebsgemeinschaft, durch die erst die Betriebszugehörigkeit verwirklicht wird, eine entscheidende Rolle für die Weiterentwicklung des AV, wie dies mit Recht durch die Eingliederungslehre hervorgehoben wurde, nicht aber die ausschließliche, da es bereits mit den Vertragsverhandlungen seine ersten rechtlichen Wirkungen äußert. Das AV befindet sich als Le-

---

[20]) Das geht schon daraus hervor, daß eine Kürzung oder u. U. ein Entzug der Pension wegen einer Verletzung der Treupflicht für zulässig gehalten wird, vgl. RAG, 23. 8. 39, ARS 37/137; v. 20. 4. 42, ARS 45/5; BAG, 30. 11. 55, AP Nr. 8 zu § 242 BGB „Ruhegehalt"; BAG, 4. 8. 55, AP Nr. 7 ebenda; Nikisch, a. a. O., S. 482 mit umfangreichen Zitaten; Hilger, BB 1951 S. 618. — Gerät der Betrieb in Schwierigkeiten, müssen sich die Pensionäre sogar eine Kürzung der Pension auf Grund ihrer Treuepflicht gefallen lassen, vgl. BAG, 5. 5. 55, AP Nr. 4 zu § 242 BGB „Ruhegehalt"; BAG, 16. 6. 55, AP Nr. 5 ebenda; Nikisch, a. a. O.; RGR-Kommentar, BGB, § 611 Vorbem. III, 5.

[21]) Vgl. oben Kapitel 2, II 3.

bensverhältnis in einer ständigen Weiterentwicklung, es muß daher, wie Herschel betont, „dynamisch" gesehen werden[22].

Nur so ist eine einheitliche Betrachtung dieses Gemeinschaftsverhältnisses gewährleistet, das die rechtliche Stellung des AN im Betrieb verkörpert, sowie die von der Einordnung unabhängigen Beziehungen umfaßt, und es entfällt die Zerreißung eines Lebensvorgangs, nämlich die Begründung des AV, in verschiedene Einzeltatbestände. So zeigt es sich auch, daß es nicht mehr auf die von der Vertragslehre vorgenommene Festlegung der Entstehungsgrundlage des AV auf die vertragliche Vereinbarung, die die Lebensvorgänge unberücksichtigt läßt, ankommen kann.

Wenn Maus[23] einwendet, daß gerade die dynamische Betrachtungsweise des AV daran kranke, daß sich mit ihr der Zeitpunkt der Entstehung des AV nicht genau festlegen lasse, so ist diese Kritik nur teilweise zutreffend. Sicherlich wird bei einer derartigen Betrachtung des AV mehr auf die innere persönliche Bindung des AN an die Gemeinschaft abgestellt, und es wird u. U. schwieriger werden, zu erkennen, wann ein vollwirksames AV vorliegt. Aber gerade der bestimmte Zeitpunkt ist es, der sich nicht „ohne Willkür" bestimmen läßt[24], selbst dann nicht, wenn man die Begründung des AV auf die Einordnung stützt, da diese, wie gezeigt wurde, nicht lediglich auf die tatsächliche Arbeitsaufnahme abgestellt werden kann.

Sodann findet auch, wie Herschel hervorhebt, die innere Verknüpfung der am AV teilhabenden Menschen in „tatsächlichen Gegebenheiten Anlaß und Unterlage" [25]. Läßt sich auch eine eindeutige zeitliche Bestimmung der Entstehung des AV nicht durchführen, so kann doch aus der äußeren Sachgestaltung auf die innere Einstellung der am AV beteiligten Menschen geschlossen werden.

Hier bieten gerade die Erkenntnisse aus der besonderen Eigenart des AV die besten Anhaltspunkte. Bei einer dynamischen Betrachtung des AV ergibt sich, daß die durch den Arbeitsvertrag vorgesehene Regelung des AV über den durch den Abschluß des Vertrages geschaffenen Zustand weit hinausreicht. Das in Aussicht genommene AV muß noch näher konkretisiert werden. Sowie die ersten Rechte und Pflichten, die Beziehungen zur Betriebsgemeinschaft entstehen, setzt die Konkretisierung des AV ein. In dem im Arbeitsvertrag vorgesehenen Zeitpunkt der Arbeitsaufnahme drängt die Entwicklung darauf hin, das Gemeinschaftsverhältnis auch tatsächlich zu verwirklichen. Erforderlich hierzu ist jedoch, daß der AN

[22]) Herschel, SozPrax. 1936, Sp. 294 und SozPrax. 1942, Sp. 157, 159 f.; ders. RdA 1956 S. 165.

[23]) Maus, Der Arbeitsvertrag, S. 75, 95.

[24]) So auch Nikisch, Arbeitsvertrag und AV, S. 47.

[25]) Herschel, SozPrax. 1942, Sp. 157.

in die Betriebsorganisation eingeordnet wird und seinen Arbeitsplatz eininmmt, zumindest muß seine Arbeitskraft dem Betrieb zur Verfügung stehen. Ist dies der Fall, so ergibt sich daraus ein Anhaltspunkt, daß nunmehr die Konkretisierung des AV soweit fortgeschritten ist, daß der durch den Arbeitsvertrag vorweggenommene Zustand bald erreicht sein wird. Wenn die Arbeitsaufnahme oder die Einstellung aus irgendwelchen Gründen nicht möglich ist, wird dieser Zustand nie erreicht und die entscheidenden Beziehungen des AV werden nie begründet. Alsdann kommt die vorgesehene echte Gemeinschaft nicht zur Entstehung, wohl aber bestand sozusagen *in statu nascendi* ein AV, dessen weitere Konkretisierung lediglich unterbrochen wurde, so daß also bei verweigerter Einstellung das AV verletzt ist.

Mit der Einordnung in den Betrieb und der Zugehörigkeit zur Betriebsgemeinschaft beginnt das nunmehr faktisch existente Lebensverhältnis weiterzuwachsen bis zur völligen Überragung des Arbeitsvertrages, bis zur endgültigen Verbindung des AN mit dem Betriebsorganismus. Das Gesetz gibt eine Vermutung dafür, wann die Konkretisierung soweit fortgeschritten ist, daß nur sie noch für die rechtliche Beurteilung des AV in Betracht kommt, und zwar durch die Bestimmung des § 1 KSchG, entsprechend der nach einer sechsmonatigen Betriebszugehörigkeit die Bindung des AN an den Betrieb nur noch aus betrieblichen Gründen gelöst werden kann [26]).

Die Entstehung und Weiterentwicklung des AV läßt sich also erst dann erkennen, wenn man es seiner Wesensart entsprechend als dynamisches Rechtsverhältnis auffaßt, eine derartige Beurteilung wird dem Charakter des AV am ehesten gerecht.

Auch nach erfolgter Konkretisierung geht die Entwicklung des AV weiter, und das vollwirksame AV bleibt nicht auf dem einmal erreichten Stand stehen, es ist ständigen weiteren Veränderungen unterworfen, die es in seiner Gestaltung beeinflussen, und, soweit hierdurch neue Rechte und Pflichten geschaffen werden, wurzeln auch sie in dem erneut konkretisierten Gemeinschaftsverhältnis.

Die im weiteren Verlauf des AV erfolgenden neuerlichen Konkretisierungen ergeben sich aus der immer länger werdenden Dauer der Betriebszugehörigkeit. So wird der AN nach einem Jahr wählbar zum Betriebsrat, seine Rechte aus der Betriebsverfassung haben also zugenommen, die Angestellten kommen in den Genuß günstige-

---

[26]) Denn letztlich ist auch die personenbedingte Kündigung von betrieblichen Erwägungen abhängig, vgl. S. 20 oben.

Daß auch im täglichen Leben das AV des neu eintretenden AN noch nicht als vollwirksam aufgefaßt wird, ergeben schon die vielfach vereinbarten Probezeiten, durch die AG und AN zum Ausdurck bringen, daß zunächst noch nicht eine endgültige Bindung an den Betrieb begründet wird.

rer Kündigungsfristen, es entstehen neue Ansprüche aus den Tarifverträgen und Betriebsvereinbarungen, z. B. bezüglich einer Werkswohnung, Kindergeld, Weihnachtszuwendungen, längerer Urlaubsfreistellungen, der AN erhält die Anwartschaft auf ein Ruhegehalt. Es gibt hier eine Vielzahl von Möglichkeiten, so kann auch durch individuelle Vereinbarungen eine neue Gestaltung des AV vorgenommen werden. Bei einer dynamischen Betrachtungsweise des AV ist es aber nicht mehr notwendig, diesen Vereinbarungen den Charakter von zusätzlichen Abreden zu geben. Die Bedeutung dieser Vereinbarungen geht nicht weiter als diejenige der Eingriffe, die etwa durch tarifmäßige Bestimmungen zu bestimmten Zeitpunkten vorgenommen werden, und zwar dadurch, daß beispielsweise der AG die tarifliche vorgesehene Lohnerhöhung gewährt. Das AV erfährt nur eine neue Konkretisierung, es sei denn, es handele sich um eine rein persönliche Vereinbarung, die sich außerhalb des betrieblichen Rahmens bewegt.

Bei einer derartigen Betrachtung des AV entfallen die Schwierigkeiten, die sich bisher bei den Versuchen, sowohl den vertraglichen Beziehungen als auch der Tatsache der Zugehörigkeit des AN zur Betriebsorganisation und der Eingliederung in den Betrieb gerecht zu werden, ergaben. Das AV als einheitliches Rechtsverhältnis wird zur Grundlage der rechtlichen Beziehungen des AN im Betrieb. Die bei der Untersuchung des AV bezüglich der Bedeutung der Betriebszugehörigkeit, Einordnung in den Betrieb und tatsächliche Beschäftigung gewonnenen Ergebnisse behalten ihre Geltung, sie bieten auch weiterhin die wesentliche Grundlage des AV.

## IV. Keine Beeinträchtigung der Rechtsstellung des Arbeitnehmers im Betrieb durch die vereinbarte Betriebsnachfolge.

Berücksichtigt man nun, welche starke Bedeutung die Zugehörigkeit des AN zu einem bestimmten Betrieb für die Beurteilung seiner rechtlichen Stellung erhalten hat, wie weitgehend das Schicksal des AV mit dem Betrieb verknüpft ist, und in welchem Umfang der AN vor dem Verlust seines Arbeitsplatzes geschützt wurde, und betrachtet alsdann erneut den Betriebsinhaberwechsel, so kommt man zu dem Ergebnis, daß der Eintritt des neuen Betriebsinhabers in den Betriebsorganismus keine andere Wirkung haben kann, als daß die AV der in diesem Betrieb beschäftigten AN eine weitere Konkretisierung erfahren.

Wenn man also in der Betriebsnachfolge lediglich noch einen Organwechsel sieht, so steht eine derartige Auffassung der Eigenart des modernen AV nicht entgegen, sie entspricht vielmehr am ehesten der besonderen rechtlichen Natur des AV. Einer Übertragung des Betriebes und der damit verbundenen Konstruktion des vereinbarten Eintritts in die AV bedarf es somit nicht mehr. Eine derartige Beurteilung der Betriebsnachfolge geht an dem eigentlichen Wesen des Betriebes und der mit ihm verbundenen AV vorbei, die sich über die ursprüngliche Rechtsgrundlage eines bürgerlich-rechtlichen Dienstvertrages zu einem eigenständigen Begriff entwickelt haben. Die Rechtswissenschaft hat sich auch bei den Versuchen, die Eigenart des AV zu analysieren, immer mehr von den ersten, noch schuldrechtlichen Betrachtungen des AV entfernt und zugeben müssen, daß nur eine selbständige Beurteilung des AV den Gegebenheiten des Arbeitslebens gerecht wird. Eine derartige Betrachtung des AV muß daher auch bei der Betriebsnachfolge Platz greifen.

Soweit in Lehre und Rechtsprechung daher angenommen wurde, auch bei einem Betriebsinhaberwechsel bleibe allen AN der Arbeitsplatz im fortgeführten Betrieb erhalten, und der neue Betriebsinhaber sei zu ihrer Weiterbeschäftigung unter den bisherigen Bedingungen verpflichtet [27]), kann dieser Auffassung also nur zugestimmt werden, wenn auch den Begründungen, die für ein derartiges Ergebnis gegeben wurden, nicht in vollem Umfange gefolgt werden kann. Insbesondere die Durchführung der Betriebsnachfolge wurde meist noch in Anlehnung an die Auffassung der h. M. gesehen, nach der neben dem Eintritt in den Betrieb eine Übernahme der AV erforderlich ist.

So hat zwar Dietz [28]) zutreffend gegenüber der h. L. eingewandt, sie sehe „das einzelne AV zu sehr isoliert und nicht in seiner Einbettung in die betriebliche Gemeinschaft", ohne aber den Betriebsinhaberwechsel nun allein vom Betrieb her zu sehen, denn er geht auch weiterhin von einem Übergang der AV aus, wenn er auch annimmt, daß die AV mit dem Erwerb des Betriebes kraft Gesetzes auf den Erwerber übergehen. Wenn Nikisch betont, „hätten die Verfasser des Bürgerlichen Gesetzbuches den Betrieb bereits so gesehen, wie wir ihn heute sehen, so würden sie, das läßt sich kaum bezweifeln, den AN nicht schlechter gestellt haben als den Mieter. . ." [29]), so zeigt sich, daß er bereits den Betrieb bei der Betrachtung des Betriebsinhaberwechsels in den Vordergrung stellt. Das ergibt sich auch daraus, daß er nicht mehr von einer Übernahme der einzelnen AV ausgeht, sondern einen Eintritt des Erwerbers des Be-

---

[27]) So Nikisch, ArbR I (2. Aufl.), S. 541 ff. und öfter; Dietz, BetrVG, § 1 Anm. 69 und öfter; Molitor, AN und Betrieb und öfter; Staudinger-Nipperdey, BGB, § 613 Bem. 23; Enneccerus-Nipperdey, 2. Halbband, § 142 V; Maus, Handb. d. ArbR (2. Aufl.), VII A S. 6 ff.; Schnorr v. Carolsfeld, ArbR, S. 300; Oppikhofer, Festschrift f. Schultze, S.. 215 ff.; Olbersdorf, ArbuR 1955, S. 137; Hörnig, RdA 1955 S. 134 unter II, 2. — Vgl. auch die Ausführungen oben Kapitel 5, V.

[28]) Dietz, a. a. O.

[29]) Nikisch, a. a. O., S. 543/4.

triebes „kraft Gesetzes in die bereits im Erfüllungszustand befindlichen AV" annimmt [30]). Doch auch Nikisch sieht in der Betriebsnachfolge noch nicht einen einheitlichen Vorgang, einen einheitlichen Akt, mit der Maßgabe, daß der neue Betriebsinhaber mit dem Eintritt in den Betrieb zugleich AG der im Betrieb beschäftigten AN wird. Als einheitlichen Akt faßt er lediglich den Eintritt in die AV auf. Nur wenn man im Wechsel des Betriebsinhabers den Austausch eines Organs oder eines Funktionsträgers an wichtiger Stelle erblickt, der für die betriebsgebundenen AV nicht mehr und nicht weniger als eine erneute Konkretisierung bedeutet, kann man aber dem arbeitsrechtlichen Vorgang der Betriebsnachfolge unter gleichzeitiger Würdigung der arbeitsrechtlichen Bedeutung des Betriebes für die Rechtsstellung der abhängigen Arbeit leistenden AN gerecht werden. Der Betrieb muß bei einem Wechsel des Inhabers in arbeitsrechtlicher Sicht der ruhende Pol bleiben, und bleibt es auch tatsächlich, wenn man erkennt, daß es einer Übertragung der AV nicht bedarf.

Die Tatsache, daß vielfach der neue Betriebsinhaber ausdrücklich neue Vereinbarungen mit den AN des Betriebes trifft, steht der hier vertretenen Auffassung von der Betriebsnachfolge nicht entgegen, denn das bisherige AV erfährt auch dann lediglich eine neue Konkretisierung, wie diese auch in allen anderen Fällen erfolgt, in denen weitere Vereinbarungen getroffen werden. Dies wird noch dadurch bestätigt, daß neue Vereinbarungen mit dem Betriebsnachfolger nicht in der Lage sind, Rechte und Anwartschaften aus der längeren Betriebszugehörigkeit zu beeinträchtigen.

## V. Kritische Würdigung von Einwendungen gegen die hier vertretene Auffassung.

Wenn gegen die Auffassung, daß durch die Betriebsnachfolge die Rechtsstellung der AN im Betrieb nicht berührt wird, Bedenken etwa deshalb erhoben werden, weil dadurch eine Betriebsübernahme wirtschaftlich sehr erschwert würde [31]), oder weil darin die Anerkennung eines Mitgliedschaftsrechtes liege, und auf diese Weise die freie Willensbestimmung ausgeschaltet werde [32]), sind diese nicht ausreichend, um eine Ablehnung des hier vertretenen Standpunktes zu rechtfertigen.

---

[30]) Nikisch, AR-Blattei, Betriebsinhaberwechsel, Entscheidungen 4, Anmerkung.

[31]) So Beitzke, Samml. AG 1952 Nr. 5; Denecke, BB 1950 S. 680; Galperin, BB 1952 S. 323.

[32]) So Beitzke, BB 1951 S. 420; Galperin BB 1952 S. 324; Leydhecker, BlfStR 1950 S. 123; Rohlfing, KSchG, § 1 Anm. 12; — LAG Bremen, 4. 4. 51, AP 52 Nr. 50; v. 12. 7. 50, AP 51 Nr. 110.

Soll der Wechsel des Betriebsinhabers aus wirtschaftlichen Gründen erfolgen, etwa wegen finanzieller Schwierigkeiten, in die der Betrieb geraten ist, so ist der bisherige Betriebsinhaber ohnehin gemäß § 1 KSchG berechtigt, einem Teil der AN wegen dringender betrieblicher Erfordernisse zu kündigen. Dieser Grund ist umsomehr dann gegeben, wenn der künftige Betriebsinhaber nicht alle AN weiterbeschäftigen kann, somit eine Betriebsnachfolge außer Betracht bleiben müßte, weil der neue Unternehmer aus finanziellen Gründen nicht in der Lage ist, unter diesen Umständen den Betrieb zu übernehmen und damit die Existenz des ganzen Betriebes gefährdet wird.

Dieses Kündigungsrecht kann jedoch nicht mehr soweit gehen, daß der Betriebsinhaber schon dann zum nächstzulässigen Kündigungstermin kündigen kann, wenn nur der künftige Betriebsinhaber die Weiterbeschäftigung einiger AN verweigert, und es trotz aller Bemühungen nicht gelingt, eine Weiterführung des Betriebes unter Übernahme aller AN zu erreichen. Denn wenn im übrigen die Erfordernisse des Betriebes eine Kündigung nicht rechtfertigen, ist eine derartige Kündigung nicht betriebsbedingt [33]).

Sollte tatsächlich eine beabsichtigte Betriebsnachfolge daran scheitern, daß alle AN weiterbeschäftigt werden müssen und eine Kündigungsmöglichkeit nicht besteht, so handelt es sich um einen seltenen Ausnahmefall, da wohl kaum bei dem Käufer oder Pächter eines Betriebes Bedenken bestehen werden, in einen gutgehenden Betrieb einzutreten, denn um einen solchen muß es sich handeln, wenn aus betrieblichen Gründen eine Kündigung nicht gerechtfertigt ist. Die Notwendigkeit, alle AN weiterbeschäftigen zu müssen, wird daher für die Betriebsnachfolge im allgemeinen keinen Hinderungsgrund darstellen. Außerdem ist das Opfer, das der neue Betriebsinhaber erbringen muß, indem er einige AN übernimmt, deren Weiterbeschäftigung er nicht wünscht, nicht sehr groß, wenn man berücksichtigt, welche Vorteile er daraus erzielt, daß ihm der Stamm der eingearbeiteten und erfahrenen AN zur Verfügung steht.

Selbst wenn aber eine beabsichtigte Betriebsveräußerung deshalb nicht durchgeführt werden kann, weil der neue Betriebsinhaber glaubt, sich nicht an alle betriebszugehörigen AN unter den gleichen Bedingungen wie sein Vorgänger binden zu können, so liegt in der hier vertretenen Auffassung keine unbillige Härte für einen Betriebsinhaber, denn dieser muß im Rahmen des ihn treffenden Unternehmerrisikos auch das Scheitern einer Betriebsnachfolge in Kauf nehmen. Ebenso muß ein Betriebsinhaber ja auch damit rechnen, daß eine beabsichtigte Betriebsstillegung infolge des Widerspruchs des Betriebsrates nicht wie vorgesehen durchgeführt werden kann (§§ 72 ff. BetrVG).

[33]) Vgl. die Ausführungen Kapitel 5, VIII 1 oben.

Da die AV bei der Betriebsnachfolge durch den Eintritt des neuen Betriebsinhabers lediglich eine neue Konkretisierung erfahren, im übrigen aber unverändert weiterbestehen bleiben, sind sie auch künftig im Rahmen des Kündigungsschutzrechtes auflösbar, und damit ist der Betriebsnachfolger in der Lage, den betrieblichen Erfordernissen entsprechend die Zahl der AN zu verringern.

Allerdings muß der neue Betriebsinhaber auch diejenigen AN, denen sein Vorgänger kündigen konnte, für die aber längere Kündigungsfristen gelten, bis zu deren Ablauf weiterbeschäftigen. Es wird sich alsdann auch ein Verfahren vor dem Arbeitsgericht, das auf Grund einer Klage gem. § 3 KSchG anhängig ist, mit der Betriebsübernahme gegen den neuen Betriebsinhaber richten, da dieser bei einer Betriebsnachfolge in alle Rechte und Pflichten des bisherigen AG aus dem AV eintritt.

Nur dieses Ergebnis entspricht auch Sinn und Zweck des Kündigungsschutzgesetzes. Denn folgt man der Auffassung, die einen Eintritt des Erwerbers des Betriebes in die AV für erforderlich hält, so bleibt der alte Betriebsinhaber passiv legitimiert, und der Erwerber des Betriebes kann nur im Einverständnis beider Parteien in den Rechtsstreit eintreten[34]). Geschieht dies aber nicht, und wird der Klage des AN stattgegeben, also die ausgesprochene Kündigung für sozial ungerechtfertigt erklärt, verliert der AN dennoch seinen Arbeitsplatz, da ihm der alte Betriebsinhaber diesen nicht wieder verschaffen kann.

Erst wenn man annimmt, daß grundsätzlich von einem Betriebsinhaberwechsel die Rechtsstellung aller AN unberührt bleibt, entfallen auch die Probleme, die sich, wie oben dargelegt, im Falle der Betriebsnachfolge auf Grund von Sonderregelungen zum Schutze bestimmter Personen ergeben.

Der neue Betriebsinhaber kann in keinem Fall über die wirtschaftliche Leistungsfähigkeit des von ihm weitergeführten Betriebes hinaus belastet werden. Die wesentlichste Beschränkung für ihn besteht darin, daß er einzelne AN eine gewisse Zeit weiterbeschäftigen muß, auch wenn eine Kündigung aus betrieblichen Gründen gerechtfertigt ist, weil gesetzliche oder vereinbarte Kündigungsfristen eingehalten werden müssen. Eine etwaige Mehrbelastung des Betriebsnachfolgers dadurch, daß er verpflichtet wird, in alle bestehenden AV, auch die ruhenden, einzutreten, wird im übrigen in den Bedingungen, zu denen die Übernahme eines Betriebes erfolgt, seinen Ausgleich finden, da der bisherige Betriebsinhaber durch den Eintritt seines

---

[34]) So ausdrücklich Herschel-Steinmann, KSchG, § 3 Anm. 6; Rewolle-Köst, Handk. z. ArbR, § 1 KSchG Anm. 5. — Dersch hat früher schon die Auffassung vertreten, daß infolge einer Betriebsnachfolge der neue Betriebsinhaber passiv legitimiert werde; Dersch, ArbRPrax. 1930 S. 183; Dersch-Volkmar, ArbGG, S. 792; ebenso Nörpel, NZfA 1930 Sp. 151.

Nachfolgers in die AV von seinen Verpflichtungen aus den AV frei wird.

Berechtigte wirtschaftliche Bedenken gegen eine gesetzliche Regelung, die den Eintritt eines neuen Betriebsinhabers in alle AV vorschreibt, so daß die AN auch im Falle einer Betriebsnachfolge ihre Arbeitsplätze behalten, bestehen somit nicht [35]).

Auch werden auf diese Weise dem AN keine Mitgliedschaftsrechte gegenüber dem Betrieb eingeräumt, denn es werden keine Rechte gegen den Betrieb begründet und diesem nach wie vor nicht die Stellung eines Rechtssubjektes gegeben [36]). Berechtigt und verpflichtet ist auch weiterhin der jeweilige AG, es wird lediglich angenommen, daß der neue AG kraft der Betriebsnachfolge nicht mehr Rechte haben kann als sein Vorgänger, also die Weiterbeschäftigung eines AN nicht seinem freien Willen überlassen bleibt.

Da vielfach darauf hingewiesen wird, daß durch die Schaffung eines Anspruches der AN auf Weiterbeschäftigung im fortgeführten Betrieb gegen den Betriebsnachfolger die freie Willensbestimmung ausgeschaltet werde [37]), ist noch zu prüfen, ob hierdurch der Grundsatz der Vertragsfreiheit verletzt wird.

In Art. 2 Abs. 1 Grundgesetz wird zwar ausdrücklich das Recht eines jeden auf „die freie Entfaltung seiner Persönlichkeit" anerkannt, jedoch legt dieser Artikel gleichzeitig auch die Grenzen dieses Rechtes fest und bestimmt, daß nicht „die Rechte anderer verletzt" werden dürfen. Da das Recht des AN auf seinen Arbeitsplatz, soweit es durch das KSchG gesichert wird, aus dem Verfassungsgrundsatz der Sozialstaatlichkeit abzuleiten ist [38]) und auch die Mitwirkungs- und Mitbestimmungsrechte „zur Wirklichkeit des sozialen Rechtsstaates" gehören [39]), muß es sich bei diesen Rechten um solche handeln, durch die das in Art. 2 GG niedergelegte Grundrecht begrenzt wird. Es ist aber nicht nur Aufgabe des Gesetzgebers, zur Verwirklichung des Grundsatzes der Sozialstaatlichkeit beizutragen, vielmehr muß der Verfassungsgrundsatz der Sozialstaatlichkeit auch zur Auslegung und Fortbildung des Rechts herangezogen werden [40]).

---

[35]) Nikisch, Anm. zu LAG Mannheim AP 52 Nr. 228 unter Ziff. 5, vertritt mit Recht die Ansicht, daß bei Scheitern einer Betriebsveräußerung eine Stillegung in Kauf genommen werden müsse, da hierdurch der AN nicht mehr belastet werde, als durch eine Betriebsnachfolge, bei der der AN seinen Arbeitsplatz verliert; ders. auch, ArbR (2. Aufl.), S. 544.

[36]) So auch Dietz, Anm. zu LAG Bremen, AP 52 Nr. 50 S. 264; Nikisch, ArbR (2.Aufl.), S. 544/5.

[37]) So insb. Galperin, BB 1952 S. 324; ders. RdA 1955 S. 187.

[38]) BAG, 21. 10. 54, AP Nr. 7 zu § 1 KSchG und Entscheidung vom gleichen Tage AP Nr. 1 zu § 620 BGB „Befristeter Arbeitsvertrag".

[39]) Hueck-Nipperdey, Lehrb. II (6. Aufl.), S. 36; Fechner, RdA 1955 S. 167.

[40]) Fechner, RdA 1955 S. 161 ff. (166); ders. Freiheit und Zwang im sozialen Rechtsstaat; Hueck, Anm. AP Nr. 7 zu § 1 KSchG; die Bedenken,

So hat das B A G schon in einer Reihe von Entscheidungen in Anerkennung des Sozialstaatsprinzips als unmittelbar bindende Verfassungsnorm arbeitsrechtliche Bestimmungen und Grundsätze im sozialstaatlichen Sinne ausgelegt und fortgebildet [41]). Dies muß insbesondere immer dann erfolgen, wenn im Einzelfall bereits verwirklichte Grundsätze der Sozialstaatlichkeit gefährdet sind, wie im Fall der vereinbarten Betriebsnachfolge. Folgt man der Auffassung, die eine Weiterbeschäftigung der AN im fortgeführten Betrieb vom Willen des Erwerbers des Betriebes abhängig macht, besteht die Gefahr, daß einzelne AN ihr Recht auf Zugehörigkeit zum Betrieb, das durch das KSchG geschützt wird, und ihr aus der Zugehörigkeit zum Betrieb erwachsenes Recht zur Mitbestimmung und Mitwirkung verlieren. Nachdem die Weiterentwicklung im Arbeitsrecht zu einer neuen selbständigen Betrachtungsweise des AV und der Betriebszugehörigkeit geführt hat, die ein vom allgemeinen Vertragsrecht unabhängiges Rechtsdenken aufweist, findet daher in dem hier erzielten Ergebnis, daß der Nachfolger in der Stellung des Betriebsinhabers bei einer vereinbarten Betriebsnachfolge zur Weiterbeschäftigung a l l e r AN zu g l e i c h e n Bedingungen auf Grund des Eintritts in den arbeitsrechtlichen Betriebsorganismus verpflichtet ist, der Grundsatz der Sozialstaatlichkeit nur seinen weiteren Ausdruck. Damit findet auch das Grundprinzip des sozialen Rechtsstaates, das in der „Abkehr vom formalen Gleichheitsbegriff des bürgerlichen Staates im 19. Jahrhundert und in der Zuwendung zum wirtschaftlichen Ausgleich unter den verschiedenen sozialen Schichten im Sinne eines menschenwürdigen Daseins für jedermann (ausgleichende Gerechtigkeit)" gesehen wird [42]), seine Anerkennung.

Wenn daher festgestellt wird, daß auch der neue Betriebsinhaber sich von den bisher im Betrieb beschäftigten AN nur im Rahmen der Kündigungsschutzbestimmungen lösen kann, so wird der Grundsatz der Vertragsfreiheit auf diese Weise nicht verletzt, sondern es werden nur die Grenzen, in denen die Rechte anderer nicht ver-

---

die Hueck bezüglich der Anwendung des Grundsatzes der Sozialstaatlichkeit auf „konkrete Einzelfragen" äußert, dürften im Falle der Betriebsnachfolge nicht bestehen; Nipperdey in Hueck-Nipperdey, Lehrb. II (6. Aufl.), S. 33 f.

Daß es sich bei dem Sozialstaatsprinzip um einen Verfassungsgrundsatz handelt, wird überwiegend anerkannt, vgl. Nipperdey, a. a. O., S. 33; Fechner, a. a. O.; Olbersdorf, ArbuR 1955, S. 129 ff.; — BVG, 18. 11. 54, AP Nr. 1 zu Art. 9 GG; BAG, 14. 7. 54, AP Nr. 1 zu Art. 3 GG und die in Anm. 38 zitierten Entscheidungen.

[41]) Vgl. die Entscheidungen des BAG, 26. 10. 55, AP Nr. 1 zu § 1 UrlaubsG Hamburg; v. 15. 1. 55, AP Nr. 4 zu Art. 3 GG; v. 3. 12. 54, AP Nr. 2 zu § 13 KSchG; v. 18. 11. 54, AP Nr. 1 zu Art. 9 GG; 14. 7. 54, ArbuR 1954 S. 316 ff.; und die oben in Anm. 38 und 40 zitierten Entscheidungen.

[42]) Vgl. Schnorr, RdA 1955 S. 7 und die dort in Anm. 23 zitierten; vgl. auch Peters, BArbBl. 1954 S. 208 r. Sp.

letzt werden dürfen, festgelegt. Das auf dem Grundsatz der Sozialstaatlichkeit aufbauende Recht des AN auf Sicherung seines Arbeitsplatzes gegenüber willkürlichen Eingriffen kann nur so im Sinne des sozialen Rechtsstaates vollkommen verwirklicht werden, und nur so kann auch die Verwertung der Arbeitskraft des AN im Betrieb auch im Falle der vereinbarten Betriebsnachfolge gesichert werden [43]).

Im Vergleich zu der Betrachtungsweise der h. M. von der Betriebsnachfolge wird die Vertragsfreiheit nicht einmal wesentlich eingeschränkt, da es dem neuen Betriebsinhaber freistehen soll, den AN, die er nicht übernehmen will, zu kündigen, und lediglich die hierdurch ausgesprochene Ablehnung der Weiterbeschäftigung den Beschränkungen des Kündigungsschutzes unterworfen wird, damit sichergestellt wird, daß ein AN im Zuge eines Betriebsinhaberwechsels seinen Arbeitsplatz nicht ohne sachlichen Grund verliert. Ohnehin war der neue Betriebsinhaber auch nach Auffassung der h. M. nicht völlig frei, da die zurückgelegten Wartezeiten und die Anwartschaften erhalten blieben. In diesem Zusammenhang wird auch mit Recht darauf hingewiesen, daß wenn überhaupt von einem Eingriff in die Vertragsfreiheit gesprochen werden kann, dieser nicht stärker ist als für den in ein Miet- oder Pachtverhältnis eintretenden Grundstückserwerber und sicherlich ebenso berechtigt ist wie in diesem Fall [44]).

Dadurch, daß eine Ablehnung der Weiterbeschäftigung einzelner AN im weitergeführten Betrieb durch den neuen Betriebsinhaber den Grundsätzen des Kündigungsschutzrechtes unterworfen wird, werden somit lediglich der willkürlichen Willensbestimmung des neuen Betriebsinhabers Schranken auferlegt, es handelt sich aber nicht um eine Ausschaltung der freien Willensbestimmung. Dem AN aber bleibt sein Recht auf Zugehörigkeit zum Betrieb, das durch das KSchG anerkannt wurde, und bleiben die Rechte aus der Betriebszugehörigkeit erst dann auch im Falle des Betriebsinhaberwechsels erhalten, ohne daß ein absoluter Schutz des Arbeitsplatzes entsteht und ohne daß dieser Schutz des Arbeitsplatzes mit den berechtigten wirtschaftlichen Interessen des AG und des Betriebes in Widerstreit gerät. Es wird vermieden, daß das KSchG, durch welches das Recht des AN auf seinen Arbietsplatz, soweit es mit den Betriebsinteressen vereinbar ist, gesichert werden soll, im Falle der vereinbarten Betriebsnachfolge ausgeschaltet wird, indem man annimmt, das AV bestehe mit dem bisherigen Betriebsinhaber weiter [45]).

Auch bei der hier vertretenen Auffassung behält im Einzelfall die

---

[43]) Siehe Nikisch, a. a. O., S. 544/5; Olbersdorf, ArbuR 1955 S. 137; Hörnig, ArbuR 1955 S. 184 f.

[44]) Siehe Nikisch, a. a. O.; Dietz, Anm. zu LAG Bremen, AP 52 Nr. 50; Maus, Handb. d. ArbR (2. Aufl.), VI A S. 9 Anm. 12.

[45]) Vgl. oben S. 144 f.

besondere Eigenart einer Betriebsgemeinschaft ihre Bedeutung. Man wird zwar grundsätzlich davon ausgehen müssen, daß auch bei Betrieben, für die auf Grund der Zahl der AN die Voraussetzungen der Anwendung des KSchG nicht gegeben sind, bei einer Betriebsnachfolge ein Eintritt des neuen AG in die AV erfolgt. Da jedoch bei kleinen Betrieben die Person des AG eine entscheidende Rolle dadurch spielen kann, daß sie bestimmend für den Charakter der Gemeinschaft ist, werden sich hier u. U. Gründe ergeben, die das Verbleiben des AN im Betrieb für den einen oder anderen Teil unzumutbar machen. Hier eine Lösungsmöglichkeit für ein AV zu finden, dürfte keine Schwierigkeiten bereiten, da vielfach im Kleinbetrieb das KSchG keine Anwendung findet, und selbst wenn es anwendbar ist, die Gründe in der Person und dem Verhalten des AN (§ 1 KSchG) bei einer zahlenmäßigen kleineren Belegschaft eine größere Rolle spielen können als bei großen Betrieben. U. U. kann die Betriebsnachfolge alsdann in diesen Fällen einen wichtigen Grund zur Kündigung geben. Für die Einschränkung der hier vertretenen Betrachtungsweise der Betriebsnachfolge sind aber nicht etwa vertragliche Beziehungen maßgebend, sondern nur die im Einzelfall im AV beruhenden, besonders ausgeprägten persönlichen Beziehungen zwischen AG und AN. Auch werden sich die Ausnahmefälle für die Betriebsnachfolge auf Kleinstbetriebe beschränken.

Hierdurch wird die in der Beurteilung der Betriebsnachfolge vertretene Auffassung nicht aufgegeben, sondern nur für die Betriebe eine Ausnahme zugelassen, in denen in der Arbeitsgemeinschaft die Person des AG eine überragende Stellung einnimmt, die Gemeinschaft vorwiegend durch die persönlichen Beziehungen zum AG bestimmt wird. Sowie jedoch die Voraussetzungen vorliegen, die die Anwendung grundsätzlicher arbeitsrechtlicher Gesetze, wie das Kündigungsschutzgesetz und das Betriebsverfassungsgesetz, auf den Betrieb zulassen, ist davon auszugehen, daß der Betrieb als Organisationseinheit soweit selbständige Bedeutung besitzt, daß die Betriebsnachfolge unabhängig von den wechselnden Personen in der Stellung des Betriebsinhabers beurteilt werden kann.

Nicht zuletzt gewinnt die hier vorgenommene Beurteilung der Betriebsnachfolge auch ihre Bedeutung für die Pensionsverhältnisse. Da diese ebenso wie die AV im Betrieb ihre Grundlage haben und nur als Endstadium der AV aufzufassen sind, müssen für sie die gleichen Prinzipien bei der Betriebsnachfolge gelten wie für die AV. Daß die Pensionsanwartschaften weiterbestehen bleiben, ergibt sich schon aus dem Weiterbestand der AV im fortgeführten Betrieb. Nicht entscheidend ist es auch, daß der Ruhegehaltsempfänger nicht persönlich für den neuen Betriebsinhaber gearbeitet hat [46]), denn auch für

---

[46]) Diesbezüglich äußert Hueck, BB 1951 S. 366, Bedenken.

die Weitergeltung der AV im fortgeführten Betrieb kommt es hierauf nicht an. Auch die Überlegung, daß die Arbeitskraft des Pensionärs dem Betrieb zugute gekommen ist, ist nicht ausschlaggebend, da es sich beim Pensinonsverhältnis um die Nachwirkungen des AV handelt, so daß sich derjenige, der infolge der Betriebsnachfolge die Stellung des Betriebsinhabers einnimmt, ebensowenig von denjenigen rechtlichen Beziehungen, die infolge Auslaufens des AV entstanden sind, befreien kann wie der bisherige Betriebsinhaber.

Die Weitergeltung der Pensionsverpflichtungen im Falle der Betriebsnachfolge entspricht der herrschenden Ansicht, wenn auch teilweise angenommen wird, daß ebenso wie bei den AV der Fortbestand der Pensionsverpflichtungen am ausdrücklichen Willen des Betriebsnachfolgers scheitern soll [47]). Da es sich bei dem Pensionsverhältnis um ein zurückgebildetes AV handelt, gilt für einen Betriebsinhaberwechsel das schon für das AV Gesagte.

## VI. Schlußbetrachtung.

Die hier aufgezeichnete Lösung des Problems der Betriebsnachfolge zeigt also, daß sich die Bedeutung des Betriebsinhaberwechsels auf einen Organwechsel an maßgeblicher Stelle im Betrieb beschränkt, und daß sich in arbeitsrechtlicher Sicht nicht nur, wie schon lange anerkannt wird, für den Betrieb, sondern auch für die betrieblichen AV keine Veränderungen ergeben.

Für den AN bringt diese hier vertretene Auffassung den Vorteil mit sich, daß er seinen Arbeitsplatz nur noch unter den durch das Kündigungsschutzrecht bestimmten Voraussetzungen verliert, auch wenn der Betriebsinhaber wechselt, und daß auch die Bedingungen, zu denen das AV eingegangen wurde, nur mit seiner Einwilligung geändert werden können. Auf der anderen Seite erhält der neue Betriebsinhaber aber einen Anspruch auf die Arbeitsleistung aller AN mit seinem Eintritt in den Betrieb. Hierdurch erfolgt jedoch keine Schlechterstellung der AN gegenüber dem von der h. M. erzielten Ergebnis, da diese der Auffasssung ist, es sei ohne weiteres davon auszugehen, daß der AN bei einem Wechsel des Betriebsinhabers bereit sei, dem neuen Betriebsinhaber seine Dienste zu leisten [48]), und daß teilweise sogar angenommen wird, die Abtretung der An-

---

[47]) Vgl. Sieg, BB 1952 S. 59; Galperin, BB 1952 S. 324; Beitzke, BB 1951 S. 420; Denecke, BB 1950 S. 679; Hueck, a. a. O.; für eine unbedingte Weitergeltung der Pensionsverpflichtungen tritt ein, Nikisch, AR-Blattei, Betriebsinhaberwechsel, III; ders. ArbR I (2.Aufl.), S. 545; Dietz, BetrVG, § 1 Anm. 70; — LAG Bremen, 13. 9. 50, AP 51 Nr. 111; LAG Frankfurt, 13. 3. 51, WA 1951 Nr. 228.

[48]) Vgl. statt vieler Hueck-Nipperdey, ArbR (3.—5. Aufl.), Bd. I, S. 292; BAG, 26.5. 55, BB 1955 S. 733; siehe auch die Ausführungen oben S. 117.

sprüche auf die Dienstleistung könne gegen den Willen des AN erfolgen [49]). Im übrigen können die AN im Rahmen der Kündigungsfristen den Betriebsinhaberwechsel zum Anlaß einer Kündigung nehmen, da sie keinen Kündigungseinschränkungen unterliegen.

Allerdings wird man dem AN, dessen AV für längere Zeit, etwa mehrere Jahre, abgeschlossen wurde, auch kein besonderes Kündigungsrecht zubilligen können. Hierin liegt aber keine Unbilligkeit, denn in einem derartigen Fall wollte sich der AN auch für eine bestimmte Zeitdauer an den Betrieb binden. Eine Mithaftung des neuen Betriebsinhabers für die in der Vergangenheit entstandenen Lohnansprüche wird in keinem Fall begründet. Insofern tritt gegenüber der schon von der h. M. bisher vertretenen Auffassung, daß eine Betriebsnachfolge Rechtswirkungen nur für die Zukunft äußern kann, keine Änderung ein [50]).

Der alte Betriebsinhaber wird mit dem Tage des Eintritts der Betriebsnachfolge von allen künftig entstehenden Verpflichtungen frei und gerät durch die hier vertretene Auffassung nur in Ausnahmefällen in eine schwierigere Situation gegenüber der herrschenden Betrachtungsweise, so wenn sich die beabsichtigte Betriebsnachfolge zerschlägt, weil über den Verbleib der AN im Betrieb keine Einigung erzielt werden konnte. Auf der anderen Seite bietet der hier eingeschlagene Weg zur Lösung des Problems der Betriebsnachfolge eine wirtschaftliche Erleichterung für den alten Betriebsinhaber, da dieser nach Abgabe des Betriebes nicht mehr mit Verpflichtungen aus dem Betrieb belastet wird, die ohnehin üblicherweise aus den Erträgnissen des Betriebes befriedigt werden. Eine Befürchtung, daß u. U. die AN auf diese Weise an einen nicht kapitalkräftigen AG verwiesen werden, hat insofern keine Bedeutung, als es sich normalerweise bei den Ansprüchen aus dem AV um solche für die Zukunft handelt, und die Arbeitsverhältnisse ohnehin auf den Betrieb abgestellt werden. Im übrigen war das Ergebnis, das die überwiegende Auffassung bisher erzielte, für die AN nicht günstiger, denn diejenigen AN, deren Weiterbeschäftigung erfolgte, hatten lediglich für die Vergangenheit noch Ansprüche gegen den früheren AG, und für die AN, für die ein Verbleib im Betrieb abgelehnt wurde, war die Lage nur ungünstiger, da ihr AV nach Ablauf der Kündigungsfrist beendet war.

Der neue Betriebsinhaber, der nunmehr nur noch unter den im Kündigungsschutzrecht festgelegten Voraussetzungen berechtigt ist, sich von den AN des weitergeführten Betriebes zu trennen, büßt bei der hier vertretenen Auffassung geringe Vorteile ein. Dies scheint

[49]) So: Hueck-Nipperdey, a. a. O.; Staudinger-Nipperdey, BGB, § 613 Bem. 21; Erman, BGB, § 613 Anm. 3 c.

[50]) BAG, 26. 5. 55, AP Nr. 1 zu § 613 BGB mit weiteren Zitaten aus Lehre und Rechtspr.; LAG Stuttgart, 31. 10. 53, Betrieb 1954 S. 436.

aber nicht unbillig zu sein, wenn man davon ausgeht, daß er den ganzen Betrieb einschließlich seiner Organisation erwirbt, an der die AN einen erheblichen Anteil haben, den das L A G Heidelberg zutreffend mit der Feststellung kennzeichnet, daß erst die Arbeit der Arbeitnehmerschaft das „tote Zweckvermögen" zu einem Betrieb im ursprünglichen Sinn macht [51]).

Im Ergebnis ist also für die Betriebsnachfolge davon auszugehen, daß der Betrieb nicht von einer Hand in die andere wandert, sondern daß arbeitsrechtlich gesehen nur an einer wichtigen Stelle im Betrieb ein Personenwechsel eintritt, der die AV grundsätzlich nicht berührt, weil sie zum Betrieb gehören und weil der neue Betriebsinhaber in den bestehenden Betrieb eintritt.

---

[51]) LAG Heidelberg, 13. 4. 51 und 28. 4. 50, AR-Blattei, Betriebsinhaberwechsel Entscheidungen 2 und 3.

FSC
www.fsc.org
MIX
Papier | Fördert gute Waldnutzung
FSC® C083411

Kolibri 360 GmbH
Ferdinand-Jühlke-Straße 7
99095 Erfurt, Deutschland
produktsicherheit@kolibri360.de